2011—2012
中国服装行业发展报告

2011—2012 China Garment Industry Development Report

中国纺织出版社

内 容 提 要

本书共分运行篇、报告篇、启示录篇、附件篇四部分。运行篇内容包括2011年中国服装行业经济运行分析、2011年服装市场运行分析及2011年发展趋势预测、2010~2011年全球服装市场分析及2012年发展趋势；报告篇汇集了对服装科技和设备等行业热点问题的分析和报告；启示录篇意在通过专家对不同问题抒发见解，从而引起行业乃至业外的广泛关注和深入探讨；附件篇列明了2011~2012年的重要奖项、产业经济数据等，以备不同人士进行不同用途的查询。

本书旨在总结2011年行业发展状况、解析行业热点问题，力求全面梳理2011年中国服装行业发展特点，并以此为基础展望行业未来。本书在分析和预测的基础上提出观点和建议，以翔实的数据和一手的资料，为服装企业和相关业界人士提供具有指导性和权威性的参考依据。

图书在版编目(CIP)数据

2011—2012中国服装行业发展报告 / 中国服装协会编著.—北京：中国纺织出版社，2012.8

ISBN 978-7-5064-9077-1

Ⅰ.①2… Ⅱ.①中… Ⅲ.①服装工业—经济发展—研究报告—中国—2011—2012 Ⅳ.①F426.86

中国版本图书馆CIP数据核字(2012)第197088号

策划编辑：张晓芳　责任编辑：韩雪飞　责任校对：楼旭红
责任设计：何　建　责任印制：何　艳

中国纺织出版社出版发行
地址：北京东直门南大街6号　邮政编码：100027
邮购电话：010—64168110　传真：010—64168231
http://www.c-textilep.com
E-mail:faxing@c-textilep.com
北京通天印刷有限责任公司印刷　各地新华书店经销
2012年8月第1版第1次印刷
开本：889×1194　1/16　印张：10.25
字数：223千字　定价：128.00元

#《2011—2012中国服装行业发展报告》课题组

组长 陈大鹏

副组长 冯德虎　王　茁　王　耀
何　烨　江　辉　张新民
王　宇　陈国强

课题组成员（按姓氏笔画为序） 王　伟　王　璐　王轶男
卢　芳　刘　笛　刘　嘉
吴吉灵　张锡安　李　强
李小佳　李立宝　李斌红
杜岩冰　杨　俊　杨晓东
肖　领　苏会燕　陈　戟
胡　敏　赵　琼　赵卫国
徐美玲　秦勉力　郭　巍
郭黛黛　曹立生　谢　青

编辑（按姓氏笔画为序） 王　伟　王　璐　刘　笛
刘　嘉　李　强　李小佳
李立宝　李斌红　杜岩冰
杨　俊　苏会燕　赵　琼
赵卫国　徐美玲　秦勉力
郭　巍　郭黛黛

前言 Foreword

2011 年，在外部经济疲软、内部成本高涨的双重压力下，中国服装行业运行基本平稳并呈良性状态，各项经济指标完成情况基本正常，但运行指标呈现“前高后低，增幅回落”趋势，国际、国内市场双双表现出“价涨量平”特点。服装出口继续保持增长，但增速明显放缓；国内市场服装消费增长稳定，但价格上涨对增长拉动作用明显；规模以上服装企业生产、投资、效益基本保持较快增长。

在需求不旺、成本高涨、订单转移、小企业生存困难等困局中，服装行业走上了转型升级之路。行业对资本运用的探索、全球资源的谋划与运用、供应链协同网络的紧密合作、科技对品牌核心竞争力的支撑、产品与文化的创新、电子商务对资源的集聚和对生产以及消费方式的变革等，都成为全行业在困难中不断探索的新方向。

展望 2012 年，世界经济复苏动力明显减弱，经济下行风险继续加大。中国服装行业也将面临 2008 年以来最为严峻的局面，预计出口同比增长将由两位数下降至一位数，而全行业服装产量或将出现负增长的局面。中国服装产业，到了必须直面产业调整、转型升级的关键时刻。

为了全面分析产业发展环境、探索行业新的机遇与方向，中国服装协会聘请行业内外专家对产业重点、热点问题进行了多方面的研究与探讨，希望读者通过服装经济运行分析、进出口数据与本土市场消费调查、国际主要市场概况等内容组成的“运行篇”洞悉产业经济的主脉；服装电子商务发展趋势、面料研发现状、缝制设备新技术、服装科技新动向等全产业链分析所组成的“报告篇”，将有助于读者全面了解行业环境；而“2011 中国服装大会”可谓汇聚行业内外精英的智慧盛宴，嘉宾的真知灼见成为业界共享的知识财富并被广泛传播，我们在“启示录”里收录了部分精彩内容，期望它带给更多人以启迪。

报告中难免存在不足与争议，欢迎广大读者给予批评指正。

2011 年 6 月

目录 Contents

第一部分　运行篇 …… 1

2011 年中国服装行业经济运行分析 …… 2

一、2011 年行业基本运行情况　/　2

二、2012 年行业发展预测　/　11

2011 年服装市场运行分析及 2012 年发展趋势预测 …… 14

一、2011 年我国服装市场销售运行情况　/　14

二、2011 年主要服装商品销售运行情况　/　20

三、未来我国服装市场发展趋势预测　/　22

2010 ~2011 年全球服装市场分析及 2012 年发展趋势 …… 24

一、2010 年全球服装贸易概况　/　24

二、2011 年中国服装进出口概况　/　26

三、2011 年全球主要服装进口市场及消费市场的特点　/　32

四、2012 年全球服装贸易及中国服装出口展望　/　45

第二部分　报告篇 …… 49

服装面料开发技术与协同创新 …… 50

一、现阶段服装面料开发方向与新技术　/　50

二、国内纺织面料开发现状　/　53

三、大规模协作创新提升竞争力　/　54

中国服装行业科技创新发展状况 …… 55

一、技术创新环境分析　/　55

二、保障环境分析　/　59

中国服装品牌发展现状及趋势 …… 62

一、中国服装品牌发展综述　/　62

二、中国服装品牌发展现状　/　63

三、中国服装品牌创新手段　/　64

四、中国服装品牌的优势与机会　/　65

五、中国服装品牌未来发展方向　/　65

中国缝制机械行业 2011 年度经济运行分析 …… 67

一、2011 年行业经济运行特点概述 / 67
二、2011 年行业各类经济指标完成情况 / 69
三、2012 年行业经济运行发展趋势及建议 / 78
2011 年度中国服装电子商务运行分析 …… 82
一、中国服装电子商务概述 / 82
二、中国服装电子商务运行特点 / 85
三、中国服装电子商务存在的问题 / 89
四、中国服装电子商务发展趋势 / 89
第三部分 启示录篇 …… 91
资本：解读四大融资路径 …… 92
一、并购 / 92
二、上市 / 93
三、风险投资 / 94
四、融资创新：集群融资 / 95
电子商务：消费时代更迭与未来通路 …… 97
一、消费时代的更新 / 97
二、电子商务承载媒体的发展 / 98
三、思维趋势的转变 / 98
四、营销模式的运用 / 99
五、未来发展的挑战 / 99
产品：与设计管理的融合 …… 101
一、产品与设计管理 / 101
二、中国服装企业设计管理现状 / 102
三、中国服装企业设计管理发展方向 / 102
整合：供应链协同方略 …… 105
一、供应链的目标 / 105
二、完善供应链的手段 / 106
三、供应链发展趋势 / 107
四、企业构建完善供应链的发展趋势 / 108
文化：品牌发展与文化创新 …… 110
一、中国服装“文化创新”与“品牌发展” / 110
二、中国服装品牌文化创新现状 / 111
三、文化创新与品牌发展的未来 / 112
模式：与品牌崛起的时代对接 …… 114

一、本土品牌崛起时代 / 114
二、三种模式对接品牌崛起时代 / 116
跨国：全球资源谋划与运作 …… 119
一、国际化的内涵 / 119
二、国际化的基础 / 120
三、国际化的途径 / 120
四、国际化的考验 / 122
创新：全球化下的服装制造发展方向 …… 124
一、“创新”与“全球化” / 124
二、创新全球化下的中国机遇 / 125
三、创新全球化格局下中国服装制造模式的发展方向 / 126

第四部分 附件篇 …… 129

杰克·第八届中国服装品牌年度大奖名单 …… 130
2011 年服装行业百强名单 …… 131
2011 年中国服装行业十大供应商 …… 136
2011 年行业经济运行数据汇总 …… 137

编后 …… 153

第一部分　运行篇

2011 年中国服装行业经济运行分析

中国服装协会

2011 年是“十二五”的开局之年。整体来看，服装行业运行基本平稳良性，各项经济指标完成情况基本正常，但运行指标均呈现“前高后低，增幅回落”趋势，国内外市场双双表现出“价涨量平”的特点。

国际市场方面，服装出口继续保持增长，但增速明显放缓，传统市场增速回落；国内市场，服装消费增长稳定，但价格上涨对增长拉动作用明显。面对国内外市场疲软，原材料、劳动力等成本高企，汇率攀升等不利因素影响，规模以上服装企业生产、投资、效益基本保持较快增长。在需求不旺、成本高企、订单转移、小企业生存困难等困局中，我国服装行业自觉走上了转型升级之路。

一、2011 年行业基本运行情况

（一）国内外经济环境需求分析

1. 2011 年国际、国内宏观经济概况

2011 年，世界经济疲软，欧美债务危机深化蔓延，发达经济体失业率居高不下，新兴经济体通胀压力增大。发达国家方面，欧元区债务危机错综复杂，影响逐渐扩大，向欧元区核心国家蔓延，欧元区经济全面下滑；美国次贷危机影响仍未消除，经济复苏一波三折；日本经济受地震重创，恢复缓慢；局部政治动荡也给全球经济前途增添不确定性。新兴经济体保持较快增长，但受发达国家经济疲软产生的连锁反应以及全球流动性过剩影响，经济下行风险增加，通胀压力增大。

除此之外，美国在虚拟经济过度膨胀、产业空心化问题严重的背景下，提出重振制造业，宣布成立贸易执法单位，调查中国等国的“不公平贸易”。这些可能都会在未来一段时间内，对中国包括纺织服装业在内的制造业和出口贸易，产生负面影响。

在国际环境背景和宏观调控政策作用下，我国经济运行总量矛盾有所缓解，但结构性矛盾依然突出。国民经济整体增长平稳，但下半年增速有所放缓；物价高涨，央行持续加强对流动性控制，导致中小企业信贷环境收紧。在全球经济下行的背景下，国内经济“三驾马车”增速均有所放缓，固定资产投资和社会消费品零售额增速平稳放缓，净出口对经济拉动作用持续减小。

从服装制造业生产经营情况来看，价格上涨、国内外需求减弱、汇率问题、货币政策、中小企业融资、用工问题等，都将在一段时间内给中国服装行业提出更为严峻的考验。

2. 国际市场增速放缓，数量增长乏力

（1）服装出口继续保持增长，但增速明显放缓。

2011 年，在复杂的国内外环境下，我国服装出口继续保持增长，但增速明显放缓，服装出口全年呈现出前高后低的态势。

据海关统计，2011 年 1～12 月，我国累计完成服装及衣着附件出口 1532.19 亿美元，同比[1]增长[2] 18.34 %，增幅比 2010 年减少 2.61 个百分点。其中，针织服装出口 801.68 亿美元，同比增长 20.17%，出口数量为 207.65 亿件，同比下降 0.43%，机织服装出口 630.77 亿美元，同比增长

[1] “同比”是指与上年同期相比，全书同。

[2] “增长”在本书中均指同比增长。

16.02%，出口数量为 84.62 亿件，同比下降 2.71%。

受内外环境影响，2011 年 1～12 月份，我国服装出口数量与金额增幅均呈现逐月回落态势。第四季度，我国出口数量连续出现负增长。尽管出口金额在出口单价提升作用下保持正向增长，但增幅自 10 月以后均低于 10%。

（2）价格上升拉动出口金额增长，出口数量出现负增长。

2011 年，服装出口数量下降，增速明显回落；出口金额的上涨，更多来自出口价格上涨的拉动作用，但出口价格也呈现增幅逐月下降趋势。

2011 年 1～12 月，我国服装出口数量持续下降，为 292.23 亿件，同比下降 1.10%，增幅比 2010 年大幅下降 14.82 个百分点；服装出口平均单价持续攀升，为 4.30 美元/件，同比提高 20.11%，增幅较 2010 年同期提高 14.51 个百分点。

出口价格上涨主要受两方面因素影响：第一，受原材料、能源、劳动力工资等刚性成本上升以及人民币汇率对主要出口国持续升值等因素影响，我国服装出口成本持续上涨，出口企业为维持利润空间，通过涨价转嫁部分成本。第二，随着国际环境变化，我国出口产品结构调整也在悄然进行。随着低端产品订单转移和出口企业逐步转型，出口价值相对较高的产品所占比例在增加。

据海关数据，2011 年，出口价格较高产品增速明显高于其他产品。出口单价高于平均的产品，其平均出口数量和金额增幅分别为 0.48% 和 18.76%；而出口单价低于平均的产品，其平均出口数量和金额增幅分别为 -3.69% 和 13.62%，明显低于单价较高的产品出口增幅。

另一方面，随着主要出口市场需求不振以及价格上涨对出口数量的挤出作用，出口量增长呈现持续下滑趋势。

2011 年，全年服装出口数量同比下降 1.10%，较 2010 年同期增幅大幅下滑 14.82 个百分点，特别是 9～12 月份，我国服装出口数量连续四个月出现负增长，其中，10 月和 11 月同比下降超过 10%。

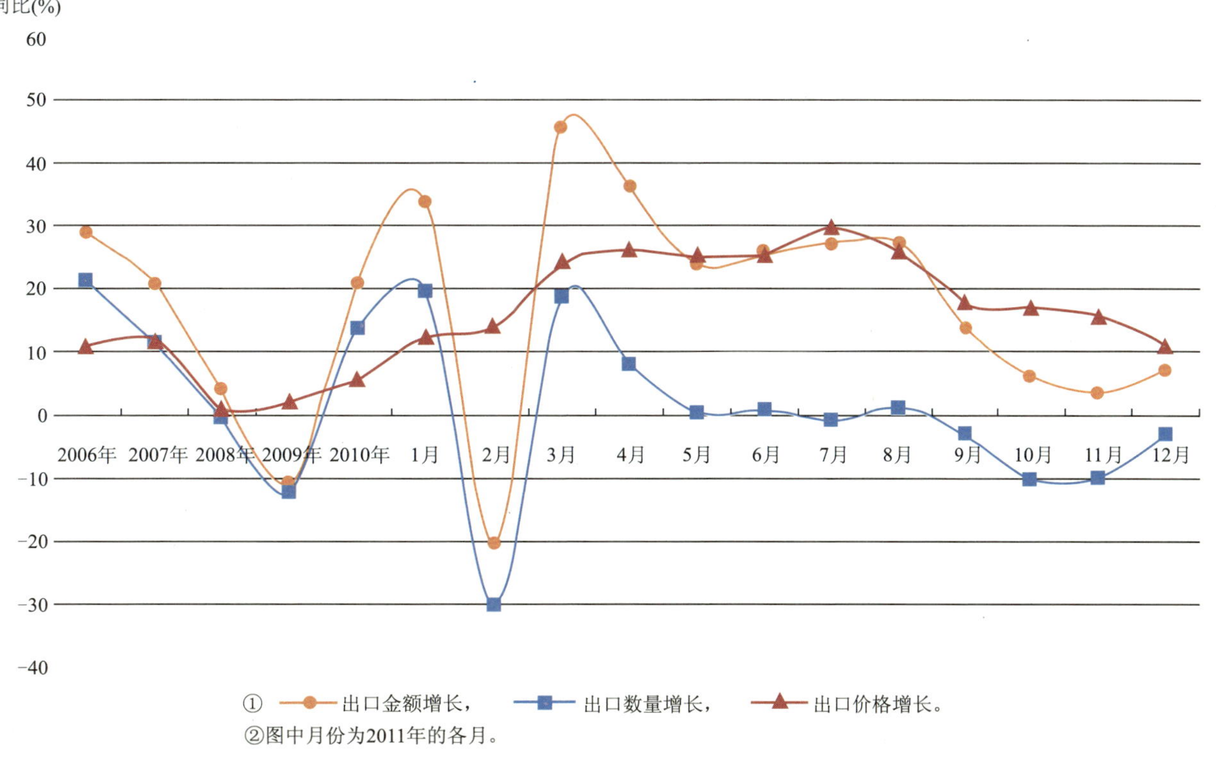

图 1－1 2006～2011 服装出口增长情况

（3）传统市场增长趋缓，新兴市场保持较快增长。

2011年1～12月，我国对各大洲出口金额均呈两位数增长，但对欧、美、日传统市场增长趋缓。

亚洲依然是我国服装出口第一大洲，占出口总额的35.59%，较2010年同期增长0.06%。其次是欧洲，同比增长19.2%，占出口总额的32.74%。第三是北美洲，出口额同比增长11.54%，占出口总额的20.43%，较2010年同期占比减少1.25%。我国对拉丁美洲出口大幅增长，增幅达42.15%，占出口总额的5.52%，较2010年同期占比增加0.93%。

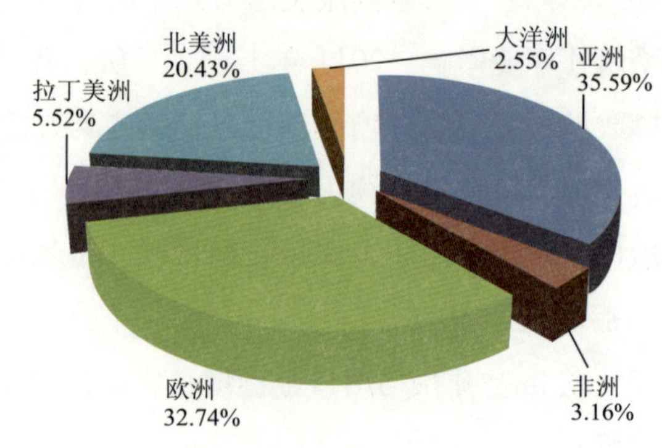

图1－2　2011年全国服装行业对各大洲出口占比情况

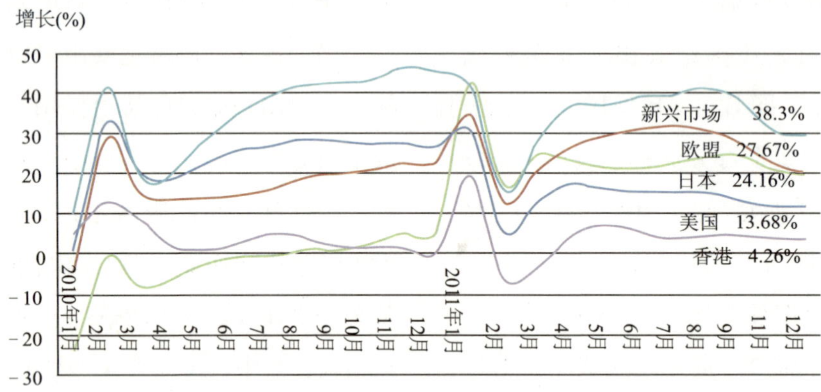

图1－3　2010～2011年我国对主要市场服装出口金额累计增长情况

2011年，传统市场方面，美国、日本等国的纺织服装进口增长已经开始超过从中国的进口增长，中国的出口占比已经开始下滑。同时，我国对欧、美、日等地区服装出口金额仍保持增长，但出口数量有所下降。

据海关数据，2011年1～12月，我国对欧盟、美国、日本、中国香港地区服装出口金额持续增长，出口金额同比分别增长20.16%、11.75%、19.44%、3.55%。这些传统市场的出口金额为994.33亿美元，占全国服装总出口的64.90%，同比增加16.14%，拉动服装出口10.67个百分点。同时，我国对欧盟、美国、中国香港地区服装出口数量均有下降，其中幅度最大为中国香港地区，同比下降16.22%，欧盟和美国同比分别下降2.66%和6.28%，对日本的出口数量增长仅为0.26%。这些传统市场的出口数量为169.34亿件，占全国服装总出口数量的57.95%，同比下降4.74%。

传统市场出口增速下滑的主要原因是欧元区债危机蔓延及美国经济复苏缓慢引起的外部需求疲软，以及我国服装出口价格上升所导致的部分订单转移。

另一方面，我国对新兴市场的开拓势头依然强劲，对新兴市场出口增幅明显大于传统市场。

2011年，我国对拉丁美洲、非洲、东盟、俄罗斯这些新兴市场的出口总金额为245.31亿美元，占全国服装出口总额的16.01%，同比增长29.25%，拉动服装出口4.29个百分点。对拉丁美洲、非洲、东盟、俄罗斯这些新兴市场的出口总数量为61.62亿件，占全国服装出口总量的21.09%，同比增长7.87%。

（4）订单转移趋势继续，国际竞争力下滑明显。

2011年，“订单转移”成为行业面临的最主要困扰之一。一方面，国内服装企业各项生产成本全面上涨，企业成本压力不断加重。国内棉花等原料价格大幅波动，原料供给质量、价格、交货期等问题频出。加之逐年递增的能源、劳动力成本等，大幅削减了我国服装出口的价格优势。与此同时，国际经济不景气导致世界服装采购业对成本价格敏感度提高；针对中国的贸易保护主义抬头；另一方面，东南亚、南亚等竞争国家依托原料、劳动力成本、汇率等优势，持续出台产业扶植政策、改善产业发展环境，大力发展劳动密集型产业。

以上两方面原因促使国际订单逐渐向东南亚、南亚等加工成本更为低廉的国家和地区转移。目前，很多国际品牌商和采购商将工艺相对复杂、档次相对较高的订单放在加工能力更强的中国；而大批量、中低档产品的采购，则在成本更低的东南亚、南亚国家完成。

3. 国内销售是行业发展重要驱动

（1）国内服装消费保持稳定增长，但四季度增速明显放缓。

2011年，国内服装消费基本保持稳定增长，但呈现“前高后低”的态势，第四季度增速明显放缓。

根据国家统计局统计显示，2011年1～12月，全国社会消费品零售总额181225.8亿元，同比名义增长17.1%（扣除价格因素实际增长11.3%）。其中，限额以上企业（单位）消费品零售额84609亿元，同比增长22.9%；服装类商品零售额7955亿元，同比增长24.2%，占限额以上企业（单位）消费品零售总额9.4%，服装消费基本保持稳定增长。

根据中华商业信息中心统计，2011年1～12月全国重点大型零售商业服装销售金额、数量分别同比增长了19.61%、5.14%。商务部重点监测的3000家零售企业销售额数据显示，2011年1～12月份大型零售企业服装销售金额平均增幅约为20.9%，服装服饰消费增长稳定。

另一方面，受宏观经济增速放缓，消费者信心下降，服装价格多次上涨对服装销售量挤出作用显现，加上秋冬季气候偏暖的影响，第四季度，国内服装消费增速明显放缓。

根据国家统计局的数据，前三季度，限额以上批发零售企业服装类商品零售额增速在前三个季度呈现逐季加快态势，但在第四季度，增速大幅下滑至23.8%。另据中华全国商业信息中心的统计，全国重点大型零售企业服装销售增速也在第四季度表现出显著放缓态势，增速仅为17.88%，大幅低于前三个季度的增长速度。

（2）涨价对增长贡献显著，销售数量增速放缓。

2011年，服装价格自2月份开始同比持续增长，且增幅逐月加大，服装销售数量增速则呈现明显回落态势，涨价对国内服装消费金额增长拉动作用显著。

根据国家统计局的数据，2011年1～12月，全国服装类商品零售价格指数（RPI）回升至101.8，衣着类居民消费物价指数（CPI）回升至102.1。其中12月单月衣着类居民消费价格同比上涨3.8%。服装出厂价格也创历史新高，1～12月衣着类生产者出厂价格同比上涨4.2%，比2010年底提高2.2个百分点，其中12月单月衣着类生产者出厂价格同比上涨3.6%。

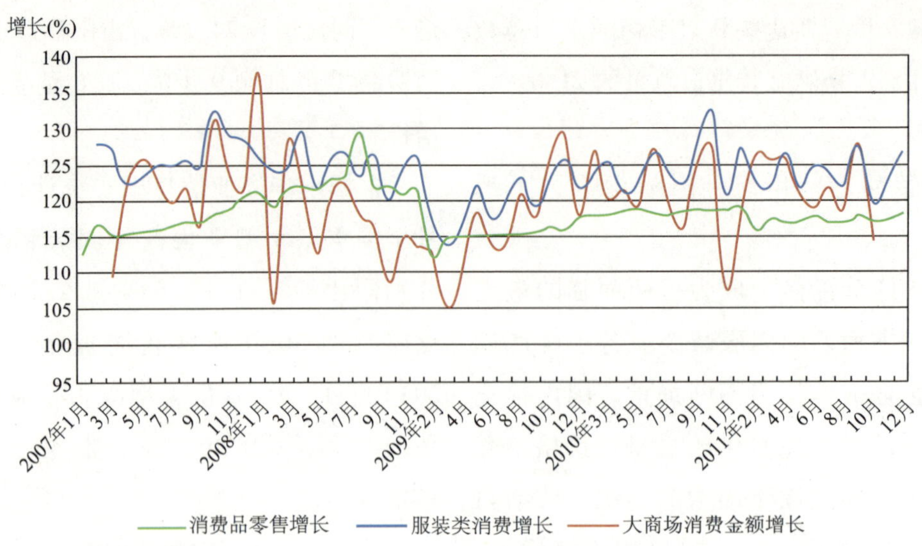

图 1－4　2007～2011 年消费品及服装类消费增长情况

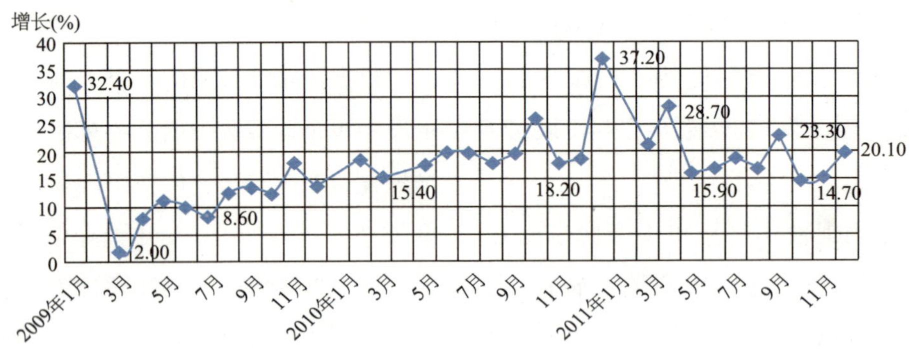

图 1－5　商务部重点监测零售企业销售额增长情况

中华商业信息中心数据统计显示，2011 年 1～12 月，全国重点大型零售商业服装销售金额、数量和平均价格分别同比增长了 19.61%、5.14% 和 10.46%，服装价格的上涨直接带动了服装消费额的增加。

另一方面，价格持续上涨对销售量的抑制作用显现，价格持续上涨或遇天花板。其中，品牌类服装价格上涨速度快于整体服装价格上涨速度。

据中华商业信息中心统计，全国重点大型零售企业品牌类服装价格在 2011 年继续加速上涨，全年同比上涨 20.3%，相比 2010 年全年 19.1% 的增长水平高 1.2 个百分点。服装销售量增速比 2010 年同期大幅回落 6.45 个百分点，其中 12 月份月度销售数量增幅降至 3.37%。

服装价格上涨主要基于以下几方面原因：首先，2011 年国内市场通货膨胀压力导致的物价上涨、国际油价处于高位导致的物流成本增加以及人工工资上涨导致的生产成本上升等因素，推动国内服装价格持续上涨。其次，下游零售商进场费上升，打折促销力度加大推高了服装企业渠道成本，也对服装价格上涨产生影响。

（3）国内市场格局重整，竞争前景更为严峻。

2011 年，我国国内市场格局调整明显，三四线市场增长稳定。城乡二元化市场格局已经被打破，三四线城市及乡镇市场蓬勃兴起。农村城镇化步伐加速，非农人口数量增加，城乡差距缩小，互联网、电视媒体普及对乡镇生活方式的影响，国家三农政策和促进农村消费政策的持续作用等，使得乡镇市场乃至农村市场保持快速成长。

同时，随着市场扩容，市场竞争也更为激烈。2011 年，受宏观影响，一二线市场竞争加剧，品牌服装市场集中度有所下降，市场品牌数量扩容，服装品牌更迭加速。另一方面，三四线市场竞争也加剧，国际快时尚品牌加速在国内二三线市场布局。海外品牌则利用其资金、品牌声誉等优势加速渠道下沉，使得国内品牌在低层级市场中的挑战加大。

根据统计，截至 2011 年底，Uniqlo、Zara、H&M、C&A、Gap 在华门店数分别达到了 113、92、77、36 和 13 家，2011 年新开门店数分别为 43、29、31、11 和 5 家。其中，2011 年 Zara 和 H&M 新开店铺中，二三线城市所占比例均超过 80%，分别为 82.8% 和 83.9%。

（4）高档服装增长放缓，网络销售高速增长。

2011 年，在通胀背景下，高档服装销售增速放缓，不及整体水平。据中华全国商业信息中心的统计，全国重点大型零售企业高档商场服装商品单价涨幅为 26%，高出整体服装市场 5.7 个百分点。但其销售金额增速仅为 10%，低于整体服装市场 11.5 个百分点；此外，服装零售量同比下降 12.7%。

网络销售增速远高于传统渠道增速，且呈现出市场参与主体多样化、传统服装企业积极涉足电子商务，网络服装品牌逐步成型，网络营销多样化创新等特点。据艾瑞咨询统计数据显示，2011 年中国服装行业电子商务市场交易规模已达 2049 亿元，占中国网络购物市场交易规模的 26.7%，较 2010 年增长 94.6%，占中国服装零售额的比例为 14.3%。

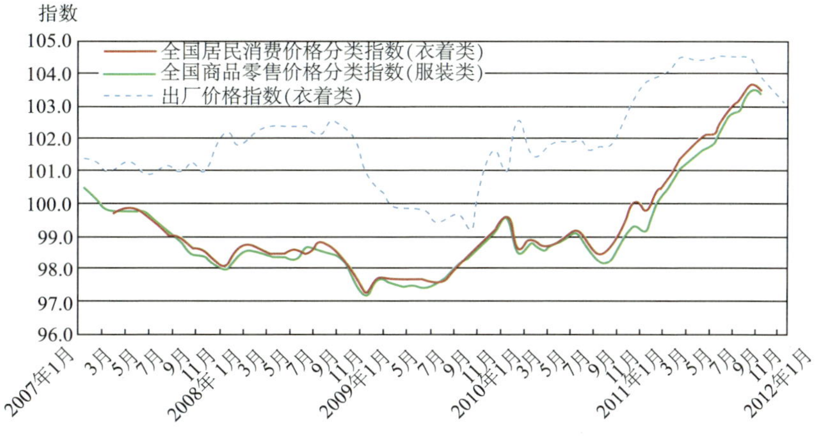

图 1-6　2007～2011 年服装消费价格指数变化情况

（二）服装行业供给分析

1. 行业生产情况

（1）2011 年服装产量增速较 2010 年同期回落。

根据国家统计局数据，2011 年 1～12 月，我国规模以上（年主营业务收入 2000 万元及以上）企业累计完成服装产量 254.20 亿件，同比增长 8.14%，增幅比 2010 年同期下降 8.76 个百分点。其中机织服装 133.11 亿件，针织服装 121.09

亿件，分别比 2010 年同期增长 10.03% 和 6.13%。

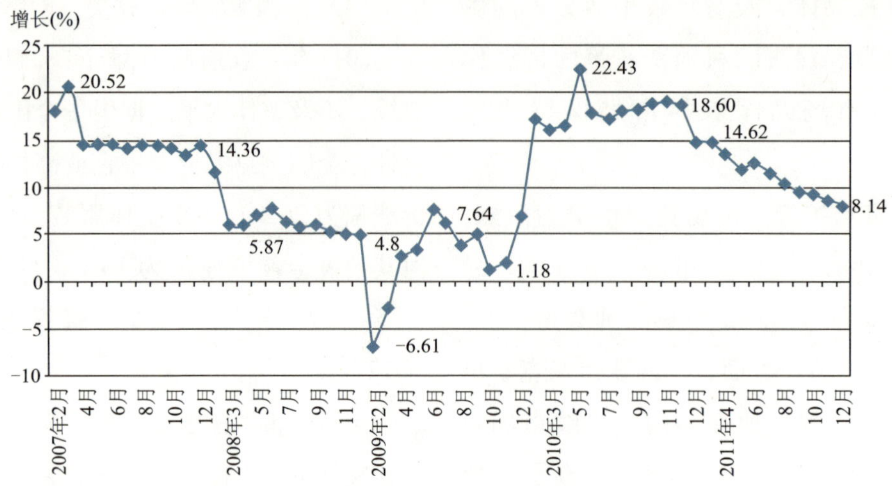

图 1－7　服装行业规模以上企业产量增长情况

虽然规模以上企业服装产量增速呈现明显回落态势，但依然保持在稳定增长区间。根据中国服装协会 2012 年 2 月对浙江、江苏、广东、福建和河南五省的调研采访结果显示，占企业总数量 90% 的广大中小企业在原料价格高企、供给收紧以及劳动力成本持续上升等多重因素共同作用下，生产数量大幅减少。

经中国服装协会测算，2011 年全国共计完成服装总产量 436 亿件，其中机织服装（含皮革服装）146 亿件；针织服装 290 亿件，与 2010 年相比分别增加 0%、－0.68% 和 0.35%。

（2）中、西部地区增势强劲，主产区增速稍有回落。

2011 年，我国服装产量前五名大省仍为广东、江苏、浙江、山东和福建，该五省总产量占全国总产量将近八成。和 2010 年同期相比，东部地区增长平稳，产量同比增长 4.85%。尽管 2011 年梯度转移步伐因经济回落受阻，但形成东西联动的立体产业区域格局仍然是行业最广泛的诉求。随着产业转型的积极推进，中、西部地区增长势头强劲，产量同比分别增长 30.38% 和 23.42%。

内陆省份中，河南、湖北、安徽均呈现良好增长势头，涨幅分别达到 35.18%、53.65% 和 36.44%，而河北、湖南服装产量则有不同幅度下降。

（3）产销衔接良好，产值增速趋缓。

根据国家统计局数据，2011 年 1～12 月我国服装行业规模以上企业累计实现工业总产值 13823.77 亿元，同比增长 27.48%，累计实现工业销售产值 13457.26 亿元，同比增长 27.61%，增速分别较年初减缓 2.51 和 2.61 个百分点。产销率为 97.35%。

2. 投资情况

（1）行业投资趋紧，新开工项目数增速放缓。

受世界经济环境的影响，投资风险增高，投资回报不明朗，行业投资逐步放缓。根据国家统计局数据，2011 年 1～12 月，我国服装行业规模以上企业实际完成投资 2072.80 亿元，同比增长 41.63%，比 2010 年底增幅提高 8.67 个百分点。施工项目个数、新开工项目个数和竣工项目个数同比分别增加 10.58%、7.05% 和 22.85%，服装行业实际完成投资占纺织行业投资总额的 33.34%。行业投资呈现趋紧态势。受全球经济复苏形势受阻影响，国内外需求不振，行业投资难见起色。

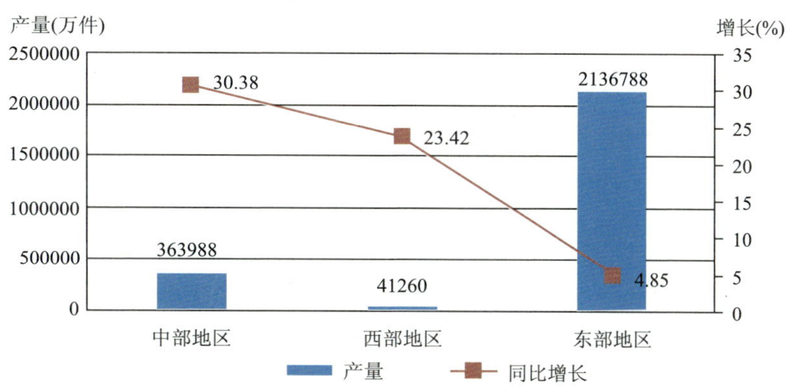

图 1－8　中西部地区服装产量情况

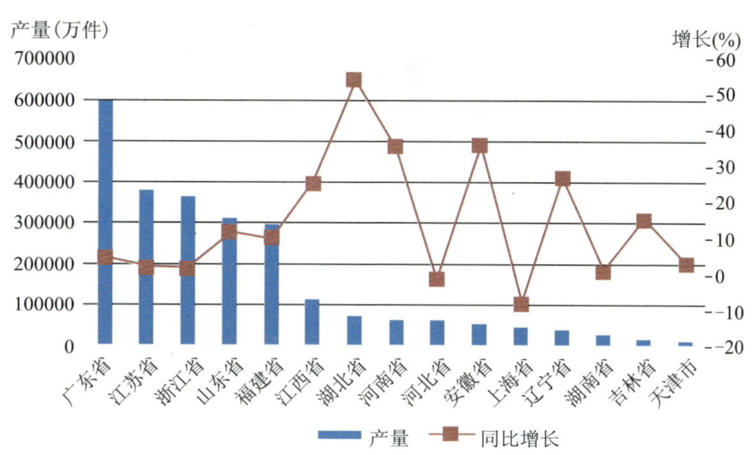

图 1－9　2011 年服装生产前 15 名省、市产量情况

表 1－1　2011 年行业投资情况

行　业	实际完成投资（万元）	施工项目数	新开工项目数	竣工项目数	实际完成投资比上年同期增长（%）	施工项目数比上年同期增长（%）	新开工项目数比上年同期增长（%）	竣工项目数比上年同期增长（%）
总计	67990626	19041	13715	13267	36. 33	5. 25	2. 27	14. 48
纺织业	36688085	10493	7551	7350	30. 91	2. 13	－0. 05	10. 18
纺织服装、鞋、帽制造业	22665662	7281	5312	5145	42. 96	9. 14	5. 33	20. 15
化学纤维制造业	7340782	882	596	549	47. 87	9. 84	2. 76	22. 27
纺织专用设备制造业	1296097	385	256	223	26. 26	11. 92	9. 87	19. 25

（2）企业投资结构变化不大，外商投资下降。

据国家统计局对规模以上企业统计，2011 年，我国服装行业内资投资占投资总额的 89. 82%，比例较 2010 年同期提高 2. 68 个百分点。私营企业投资仍是服装行业投资主体，占行业投资总额的 47. 47%，比上年同期下降 2. 5 个百分点。股份有限公司投资同比增长63.35%，占行业投资总额的6.55%，比上年同期提高0.82个百分点。三资企业投资占行业总投资比例下降2.68个百分点，其中港澳台投资同比增加23.64%，比例较上年同期下降0.83个百分点。由于我国劳动力工资水平和生产成本的持续上升，劳动密集型的服装产业对外商投资的吸引力逐步降低，外商投资同比减少14.18%，比例较上年同期下降2.21个百分点。中国正面临新兴市场经济体的挑战。个体投资比例很小，仅为1.57%。

表1-2　2011年服装行业投资情况

2011年	实际完成投资（万元）	同比（%）	比例（%）	比例增减（%）
总计	22665662	42.96	100.00	—
内资	20359410	47.35	89.82	2.68
国有	629942	87.59	2.78	0.66
集体	394944	70.04	1.74	0.28
股份合作	190279	29.75	0.84	-0.09
有限责任公司	5841756	55.94	25.77	2.15
股份有限公司	1485323	63.35	6.55	0.82
私营	10759433	35.79	47.47	-2.51
其他内资	989495	90.27	4.37	1.09
港澳台投资	1196482	23.64	5.28	-0.83
港澳台合资经营	283985	9.81	1.25	-0.38
港澳台合作经营	40708	27.73	0.18	-0.02
港澳台独资	792527	25.54	3.50	-0.49
港澳台股份有限	79262	72.45	0.35	0.06
外商投资	753569	-14.18	3.32	-2.21
外商合资经营	250335	30.61	1.10	-0.10
外商合作经营	3081	-84.67	0.01	-0.11
外商独资	449813	-28.36	1.98	-1.98
外商股份有限	50340	31.06	0.22	-0.02
个体经营	356201	85.73	1.57	0.36
个体户	288714	77.05	1.27	0.25
个人合伙	67487	135.05	0.30	0.12

（三）行业经济运行质量分析

1. 基本情况

根据国家统计局统计，2011年，服装行业规模以上企业11168家，累计主营业务收入13243.71亿元，同比增长27.62%；利润总额810.73亿元，同比增长33.18%。2011年亏损企业1080家，亏损面为9.67%，比年初1~2月缩小3.03个百分点，亏损企业亏损额同比增加31.51%，增幅比年初1~2月上升12.89个百分点。从业人数达373.46万人，同比增加5.38%。

表1-3　2011年服装、鞋、帽制造业经济指标

指标名称	单位	2011年累计	同比±（%）
企业单位数	户	11168	—
亏损企业数	户	1080	—
亏损面	%	9.67	—
亏损企业亏损金额	万元	233605	31.51
亏损企业平均亏损金额	万元	216.30	—
资产合计	万元	73697147	23.26
企业平均资产总额	万元	6598.96	—
工业总产值（当年价）	万元	138237703	27.48
企业平均工业总产值	万元	12378.02	—
主营业务收入	万元	132437140	27.62
企业平均主营业务收入	万元	11858.63	—
利润总额	万元	8107280	33.18
企业平均利润总额	万元	725.94	—
出口交货值	万元	34800302	16.60
企业平均出口交货值	万元	3116.07	—
全部从业人员平均人数	人	3734628	5.38
企业平均人数	人	334	—
主营业务成本	万元	111014134	26.93
企业平均主营业务成本	万元	9940.38	—

2. 经济运行特点

（1）行业利润增加，整体效益提升，但下半年增速较上半年有所回落。

据国家统计局统计，2011年我国规模以上服装企业工业总产值、主营业务收入和利润总额分别实现了27.48%、27.62%和33.18%的高增长。行

业平均毛利率、利润率分别达到16.18%和6.12%，分别比2010年同期提高0.45和0.26个百分点。总资产贡献率、净资产收益率分别比2010年同期提高0.94和1.40个百分点。而三费比例为7.87%，同比下降0.41个百分点。企业成本控制能力增强，盈利能力进一步提升。但由于受各类要素成本上涨、资金趋紧等因素影响，在行业主营业务收入增势平缓的情况下，利润总额增速较上半年有所回落。

表1-4 2011年服装、鞋、帽制造业经济效益指标情况

发展能力主要指标	2011年	2010年	同比增减
资本保值增值率（%）	23.26	—	—
工业总产值增长（%）	27.48	—	—
主营业务收入增长（%）	27.62	—	—
利润总额增长（%）	33.18	—	—
出口交货值增长（%）	16.60	—	—
盈利能力主要指标	**2011年**	**2010年**	**同比增减**
销售毛利率（%）	16.18	15.72	0.45
销售利润率（%）	6.12	5.87	0.26
成本费用利润率（%）	6.68	6.34	0.34
总资产贡献率（%）	17.46	16.52	0.94
净资产收益率（%）	22.78	21.38%	1.40
三费比例（%）	7.87	8.29	-0.41
营运能力主要指标	**2011年**	**2010年**	**同比增减**
产成品周转率（%）	16.71	16.71	0.00
应收账款周转率（%）	12.90	12.94	-0.05
流动资产周转率（%）	2.86	2.82	0.04
总资产周转率（%）	1.80	1.74	0.06
两金占用比例（%）	36.53	36.07	0.46
偿债能力主要指标	**2011年**	**2010年**	**同比增减**
资产负债率（%）	51.71	52.38	-0.67
已获利息倍数	12.56	13.12	-0.56
产权比例	1.07	1.10	-0.03

（2）规模以上企业劳动生产率大幅提升。

2011年，在国际市场萎缩、国内市场量降价长形势下，企业转型已由被动转为主动，且转型方向更为明确，仍多围绕技术进步进行：以提高劳动生产率为目的的技术改造在业内蔚然成风；以提高快速反应能力为目标的信息化结合被广泛认同；以提高质量水平和服务能力为目的的产、学、研联合研发在大企业中十分普遍。

虽然企业遭遇了招工难、劳动力成本上涨等难题，但企业积极应对，引进先进设备、改善劳动工序、优化生产流程、努力提高生产效率。根据国家统计局统计，2011年规模以上企业从业人数同比增加5.38%，劳动生产率提高21.13%，一定程度上消化了劳动用工成本上涨的压力。

表1-5 2011年效益指标人均情况

指标名称	2011年	同比（%）
人均产值（万元/年）	37.02	20.97
人均主营业务收入（万元/年）	35.46	21.10
人均利润（万元/年）	2.17	26.38
人均出口交货值（万元/年）	9.32	10.65
人均成本费用（万元/年）	32.44	26.40
劳动生产率（万元/人）	37.02	20.97

二、2012年行业发展预测

2012年，全球整体经济环境难有改观，国际需求萎缩、国内市场增速放缓、生产要素成本上升等行业发展制约因素仍然存在，且短时间内难以改变。

受经济形势影响，预计全年国际需求将延续2011年第四季度的趋势，继续下行；国内市场全面复苏可能性较小；同时，在订单流失、生产要素成本上升等因素影响下，企业效益可能进一步下滑、利润空间进一步缩小。大企业将加快转型，中小企业生存艰难。

综合来看，2012 年行业形势将较为严峻。

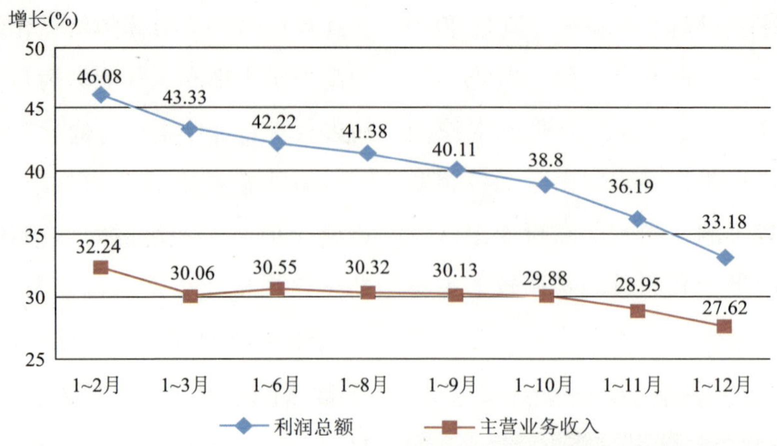

图 1－10　2011 年服装行业销售和利润增长情况

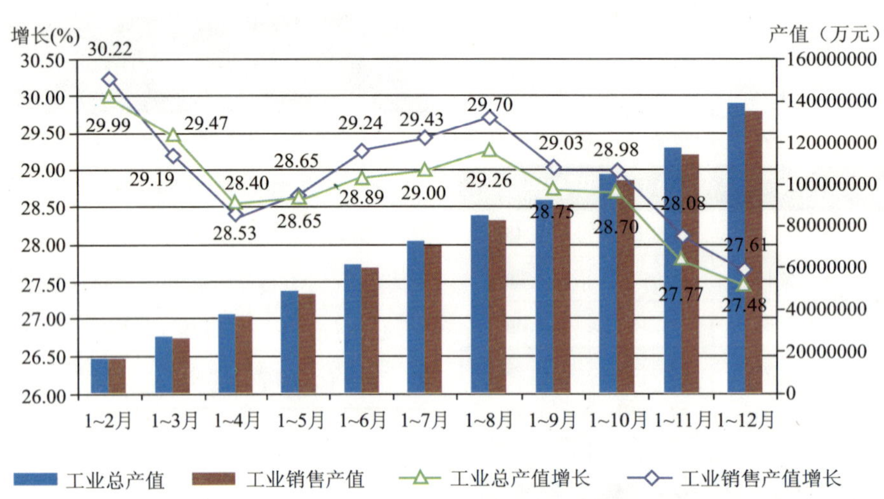

图 1－11　2011 年服装行业工业生产总值和销售产值情况

（一）出口：形势较为严峻

受欧美经济复苏缓慢影响，其市场需求短时间内难以复原；同时，国内企业生产要素成本上升压力依然存在，而生产成本更低的东南亚、南亚等国家和地区在服装产业配套建设、工人素质提高等方面不断进步，中国服装出口国际竞争力将继续减弱，订单流失可能更加明显。整个 2012 年，中国服装出口形势都将较为严峻。

（二）内需：销售增幅或将下降

2011 年，国内市场增长主要依靠价格拉动，销售量增速实际处于下降状态。

2012 年由于国内经济增长放缓、物价高企，将导致国内消费增长乏力；同时，服装价格上涨趋势虽然有所缓解，但价格仍处于较高水平，居民消费意愿下降。另一方面，库存问题依然严重，渠道商囤货意愿下降。

综合判断，虽然有拉动内需政策和货币政策的刺激，但制约国内服装消费的因素短期内仍难以消除，放缓趋势可能难以改变，销售增幅或将下降。

（三）生产：产量回落

由于整体经济形势影响，国际需求萎缩，订单减少；国内消费放缓的可能性较大。受国内外市场需求影响，同时由于大量库存需要消化，生产增速放缓的趋势或将延续，从2012年全年来看，维持产能稳定将成为主要目标，产量将有回落。

（四）效益：大企业效益下滑，小企业生存困难

2012年，产业整体集约化进程加快，产业集中度进一步提高，资源进一步向大型企业集中，其将继续保持一定增长，但效益或将下滑。同时，由于国内外需求形势仍不明朗，原材料、劳动力等成本继续上升，抗风险能力不强的广大中小企业生存将更加艰难。

整体来看，行业亏损面可能进一步扩大，企业两极分化明显。

2011 年服装市场运行分析及 2012 年发展趋势预测

中华全国商业信息中心

2011 年，我国服装市场整体表现相对平稳，国内服装销售继续保持平稳较快增长，全年限额以上批发零售企业和全国重点大型零售企业服装零售额增速均在 20% 以上。

但与往年相比不同的是，2011 年，我国服装市场商品平均单价同比呈现出较大幅度上涨，对零售额增长的贡献接近 80%，价格大幅上涨导致零售量增速放缓。另外，在通胀环境下，消费下移态势明显，高档销售增速减慢，网上购物增多，快时尚和平价商品在很大程度缓解了通胀给消费者服装消费带来的压力，吸引了大批消费者，呈现较快发展。

从未来的发展趋势看，虽然 2011 年物价大幅上涨导致实际消费增长下滑，但从长远来看，伴随着国民经济较稳发展，服装消费升级的总体趋势没有发生变化；另外，物价大幅上涨导致的消费增长下滑也将会引起零售商、中间商以及品牌商对服装定价的深度思考；而近些年迅速发展的服装网上销售市场也将伴随着整体水平的提升，逐渐发展成熟且竞争加剧，进入残酷的企业淘汰阶段。

一、2011 年我国服装市场销售运行情况

（一）全年销售继续保持平稳较快增长

1. 零售额同比增速相比上年变化不大

2011 年，我国服装市场销售势头良好，零售额同比实现平稳较快增长。根据国家统计局的数据，2011 年，限额以上批发零售企业服装类商品零售额同比增长 25.1%，相比上年的增幅低 0.7 个百分点。

另据中华全国商业信息中心的统计数据，2011 年全国重点大型零售企业服装类商品零售额同比增长 21.6%，比上年的增幅高 0.4 个百分点。

从增速上看，2011 年服装零售额增速相比上年变化不大，延续了近些年来持续快速发展的态势。

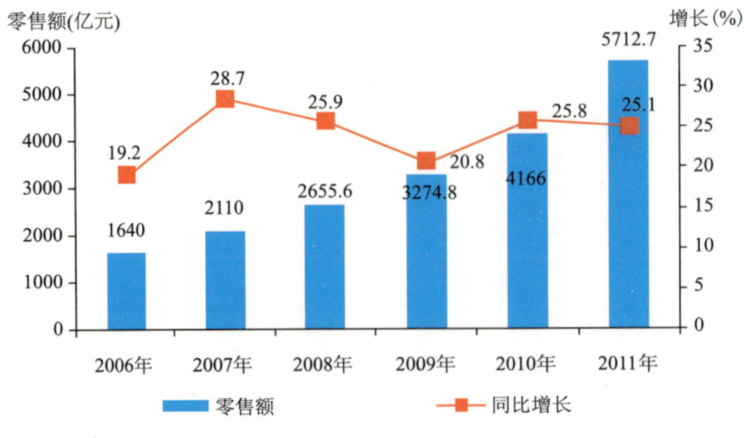

图 1－12　2006～2011 年限额以上批发零售企业服装类商品零售额及增长

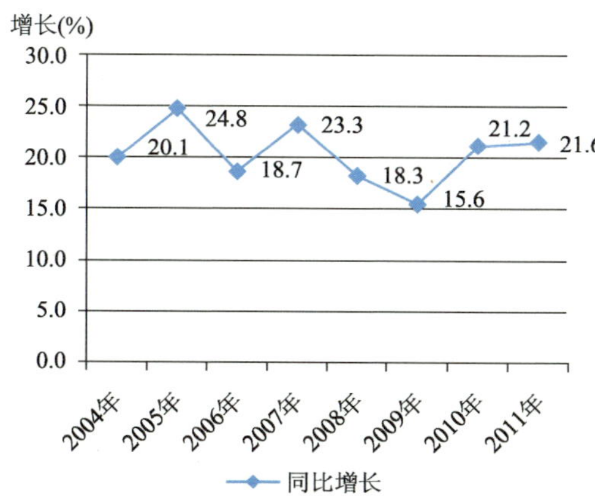

图1－13　2004～2011年全国重点大型零售企业服装类商品零售额增长

2. 第四季度零售额增速出现明显放缓

2011年前三季度，我国大型零售企业服装销售增速基本保持平稳运行，但进入10月份以来，零售额增速表现出明显下降态势。

根据国家统计局的数据，2011年，限额以上批发零售企业服装类商品零售额增速在前三个季度呈现逐季加快态势，但在第四季度，增速大幅下滑至23.8%。

另据中华全国商业信息中心的统计，全国重点大型零售企业服装销售增速也在第四季度表现出显著放缓态势，增速仅为17.88%，大幅低于前三个季度的增长速度。

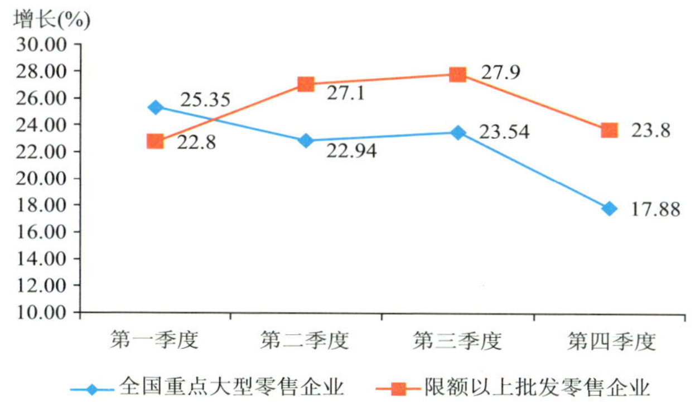

图1－14　2011年服装类商品各季度零售额增长

（二）服装价格同比呈现显著上涨

1. 1998年以来服装类消费价格首次正增长

1998～2010年，我国居民消费价格中衣着类消费价格连续13年呈现同比下降，其中，服装类消费价格也均是负增长。而在2011年，衣着类消费价格实现同比增长2.1%，其中服装类上涨2.4%。

2011年衣着类商品出厂价格同比上涨4.2%，增速为近些年来的最高水平，比2010年高2.2个百分点。

另外，服装类商品零售价格也呈现出同样的趋势，根据国家统计局发布的数据，2011年，我国服装、鞋帽类商品零售价格同比上涨1.8%，其中服装类零售价格同比上涨2.4%，涨幅也是1998年以来首次同比正增长。

2. 品牌类服装价格同比继续加速上涨

相比较全国整体衣着类消费价格和服装鞋帽类零售价格，全国重点大型零售企业品牌类服装价格在2011年继续加速上涨。目前，中国服装生产环节和流通环节的各项成本，包括原辅材料、人工工资、商业地租、物流成本等不断攀升，其中商业地租、物流成本已远高于国外市场，是导致服装价格高涨的主要原因。同时，零售商为了利润增加进场费和打折促销力度，而品牌商为了补偿进场费和打折促销导致的利润损失而大幅提升产品的价格等，都导致了服装价格大幅上涨。

3. 单价上涨对服装零售额增长贡献接近八成

另外，从量价贡献率上看，在2011年消费物价指数（CPI）全面上扬的大环境下，品牌服装价格加速上涨，零售量增长速度明显放缓，由此导致2011年单价上涨对服装零售额增长的贡献率相比前几年大幅提升。

根据中华全国商业信息中心的统计数据，2011年，全国重点大型零售企业服装类商品单价增长对零售额增长的贡献率高达79.9%，明显高于往年水平，比2010年大幅提高了28.2个百分点，这也就是说，2011年服装零售额的增长将近80%是来自于单价上涨的拉动。

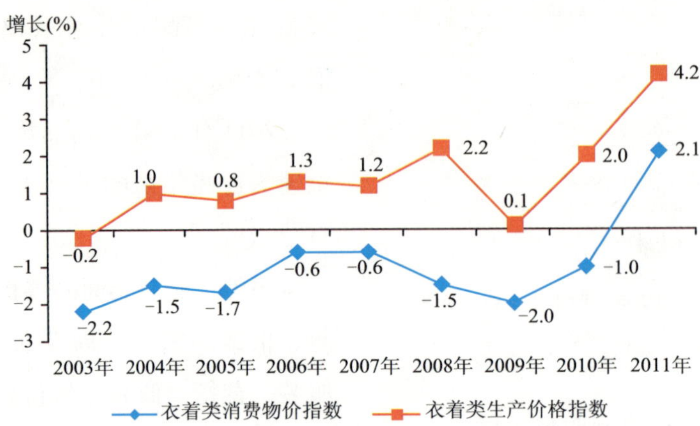

图1－15　2003～2011年衣着类商品价格水平同比变化

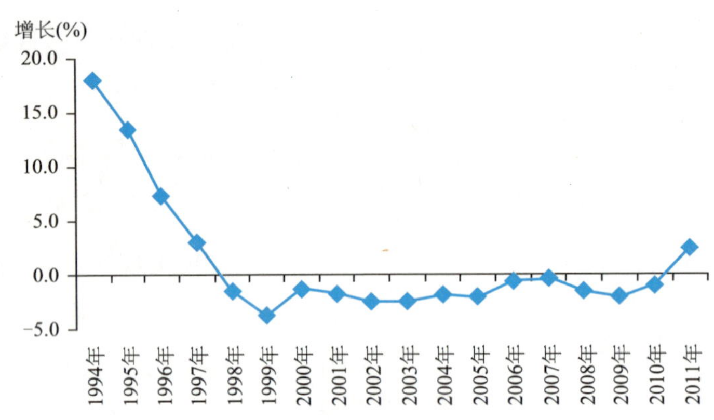

图1－16　1994～2011年服装类商品零售价格涨落

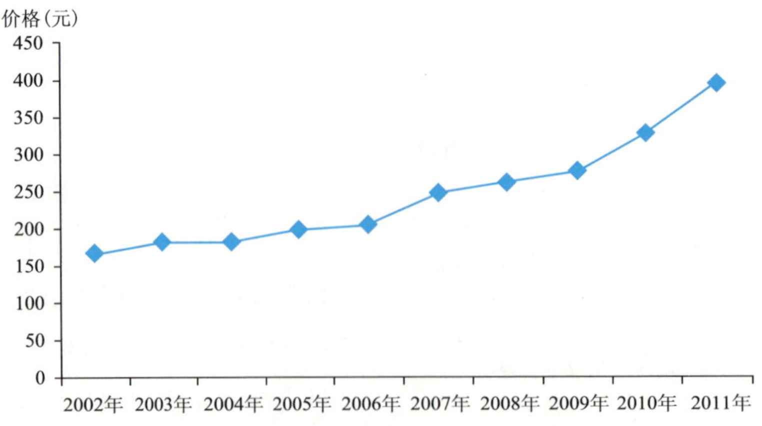

图1－17　2002～2011年全国重点大型零售企业品牌服装单价

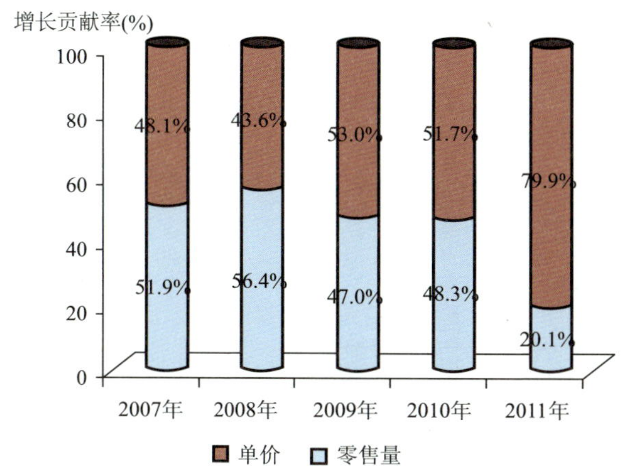

图 1－18　2007～2011 年单价和零售量对服装零售额增长贡献率

（三）零售量同比增幅比上年大幅下滑

2011 年，我国大型零售企业品牌服装价格持续加速上涨虽然带动了服装零售额继续保持较快增长，但零售量增幅相比前几年却大幅度下滑。

根据中华全国商业信息中心的统计数据，2011 年，全国重点大型零售企业各类服装零售量同比仅增长 4. 36%，比 2010 年零售量增长大幅下滑 5. 84 个百分点，同时，2011 年增幅是 2001 年以来最低水平。

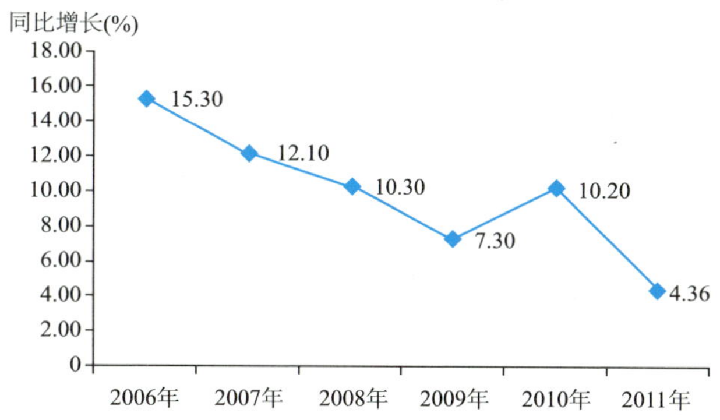

图 1－19　2006～2011 年全国重点大型零售企业各类服装零售量同比增长

其中，2011 年下半年增长下滑幅度较大，特别是在第四季度，零售量同比仅增长 2. 05%。

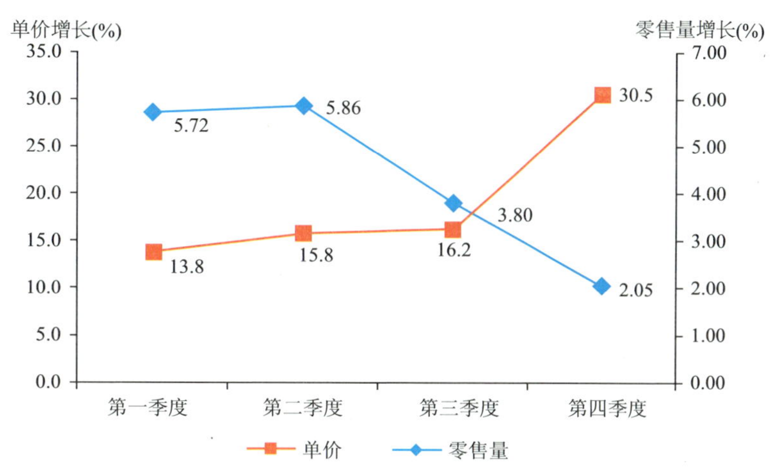

图 1－20　2011 年全国重点大型零售企业各类服装各季度零售量及单价增长

第四季度零售量增长的大幅下滑，与当季品牌服装单价大幅上涨形成了鲜明的对比。2011 年，全国重点大型零售企业品牌类服装单价在第四季度同比涨幅达 30. 5%。国家统计局统计的衣着类居民消费价格和服装鞋帽类商品零售价格在第四季度各月的同比涨幅也是全年最高，均在 3% 以上，其中服装类商品零售价格在 10～12 月份的同比涨幅分别是 4%、3. 6% 和 3. 9%。

价格大幅上涨给消费者服装消费带来了很大压力，由此导致全国重点大型零售企业服装实际销售数量增长同比出现大幅下滑。

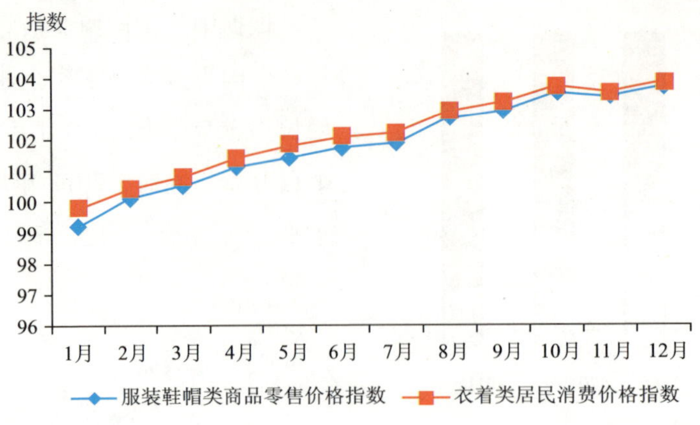

图 1－21　2011 年服装类商品价格指数

注：上年同期为 100

(四) 通胀环境下消费下移态势明显

2011 年，服装价格持续上涨对销售的影响主要表现在零售量增速大幅放缓。而从消费者角度来看，通胀大背景下，消费主要表现出以下特点：高档销售增长放缓，打折消费现象明显，价格相对低廉的网销品牌和快时尚品牌发展快速。

1. 高档销售增速放缓，不及整体水平

根据中华全国商业信息中心的统计，2011 年，全国重点大型零售企业服装类商品价格继续加速上涨，其中高档商场服装商品单价同比涨幅达 26%，比服装市场整体单价上涨水平高出 5.7 个百分点。

在全面通胀的大背景下，高档商场服装单价继续加速上涨带来的是销售增速的下滑，2011 年全国重点大型零售企业中高档商场服装类商品零售额同比增长仅为 10%，比整体水平低 11.5 个百分点，零售量同比更下降 12.7%。

高档商场服装销售增长下滑，并且低于整体水平，在很大程度上反映出 2011 年由于高档商场服装价格过高，消费者开始减少在高档商场进行服装消费的趋势。

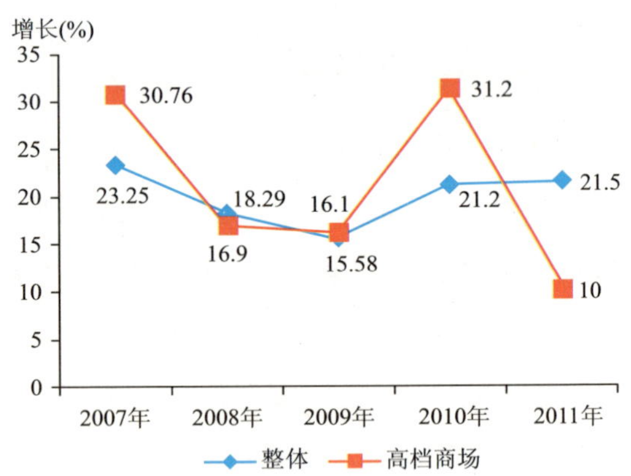

图 1－22　2007～2011 年全国重点大型零售企业高档商场服装零售额增长

2. 打折消费特点明显

2011 年服装消费下移的又一表现是打折消费特点明显，服装消费更加集中在价格涨幅较低的打折月份。

根据中华全国商业信息中心的统计，2011 年，服装平均单价涨幅最高的 3 月、5 月和 9 月，基本上即为全年服装零售量同比增速最低的月份，而在单价涨幅相对较低的 4 月、6 月和 12 月，服装零售量同比增幅则位居全年各月增幅前三位。

3. 服装网上销售规模高速增长

近些年来，服装网上销售在国内呈现出快速发展态势，其凭借物美价廉的优势，在 2011 年更

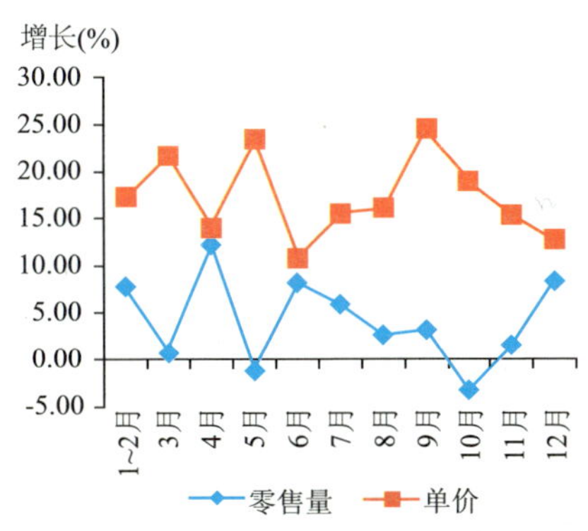

图1-23　2011年全国重点大型零售企业各月服装零售量和单价增长对比

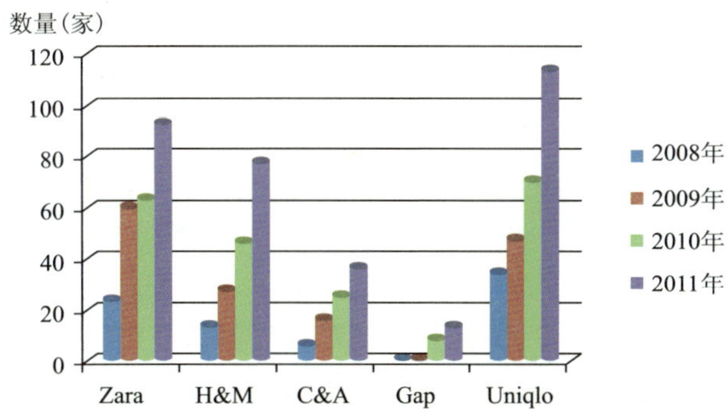

图1-24　2008~2011年外资快时尚服装品牌在华门店数

是有效缓解了通胀对服装消费的压力，吸引了大批消费者。根据中国互联网信息中心的数据，截至2011年12月底，我国网络购物用户规模达1.94亿人，网络购物使用率提升至37.8%。与2010年相比，网购用户增长3344万人，增长率为20.8%。

另据艾瑞咨询公布的数据，受下半年服装消费下移带动，2011年我国服装网购市场规模达2049亿元，较2010年的1052.4亿元增长94.7%。同时，网上销售的快速发展还催生了一大批服装网购品牌，如绿盒子、尼卡苏、欧莎、韩都衣舍、裂帛、七格格、摩登小姐等。

4. 快时尚品牌加速布局国内二三线市场

近几年以来，以Zara、H&M、C&A、Gap、Uniqlo等为代表的快时尚品牌，凭借产品紧跟时尚潮流、款型多样、快速供应、价格定位大众等优势赢得了国内消费者的青睐，在2011年同样缓解了通胀对国内消费者服装消费的压力，继续呈现出快速发展的态势。根据统计，截至2011年底，Zara、H&M、C&A、Gap、Uniqlo在华门店数分别达到了92、77、36、13和113家，2011年新开门店数分别为29、31、11、5和43家。

同时，2011年快时尚品牌向二三线市场发展趋势明显。根据统计，2011年Zara和H&M新开店铺中，二三线城市所占比例均超过80%，分别为82.8%和83.9%。

快时尚品牌越来越重视国内二三线市场的原因，首先在于一线城市竞争激烈，而二三线城市市场空间大，并且二三线城市对快时尚品牌的消费需求旺盛。一方面，二三线城市消费者服装消费能力已经达到较高水平，另一方面，其消费意识也在迅速提升，认可快时尚品牌的速度加快，同时，这些消费者也在承受着服装价格大幅上涨的压力，对价格相对较低的快时尚品牌有一定的消费需求。其次，国内消费者对快时尚品牌消费需求的快速增长，带动了国外诸多快时尚品牌加速进入国内市场。同时，不少传统服装企业主也纷纷转变经营思路，开始迎合快时尚消费潮流，推出时尚概念的休闲服饰。而面对相对饱和、竞争相对激烈的一线城市，二三线市场无疑是更好的选择。

（五）多数品类品牌集中度下降

中华全国商业信息中心对全国重点大型零售企业16类服装商品前十位品牌集中度的统计结果显示，2011年，16类服装中，前十位品牌集中度超过50%的只有4类，和上年基本持平。

前十位品牌集中度相比上年有所提升的有7类，分别是男西装、女装、羊毛衫、羊绒衫、女性内衣、皮革服装和裤子，其中涨幅最大的是男西装，达 3.51%；品牌集中度相比上年出现下滑的品类有 9 个，其中棉毛衫裤、牛仔服、运动服、童装和羽绒服的下滑幅度均超过 1 个百分点。

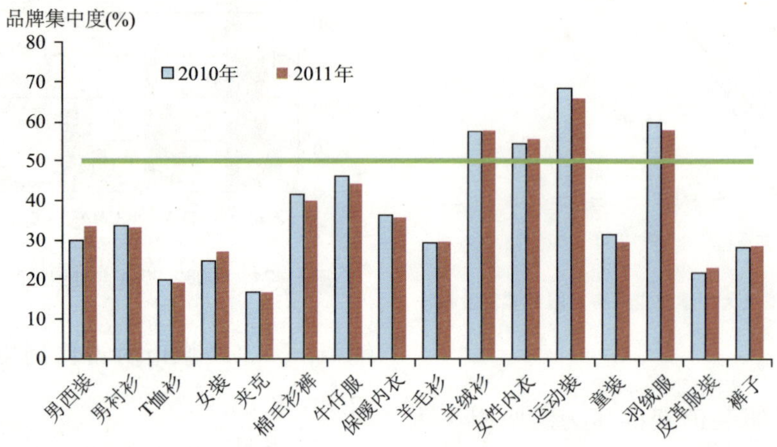

图 1－25　2010～2011 年全国重点大型零售企业主要服装商品前十位品牌集中度

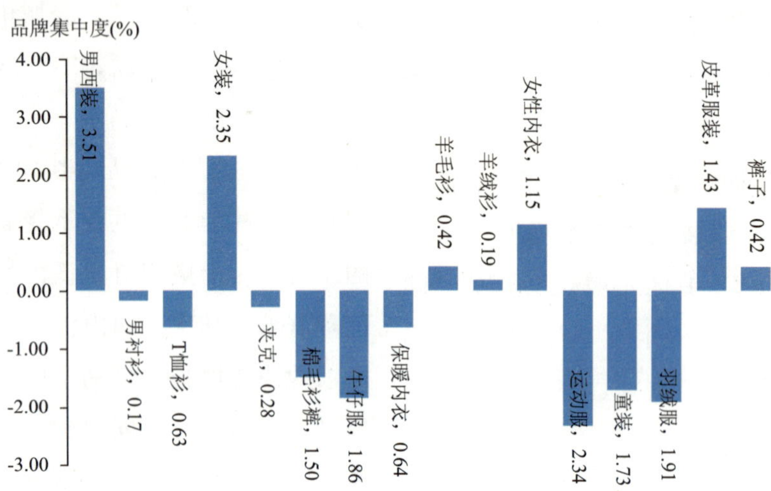

图 1－26　2011 年主要服装品类前十位品牌集中度变化情况

二、2011 年主要服装商品销售运行情况

（一）男装：增长保持相对平稳

根据中华全国商业信息中心的统计，2011 年全国重点大型零售企业男装零售额同比增长 22.25%，增幅比 2010 年下降 2.17 个百分点，比服装整体零售额增幅低 2.85 个百分点。零售额增幅虽然相比上年有所放缓，但幅度不大。

在零售量方面，2011 年，全国重点大型零售企业男西装零售量同比增长 9.7%，比上年增幅低 4 个百分点；男衬衫零售量同比增长 7.1%，比上年增幅高 4.9 个百分点。

与整体水平相比，男西装和男衬衫零售量增长均相对较高，由此可以看出，我国男装销售在整体通胀的大背景下，增长并没有受到很大影响，居民实际消费增长保持相对平稳。

（二）女装：第四季度销售增长下降

根据中华全国商业信息中心统计，2011 年全国重点大型零售企业女装零售额同比增长 23.26%，增幅比 2010 年低 4.43 个百分点；零售量同比增长 6.52%，增幅比 2010 年低 5.78 个百分点，同时也是 2003 年以来的最低增幅。

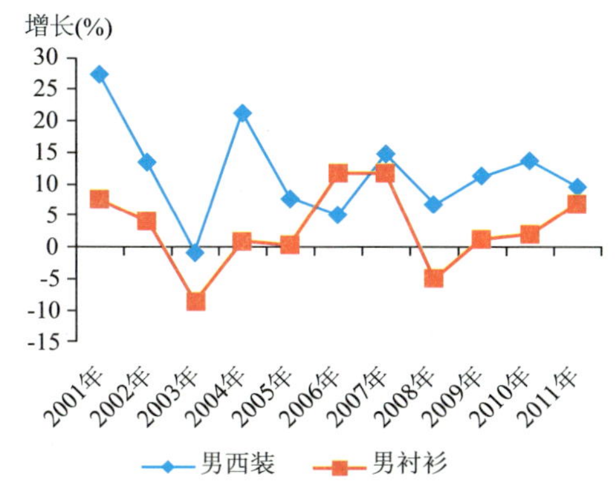

图 1-27　2001~2011 年全国重点大型零售企业男装主要商品零售量增长

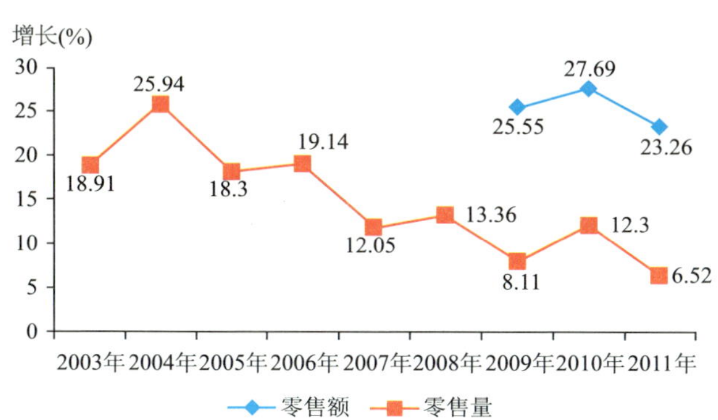

图 1-28　2003~2011 年全国重点大型零售企业女装零售额及零售量增长

2011 年，女装零售额各月增速基本保持稳定，但第四季度零售量增长则呈现明显下行。根据中华全国商业信息中心的统计，2011 年 10 月和 11 月女装零售量同比分别增长 -3.82% 和 1.28%，12 月份虽有所回升，但 6.67% 的增幅从全年来看仍属较低水平。

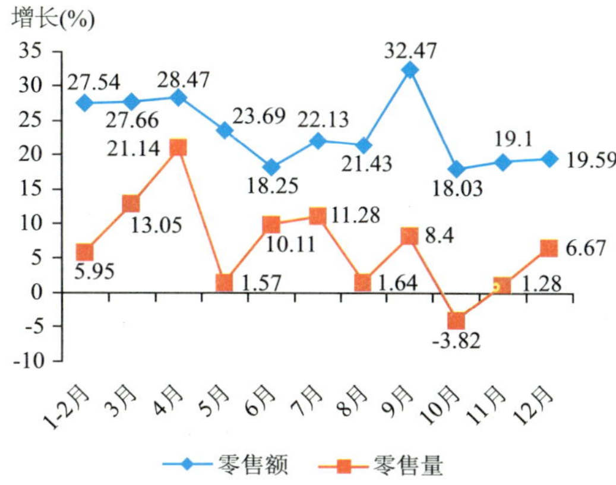

图 1-29　2011 年全国重点大型零售企业女装零售额、零售量月度增长

2011 年受物价上涨影响，高档女装零售额增幅比上年出现较明显的放缓，根据中华全国商业信息中心的统计监测数据，2011 年零售额同比增长 20%，明显低于上年水平，并且相比 2011 年整体女装市场零售额增幅也处于较低水平。另外，高档女装零售额占女装零售总额的比例平均为 17.93%，比 2010 年下降 2.34 个百分点。

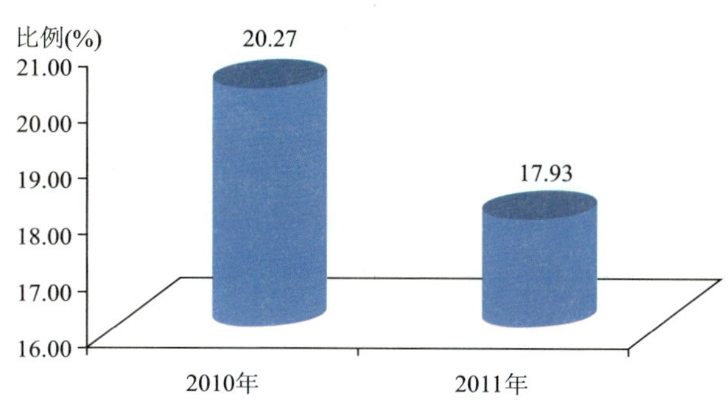

图 1-30　2010~2011 年高档女装零售额占女装总零售额比重

品牌服装价格大幅上涨导致的消费下移，是高档女装商品销售增速明显下滑的重要原因。从 2012 年来看，虽然年初有春节的带动，但是多数高档商场销售依然表现出近年少有的低迷态势。1 月份销售低迷对于第一季度乃至全年的销售都将产生很大影响，因此，2012 年我国高档女装销售将面临较大压力。

（三）童装：价格上涨带动零售额同比加速增长

根据中华全国商业信息中心的统计，2011 年，全国重点大型企业童装类商品零售额同比增幅比 2010 年高 1.4 个百分点，达到 22.49%，零售量同比增幅比上年有所放缓，仅为 3.35%。

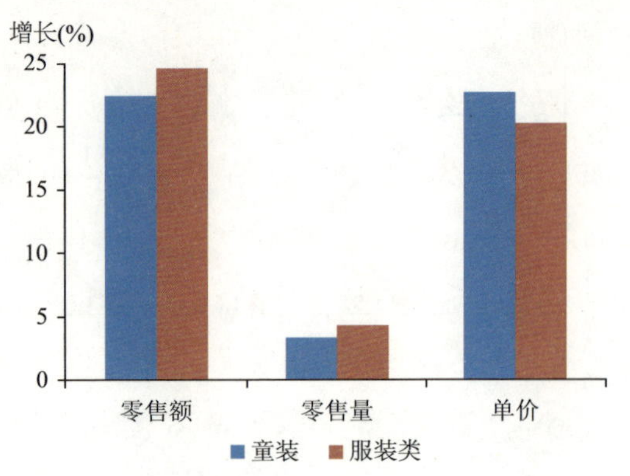

图 1-31　2011 年全国重点大型零售企业童装类商品销售增长与整体服装类对比

与整体服装行业对比来看，童装零售额增幅相对较高，且比上年加速增长，由此可以看出，2011 年童装市场销售增长明显好于整体水平；另外，从零售量增幅上看，2011 年，童装零售量增幅和整体服装市场零售量增幅基本持平，略低 1.01 个百分点，这一点可以反映出，2011 年童装市场零售额增长的大部分贡献同样是来自单价的上涨。根据计算，2011 年，全国重点大型零售企业童装商品单价同比上涨 22.8%，比整体水平高 2.5 个百分点。

三、未来我国服装市场发展趋势预测

(一) 2012 年价格涨幅趋缓

导致 2011 年服装零售价格大幅上涨的因素很多，有生产成本提升、人工成本提升，零售成本提升、资金短缺等。从 2012 年来看，服装价格可能继续上涨，但涨幅预计比 2011 年有所降低。

首先，我国服装价格大幅上涨是整个行业产销环节共同作用下的结果，2011 年价格上涨导致的服装实际销售增幅显著放缓将引发服装生产企业、中间商和零售企业对服装定价的深度思考。

其次，原材料价格回落对生产企业造成的成本压力有所缓解，也将在很大程度上使服装价格上涨趋缓。

2011～2012 年我国出口贸易面临较大压力，在此情况下，将会有更多出口企业将目光投入国内市场，从而进一步增加国内供给量，进而在一定程度上缓解服装价格上涨的压力。

(二) 平价服装市场快速发展

随着服装价格大幅上涨，消费者对国内服装价格越来越难以承受，网络和快时尚品牌等平价服装销售在 2011 年表现突出，主要是因为其价格优势很大程度上缓解了通胀带来的服装消费压力。预计 2012 年，平价服装市场仍将快速发展。

首先，消费需求不断增长。目前，国内外服装价格差越来越大，消费者对以网络销售、快时尚品牌等为代表的平价服装消费需求相对旺盛；其次，Zara、H&M、C&A、Gap、Uniqlo、森马、美特斯邦威等国内外平价服装品牌在国内布局已经深入到二三线甚至更低级别市场。另外，更多国外平价服装品牌也已经准备进入国内市场，说明国内平价服装市场潜力巨大。

(三) 个性化、差异化消费将得到更多关注，市场进一步细分

一方面，随着国际市场需求疲软，更多出口企业将目光转向国内，服装内销市场竞争势必将更加激烈。要在激烈的竞争中保持平稳发展，必须保持特色。

同时，以“80 后”、“90 后”为代表的新一代消费群体逐渐壮大，这部分消费者的消费观念、消费方式、消费需求都和上一代消费者不同，他们的个性化消费需求明显，在服装消费上更青睐特点鲜明、个性突出的商品。

这些因素将使个性化、差异化消费得到更多关注。

另一方面，企业出于扩大市场份额、分散经营风险的目的，也通过多品牌运作的方式将原有市场

细分。比如雅戈尔根据消费人群的特点对产品市场进行细分，在原主导品牌 Youngor 的基础上，进一步发展 Mayor & Youngor、GY、Hart Schaffner Marx 和 CEO 等品牌；利郎也推出针对 20～30 岁年轻消费者的品牌 L2 等。

（四）网上销售市场竞争将越发激烈

服装网络销售渠道的重要性越来越明显，市场规模也连续多年表现出迅速的发展态势，特别是在 2011 年整体通胀的大环境下，网上销售有效缓解了物价上涨造成的服装消费压力。

从 2012 年的发展趋势看，随着越来越多的品牌上线销售以及网上销售环境的变化，网上销售市场将更加活跃，市场竞争也将更加激烈，大量企业或将被淘汰。

第一，随着越来越多的企业向线上发展，服装网上销售企业数量大幅增加，网上销售已经进入了拼资金、拼价格、拼渠道的时期，诸多在资金、规模、渠道、价格等方面处于劣势的网上销售企业已经被淘汰。例如，团购企业在经历了 2010 年的疯狂后，2011 年淘汰了大批企业，同时，还有许多 B2C、C2C 企业由于规模小，竞争力差，也在 2011 年淡出市场。因此可以判断，未来一段时间服装网上销售市场竞争激烈程度必然加剧，将有大量企业被淘汰。

第二，为了规范市场，政府相关部门正在逐渐加大对网上销售的监管，例如增加税收，销售正品服装等，这对于网上销售企业来讲，既是成本的增加，也是对其网上销售资质的认定，但对于众多小型网上服装销售企业来说，则可能是不能承受之重。

第三，消费需求升级，消费者在网上购买服装将逐渐从比价格升级至比服务。在目前的服装网销市场，以价格优势吸引消费者，带动销售增长的效应正在逐渐减弱，消费者网上购买服装的关注点将更多转向服务方面，例如物流速度、结算方式、退换货便捷程度等方面。

因此，随着服装网上销售环境的变化，市场竞争将逐步升级到企业库存、物流、退换货服务以及跨渠道等多方面多层次，激烈程度也将不断加剧。

2010～2011 年全球服装市场分析及 2012 年发展趋势

中国纺织品进出口商会

一、2010 年全球服装贸易概况

（一）全球服装出口概况

2010 年，全球商品出口贸易迎来恢复性增长。据世界贸易组织（WTO）统计，2010 年全球商品出口总额为 14.85 万亿美元，同比增长 21.7%。其中，全球制造业商品出口总额为 9.96 万亿美元，同比增长 19.6%，占全球商品出口总额的 67.1%；全球服装出口 3514.6 亿美元，同比增长 11.4%，占全球商品出口总额的 2.4%。

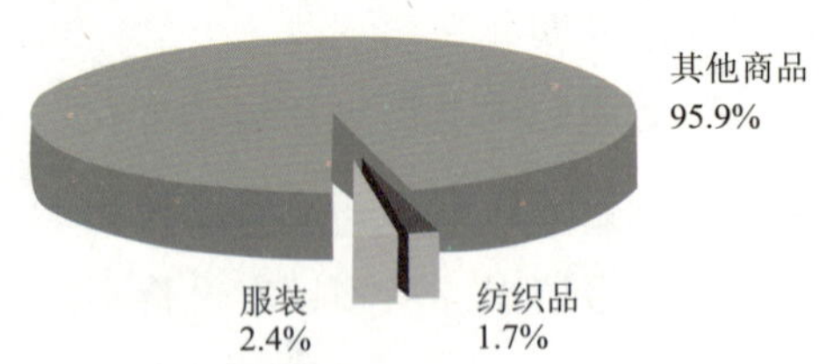

图 1－32　2010 年全球商品、服装、纺织品出口额分布

当前，全球服装出口形成两大核心区域，其一是以中国、土耳其、印度、孟加拉国、越南等国家为代表的亚洲地区，其二是以欧盟诸国为代表的欧洲地区，两个地区合计占全球服装出口贸易近 80% 的比例。

1. 中国

中国是全球第一大服装出口国家和地区，出口额 1298.4 亿美元，增长 21%，比全球平均增长高 9.6 个百分点，占全球服装贸易出口总额的 36.9%，比 2009 年同期提高 2.9 个百分点。2005～2010 年，中国年均出口增幅为 11.9%，低于越南和孟加拉国的增长水平。

2. 欧盟

欧盟的出口额全球排名第二，出口额 989.3 亿美元，同比增长 0.9%，占全球服装贸易出口总额的 28.1%。其中，欧盟对非欧盟国家出口 223.1 亿美元，同比增长 2.3%，占全球服装贸易出口总额的 6.3%。2005～2010 年，欧盟服装出口总体增长缓慢，年均增幅仅为 3%。

3. 中国香港

中国香港 98% 以上为转口贸易，服装出口额 240.5 亿美元，同比增长 5.4%，其中转口贸易 236.3 亿美元，增长 6.2%。2005～2010 年，香港本地服装出口大幅下滑，年均降幅为 43.5%；转口贸易小幅增长，年均增幅为 3.3%。

4. 其他主要国家

孟加拉国、土耳其、印度、越南和印度尼西亚分列全球服装出口排名第四至第八位。2005～2010 年，越南和孟加拉国迎来出口增长的高峰期，年均增幅分别为 18.3% 和 17.8%，出口额翻了一番以上，是全球服装出口增长最快的两个国家，土耳其等其他三国出口保持平稳增长，年均增幅在 1.5%～6.6% 之间。美国和墨西哥分列全球服装出口排名第九和第十位，2010 年出口额增幅分别为 12.1% 和 6.1%，2005～2010 年出口额呈下滑趋势，年均降幅分别为 1.2% 和 9.8%。

（二）服装进口情况

欧盟、美国和日本是全球前三大服装进口国家和地区，中国香港借转口贸易之利居第四位，因俄罗斯进口下降，加拿大超越俄罗斯成为全球第五大服装进口国家和地区。

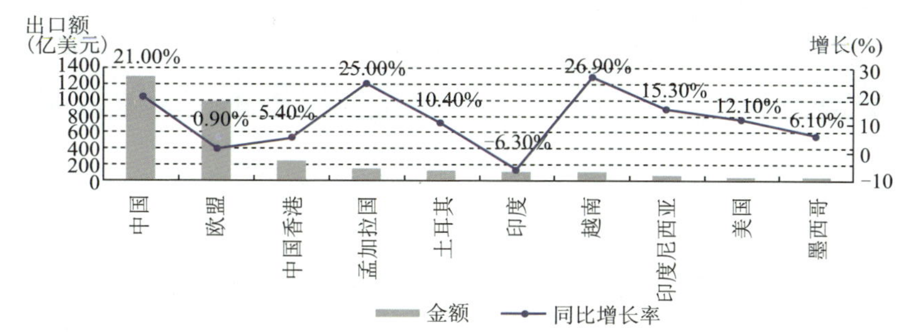

图 1-33　2010 年全球前十大服装出口国家和地区统计图

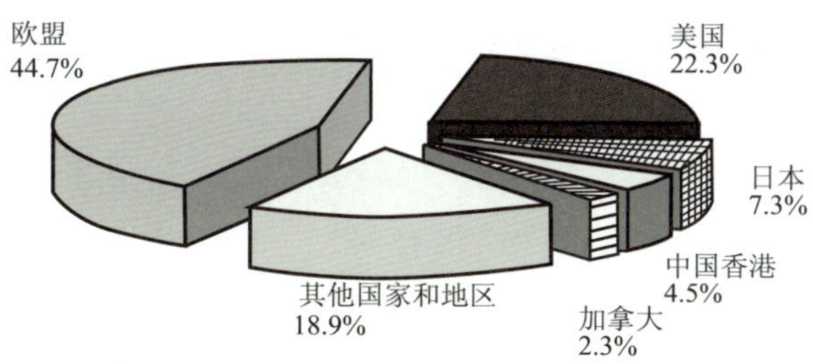

图 1-34　2010 年全球服装主要进口国家和地区分布

1. 欧盟

欧盟是全球第一大服装进口市场，2010 年进口服装 1642.2 亿美元，微增 1.75%，占全球服装进口总额的 44.7%。2005 ~ 2010 年，欧盟服装进口额总体保持平稳增长，年均增幅为 4.54%。

欧盟的前五大进口来源国家和地区依次为欧盟内部、中国、土耳其、孟加拉国和印度。2011 年欧盟内部之间贸易为金额 766 亿美元，同比基本持平，份额为 46.7%；自中国进口金额 399.9 亿美元，增长 4.9%，份额为 24.4%，两者共占欧盟总进口额的 70%。2005 ~ 2010 年，欧盟从中国、孟加拉国进口增长较快，年均增幅分别为 11.5% 和 11.7%。

表 1-6　2010 年欧盟服装进口主要来源地

国家和地区	金额（亿美元）	同比（%）	份额（%）	2005 ~ 2010 年年均增幅（%）
全球	1642.16	1.75	100	4.54
欧洲	895.56	0.68	54.54	2.72
亚洲	654.02	3.95	39.83	8.46
非洲	71.57	-3.62	4.36	-0.15
北美洲	7.50	4.33	0.46	2.99
独联体	7.36	-0.04	0.45	-5.21
中南美洲	3.29	-0.19	0.20	-1.64
中东	2.73	-8.00	0.17	-8.86
主要供应国和地区				
欧盟	766.30	0.49	46.66	3.07
中国	399.88	4.87	24.35	11.51
土耳其	104.42	4.59	6.36	0.27
孟加拉国	76.44	6.55	4.65	11.65
印度	61.67	-2.50	3.76	6.79

2. 美国

美国是全球第二大服装进口市场，也是第一大单一进口国，2010 年服装进口增长较快，进口额 819.4 亿美元，同比增长 13.7%，占全球服装进口总额的 22.3%。2005 ~ 2010 年，美国服装进口增长相对缓慢，年均增幅仅为 0.46%。

2010 年，美国服装进口来源国家变化较大，孟加拉国排名上升，墨西哥近年来持续下降，排名下滑至第五位。前五大进口来源国家和地区分别是中国、越南、印度尼西亚、孟加拉国、墨西哥。其中中国为最大进口来源国，金额达 335 亿美元，同比增长 18.8%，占美国总进口份额的 40.9%。2005 ~ 2010 年，美国从中国进口服装保持平稳增长，金额年均增幅为 9.6%，从越南进口服装增长较快，金额年均增幅 16.4%。

表1-7 2010年美国服装进口主要来源地

国家和地区	金额（亿美元）	同比（%）	份额（%）	2005~2010年年均增幅（%）
全球	819.42	13.71	100.00	0.46
亚洲	633.05	15.40	77.26	3.92
中南美洲	88.58	12.82	10.81	-5.27
北美洲	44.34	6.09	5.41	-10.83
欧洲	23.91	6.97	2.92	-9.92
非洲	18.53	-0.83	2.26	-2.76
中东	10.67	3.93	1.30	-11.09
独联体	0.31	-23.44	0.04	-36.06
主要供应国和地区				
中国	334.95	18.78	40.88	9.64
越南	62.08	16.45	7.58	16.35
印度尼西亚	47.69	14.82	5.82	8.56
孟加拉国	41.54	16.02	5.07	10.36
墨西哥	37.83	5.67	4.62	-9.91

表1-8 2010年日本服装进口主要来源地

国家和地区	金额（亿美元）	同比（%）	份额（%）	2005~2010年年均增幅（%）
全球	268.67	3.57	100	5.15
亚洲	252.30	4.37	93.91	5.66
欧洲	12.90	-5.84	4.80	-3.53
北美洲	1.94	-10.48	0.72	1.39
非洲	0.85	14.41	0.32	-3.49
中南美洲	0.49	6.30	0.18	11.60
独联体	0.16	25.22	0.06	53.25
中东	0.03	-16.50	0.01	-4.10
主要供应国和地区				
中国	220.83	4.24	82.19	3.89
越南	12.06	15.44	4.49	14.61
欧盟	11.84	-4.72	4.41	-6.59
泰国	3.58	8.77	1.33	5.03
韩国	2.42	4.20	0.90	-11.08

3. 日本

日本在国际服装进口市场中位居第三，占全球服装进口总额的7.3%，进口金额268.7亿美元，增长3.6%。2005~2010年，日本服装进口保持平稳增长，年均增幅为5.2%。

中国是日本最大的服装进口来源国，进口额220.8亿美元，同比增长4.2%，占日本服装进口总额的82.2%；其次为越南，欧盟居第三位。2005~2010年，日本从越南进口服装增长较快，年均增幅为14.6%。

4. 其他主要市场

2010年，全球前十五大服装进口市场中，除俄罗斯进口下降0.8%以外，其他国家进口均保持增长，其中，澳大利亚、韩国、土耳其和中国进口增长较快，增幅在19%~36.5%之间。另外，2005~2010年，土耳其进口增长较快，年均增幅达29.2%，澳大利亚、韩国、沙特阿拉伯和中国也保持较好的增长形势，年均增幅在8.8%~11.2%之间。

二、2011年中国服装进出口概况

（一）2011年中国服装出口总体概况

2011年我国服装出口形势严峻，人民币持续升值，国内原料价格、劳动力价格普遍上涨，成本的上涨挤压了利润空间；国外消费市场不振，消费者需求不旺，加之我国服装成本上涨，导致国外进口商开始调整采购方向。虽然两方面压力的综合作用导致我国服装出口的大幅增长出现较大困难，但在全行业的共同努力下，最终全年出口服装（含衣着附件）达到了1532.4亿美元，同比出口增幅为18.4%，超出预测的15%增幅，也高于2005~2010年的平均增幅11.9%。

1. 欧美日三大市场所占出口份额基本保持平稳，对美国份额有所下降

2011年我国对欧美日三大市场服装出口额均有10%以上的增长，其中，对欧盟和日本出口同比

增长20%左右，高于对美国11.8%的增幅。从份额看，欧盟和日本所占份额与上年保持同等水平，美国所占份额则下降了1个百分点，三大市场合计份额为60.1%，同比下降0.6个百分点。

表1-9 2011年中国服装及衣着附件出口主要市场统计

国别	出口额（亿美元）	同比（%）	份额%
全球	1532.43	18.36	—
欧盟	419.21	20.17	27.36
美国	281.80	11.76	18.39
日本	220.41	19.44	14.38

注 表中数据来源：中国海关。

（1）对欧盟出口价格普遍上涨，裤子是第一大宗商品。

对欧盟出口的裤子、衬衫等各大类商品中，T恤出口额微弱下降，其他商品均有不同程度增长，同比增幅跨度较大，在0.1%～55%之间。从出口数量看，半数以上的服装品类出口数量下降，但同比下降幅度均在20%以下。

其中，出口额增长最快的商品是羽绒服，同比增幅为54.8%，其出口数量同比增幅同样位居第一，为30%；上衣和大衣出口额增幅在35%左右，出口数量增长10%以上；裤子作为对欧盟出口的第一大宗商品，出口额增长18.6%，略低于对欧盟出口总体增幅，占我对欧盟出口服装总额的16.2%；毛衫出口额份额与上年相比有所增长，为14.71%，出口额增长23%。另外，衬衫出口数量有较大下降，降幅为8.3%，出口额增幅相对平缓，为8.5%。

从出口价格看，所有大类商品出口价格均有较大幅度上涨。除胸衣和西服套装分别增长7.5%和9.3%以外，其余商品价格涨幅均超过10%。

（2）对美国出口价格较快上涨，其中裤子和毛衫出口额合计占近三分之一。

2011年我国对美国服装出口额增幅低于对欧盟出口。从各大类商品出口同比增幅看，2011年我国对美国出口额实现增长的品类少于欧盟，且增幅也均低于欧盟。出口额增幅最高的商品是羽绒服，增长29.3%，出口量增幅为4.75%，远低于对欧盟的增长幅度。尤其是从出口数量增长情况看，实现增长的商品其出口增幅均不超过8%，部分商品增幅仅在1%左右。与此同时，出口价格涨幅较大，其中衬衫、大衣、羽绒服等商品价格增幅在20%以上。除胸衣和运动服以外，其余商品增幅均在10%以上。

对美国出口以裤子和毛衫为主，两大类商品出口额分别占我国服装对美出口总额的17.2%和13.7%，出口额同比增幅分别为10.9%和18%，出口量同比下降，降幅分别为4.29%和0.19%。

（3）对日本出口增幅高于往年，出口价格普遍上涨。

2011年日本服装进口需求有所增加，2011年我国对日服装出口额同比增长了19.2%，打破前几年一直维持的不足10%的增幅。从品类看，大部分商品出口增幅较大，高于对日服装出口整体增幅，且在数量与金额上均有较大增长。其中，羽绒服出口额增长了40%，衬衫数量和金额分别增长17%和35.6%，其余保持增长的商品出口额增幅在1%～25%之间。从出口价格看，各大类服装出口价格普遍上扬，除胸衣和羽绒服外，其余服装出口价格涨幅均超过10%，部分商品涨幅在20%以上。

裤子、毛衫、T恤是对日出口的大宗商品，三类商品共占对日服装出口总额的40.2%。其中，裤子出口数量小幅增长2.3%，金额增长23.2%，占出口额比例最大，为15.3%；毛衫和T恤所占份额分别为14.2%和10.7%，出口数量微弱下降，出口额增幅在15%左右，低于总体增幅。

（4）对新兴市场出口势头依然较为强劲。

中国服装对其他主要市场出口，尤其是新兴市场的出口情况普遍良好，增幅均保持在15%以上，其中，对俄罗斯出口增势放缓，增幅为18.5%，占总出口份额3.62%。对东盟出口继续大幅增长，增幅为33.4%，占总出口份额为3.71%，略高于上年。另外，对巴西、墨西哥的出口快速增长且势头强劲，增幅均在70%以上。

2. 福建超过山东，列省市出口排名第五位，五省市出口额合计占比72.16%

2011年，东、中、西部出口增长平稳，全部实现15%以上的增长。从总体看，东部各省市出口增势相对平稳；西部省市间增减差异较大，部分省市实现成倍增长，而有些省市则出现较大下降，出口额出现下降的5个省市均集中在中西部地区。

福建首次超过山东进入五大出口省市之列，粤、浙、苏、沪、闽五省市合计占服装出口总额的72.16%，其中，粤、浙、沪三省市份额下降，江苏和福建份额均有所上升。

表1-10 2011年服装及衣着附件出口主要省市统计

省市	出口额（亿美元）	同比（%）	份额（%）
合计	1532.43	18.36	100
广东	314.32	13.58	20.51
浙江	291.47	17.05	19.02
江苏	230.98	20.03	15.07
上海	145.85	13.92	9.52
福建	123.23	41.42	8.04

数据来源：中国海关

（1）广东：广东出口额占比同比下降近1个百分点。广东共有服装出口企业13376家，同比增长10.4%，其中私人企业数量增加较快，占全国总家数的27%，略有上升。在出口额排名前100位的企业中，广东有15家，比上年减少了2家。

①欧盟、美国、中国香港是广东出口前三大市场。

自2010年开始，欧盟、美国超过中国香港成为广东省最大的两个出口市场。2011年广东对欧盟出口份额与上年持平，仍为25%，其中对德国和英国出口额合计占12%。广东对美国和对中国香港出口增幅均低于广东总体增幅，占广东总出口份额均下降，分别为19.9%和18.9%。

②针织服装、棉制服装占主导地位。

针织服装和棉制服装在广东服装出口中占据主导地位，所占比例均为55%，其中针织服装增长较快，超过广东整体增幅，棉制服装出口额同比增长9.9%。化纤制服装增幅为21%，所占比例升至32.1%。

（2）浙江：浙江出口额增长17.1%，比全国总体增幅低1个百分点，占全国总出口份额的19%，基本保持上年同期水平；出口企业家数增长5.5%，占总数的17.9%，其中前100家企业中，浙江有13家，比上年增加2家。

①欧美日三大市场份额略有下降，对欧盟出口份额仍维持在近四成。

2011年浙江对欧美日三大市场服装出口增长幅度均低于浙江整体服装出口增幅，份额均有下降。其中，对欧盟出口增长16.7%，份额降幅最小，依然维持近四成的比例，比上年低1个百分点。对美国、日本出口增幅低于欧盟，分别为9.2%和13.1%，份额分别为20.2%和10.2%。另外，浙江对东盟和拉丁美洲服装出口的大幅增长是一大亮点，虽然两个市场所占份额依然较小，但开拓新兴市场的潜力较大。

②针织、机织服装同步增长，化纤制服装增幅比棉制服装高22个百分点。

针织、机织服装同步增长，出口额增幅均为16%，所占比例分别为41.1%和38.7%，基本与上年持平。化纤制服装快速增长，增幅为28.4%，比例为35.9%；棉制服装小幅增长，增幅为6%，占比为31.79%。另外，丝制服装出口额同比下降2.9%。

（3）江苏：江苏出口增长20%，出口额份额为15.1%，与上年持平。全省共有出口企业6448

家，增长7.1%，出口前100家企业中有11家江苏企业，比上年减少5家。

①美日欧三大服装出口市场所占份额为82.1%。

美国、日本、欧盟三大市场份额占比较高，为82.1%，比上年下降1个百分点。其中对美出口增长13%，份额为28.4%，下降了2个百分点；日本暂时超过欧盟成为第二大出口市场，两者占比分别为26.88%和26.83%，两者增幅分别为22.9%和21.6%。此外，江苏对东盟、俄罗斯、智利等国家出口份额虽小但势头较强，增幅均超过40%。

②机织服装出口增长高于针织服装，化纤制服装出口大幅增长。

机织服装出口仍然占据江苏服装出口的主导地位，份额为50.89%，出口额增幅与江苏整体增幅相当，为20.56%；针织服装出口增幅比江苏整体增幅低近4个百分点，为16.5%，出口额份额35.8%，下降1个百分点。

化纤制服装出口快速增长，增幅为31.1%，拉近与棉制服装所占份额的差距；棉制服装份额虽然仍高于化纤制服装，但出口额仅增长了7.85%，棉制服装和化纤制服装所占份额分别为38.44%和37.41%。

（4）上海：上海近几年来服装出口额始终保持小幅稳定增长，2011年出口增长13.9%，份额9.5%，下降0.4个百分点。出口企业数小幅增长4.5%，为4022家，在前100家出口企业中，有16家上海企业。

①对日本出口份额微弱上涨，与欧盟相比差距不大。

日本、欧盟、美国三大出口市场合计份额为80.1%，比上年下降1个百分点。其中对日本出口增幅高于上海整体增幅，份额略有上涨，为29.95%；对欧盟出口增长11.7%，份额下降至29.1%。对美国增长最少，为7.2%，份额下降1个百分点，为21%。

与此同时，上海对东盟出口增长迅速，增幅达90%；对南美洲国家出口增幅也在50%以上，其中对巴西出口增长73%。

②机织服装与针织服装同步增长，化纤制服装份额超过棉制服装。

针织、机织服装出口额均增长13%左右，低于上海服装整体增幅。机织服装是上海服装出口的第一大类商品，出口额份额为44.3%，基本与上年持平。针织服装份额较机织服装低4个百分点，为40.3%。

化纤制服装超过棉制服装成为各质地服装中的第一大类商品，出口额增长21.6%，占上海服装出口总额的37.5%，比上年增长2个百分点。棉制服装仅有1.86%的小幅增长，份额比上年下降4个百分点，为33.9%。

（5）福建：福建首次超过山东进入五大出口省市的行列，服装出口额大幅增长41.4%，大大高于其他四省市，份额8.04%。

①对欧盟出口一家独大，份额接近三分之一。

欧盟是福建第一大服装出口市场，份额为32.4%，超过其对亚洲出口份额。其中，对德国出口快速增长，增幅为49.2%，份额为9.6%。美国是福建服装出口第二大市场，出口额增长29.7%，份额为9.2%。阿联酋和沙特阿拉伯分列出口市场第三、第四位，出口额增长均为38%，份额分别为4.99%和4.79%。

值得一提的是，福建对中东地区服装出口保持较大份额，为20.8%，占其对亚洲出口的70%。同时，福建对非洲、拉丁美洲出口实现快速增长，其中对拉丁美洲出口增长70%以上，两地区所占出口份额分别为10.28%和11.79%。

②针织服装占据主导地位，化纤制服装份额高于棉制服装。

针织服装是福建服装出口的主要商品，占据着主导地位。2011年针织服装出口增长43.1%，份额为62.96%。机织服装出口额增长42.6%，份额为31.9%。

化纤制服装所占份额较高，为44.3%，出口额同比增长为39.3%，低于棉制服装。棉制服装出口额增长50.2%，所占份额有所增长，为39.3%。另外，丝制服装虽然所占份额很小，仅有0.39%，但出口额迅猛增长，高达341.8%，同时出口均价急速下降，同比降幅为87.8%。

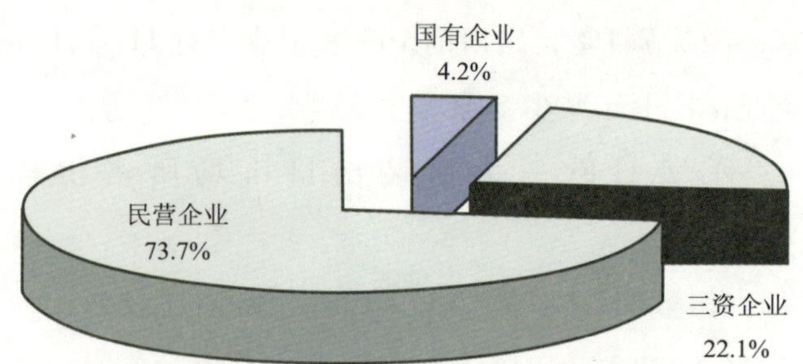

图1-35 2011年服装出口企业数统计图

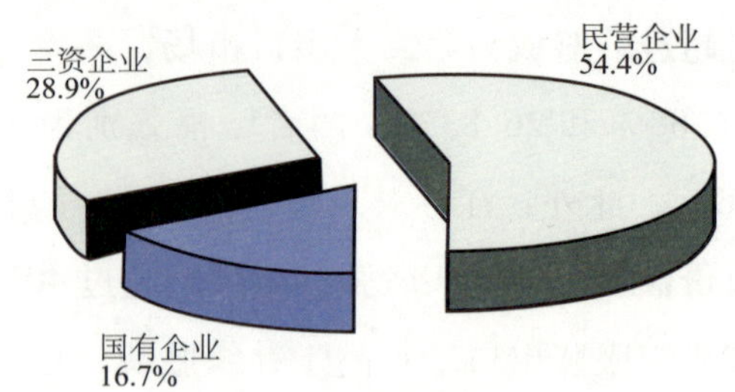

图1-36 2011年各类型企业出口额统计

3. 民营企业家数保持增长，比例达到七成

全国共有服装出口企业49626家，增长6.6%。其中民营企业数量增长10.9%，增至36378家；国有企业和三资企业数量不同程度减少，尤其是国有企业，数量仅占全国总数量的4%。从各类型企业的出口额看，民营企业同样占有较大份额，为54.4%，比上年增长2.4个百分点。国有企业数量虽然不足4%，但出口额比例高于三资企业，为16.7%。

（二）2011年服装进口总体概况

受国内中高端消费需求增长的影响，2011年我国服装（含衣着附件）进口增势不减，同比增幅达59.4%，进口额再攀新高，为40.1亿美元，同比绝对增加值为15亿美元。欧盟为主要进口来源地，而上海地区的进口占据了全国进口额的一半，这些数据揭示了进口服装需求的一些显著特征。受季节和上市时间的影响，全年各月进口额分布呈前低后高态势，在7月~9月达到高峰。进口均价在2月、3月份下降，其他月度呈增长态势，最高增幅达到1倍左右。

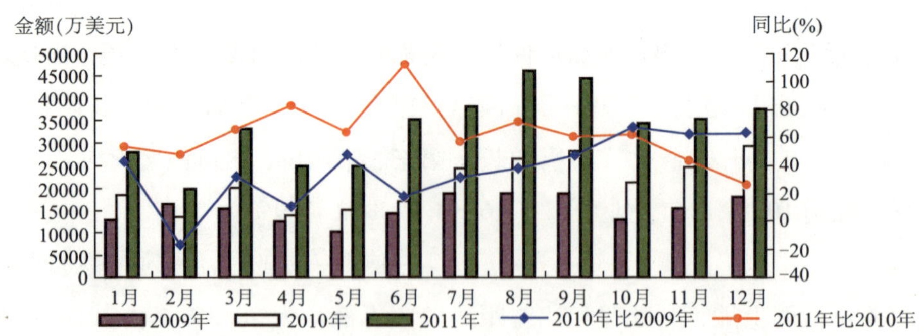

图1-37 2009~2011年全国服装及衣着附件进口额统计

1. 从欧盟进口与上年持平，从朝鲜、东盟进口快速增长

（1）从欧盟进口占比30.95%，进口单价远高于总体均价。

欧盟作为我国服装进口第一大市场，占全部服装进口额比例保持在上年同一水平，为30.95%，进口额12.4亿美元，增长64.6%。其中，机织服装占比最高，为51.9%，比针织服装高30个百分点，进口增幅为65.7%，也略高于针织服装58.8%的增幅。

从服装质地看，棉制服装仍是进口的主要商品，但占比较上年有所下降，为32.3%，其进口额同比增长也低于其他几类商品，为50.9%。同比增长最高的商品是毛制服装，为74.9%，比例提高至25.2%。

（2）从朝鲜进口快速增长，居第二大单一国家市场。

我国从朝鲜进口服装最近几年得到突飞猛进的发展。2011年，朝鲜超过香港成为第二大进口市场，进口额同比增长167.6%，占比为10.4%。从商品分类看，机织服装依然是最主要商品，比例为85.9%，保持在上年水平。针织服装也有较快增长，增幅为161.7%，占比为13.7%。化纤制服装居各质地商品之首，进口额同比增长183.5%，占比为67.4%；棉制服装虽然也呈成倍增长，但增幅是所有质地服装中最低的，占比降至19.4%。

（3）我国从东盟进口大幅增长至94.1%。

我国从东盟进口也实现大幅增长，进口额5.1亿美元，增长94.1%，占比为12.8%。其中，我国从越南、印度、印度尼西亚和柬埔寨等国家进口成倍增长，所占比例分别为4.72%、2.86%、2.12%和1.29%。

从商品分类情况看，机织服装进口额成倍增长，增幅为120.4%，占比升至50.2%；针织服装增幅略高于总体增幅，占比为34.7%，保持上年水平。棉制服装同比增长高于化纤制服装，分别为127.6%和97.7%，而占比略低，两者分别为42.1%和45.8%。丝制服装大幅下降32.4%，所占比例仅有0.02%。

2. 上海领跑高端服装进口，沪、粤、辽、京、苏为进口前五大省市

作为时尚消费高地，上海进口份额再上新台阶，达到五成。增幅同样显著，达到了70.3%。全国所有进口企业中，排名前五位的企业均分布于上海，排名前50位的企业中包含28家上海企业，进口商品多为Burberry、LV、Zara等国际知名品牌。广东位列进口省市第2名，份额为20.7%，但进口额增幅为五省市中最低，为33.6%。

进口前五大省市座次不变，依然为沪、粤、辽、京、苏，合计份额为88.8%。

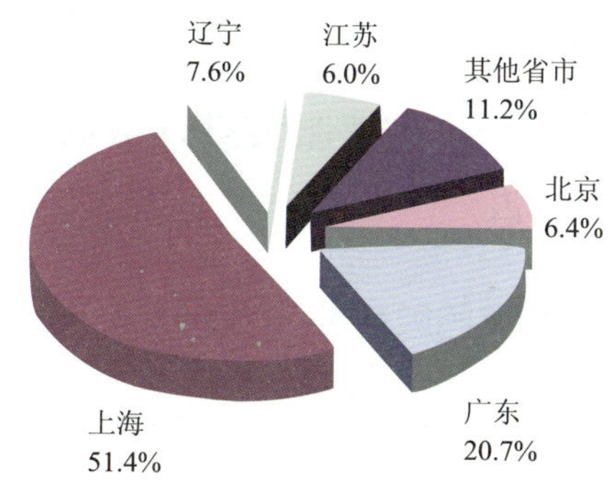

图1-38　2011年全国各省市进口份额统计

从地域分布看，几乎全部服装进口额均由东部地区创造，其进口额合计占比高达96.9%。中部和西部省市所占份额分别为1.55%和1.52%，但中部省市实现了快速成倍增长，而西部表现平平，增幅为36.1%，比全国总体增幅低23个百分点。

3. 机织服装占主导地位，毛皮革服装快速增长

（1）机织服装份额增至54.3%，比上年增长4个百分点。

机织服装作为第一大类进口商品，2011年进口金额21.8亿美元，增长71.5%，比针织服装高23个百分点，所占份额进一步升至54.3%。进口价格增幅相对平缓，为20.6%，每件（套）进口价为20.3美元。

针织服装进口额为10.9亿美元，份额27.1%，每件（套）的进口价为7.73美元，增幅小于机织服装，为13.6%。毛皮革服装成倍增长，尤其是毛皮服装，增幅高达200%以上，同时进口单价上涨

较快，涨幅63.9%，每件（套）872美元。

（2）化纤制服装进口大幅增长，增幅为82.9%。

棉制服装是各质地服装中进口额最大的商品，进口额增长46.3%，低于总体增幅，份额为36.9%。化纤制服装进口大幅增长，份额为30.8%，与棉制服装的差距进一步缩小。另外，毛制服装和其他材制服装也有较快增长，增幅分别为69.2%和77.2%。各种质地的服装进口单价全面增长，增长区间在10%～50%之间。

三、2011年全球主要服装进口市场及消费市场的特点

（一）2011年美国服装进口总体概况

美国是全球最大的工业品消费国，也是纺织品服装的最大进口国和消费国，近年来，美国始终占全球服装进口总额四分之一左右。美国市场的景气程度是全球市场状况的晴雨表。2010年美国率先走出消费不振的阴影，市场回暖，2011年，服装进口相对稳定，虽然数量上出现了小幅下降，但进口金额出现了较明显的增长。

1. 总体进口状况保持稳定，进口价格上涨明显

（1）美国服装进口数量规模略降，进口金额达到近年最高。

据美国商务部纺织品服装办公室统计（下同），2011年美国进口服装802.8亿美元，增长8.8%。同期美国出口服装51.4亿美元，同比增长13.9%。

2011年美国从全球进口MFA（指多种纤维协定项下产品，不包括7字头类别“丝制纺织品服装”和9字头类别“其他纺织品服装”，以下均采用此统计口径）项下服装238.6亿平方米、776.6亿美元。与2010年相比，进口数量下降了3.6%，进口金额增长了8.8 %。进口金额达到近十年以来的最高水平。

纵观2005年全球配额一体化以来美国服装进口趋势，总体呈现持续增长态势，但增幅逐步回落，2007年下半年开始，市场需求出现疲软，至2008年，进口出现下降，2009年，降幅进一步扩大，进口规模低于2004年水平。2010年，市场回暖，进口额势明显得以扭转，2011年进口规模保持基本稳定。

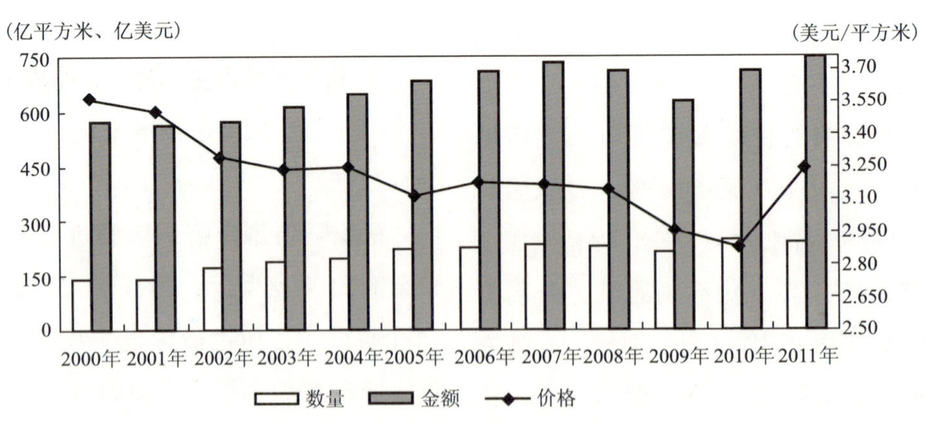

图1－39　近年来美国从全球进口服装（MFA项下）变化趋势图

（2）与上年度进口价格走低情况相反，2011年服装进口价格明显提高。

受市场需求不振、消费者购买心理变化的影响，2009年、2010年美国从全球进口服装每平方米均价比上年度分别骤降19美分和7美分，2010年进口均价为2.89美元/平方米。到2011

年，美国进口服装均价骤升为 3.25 美元/平方米，同比增幅达到 12.8%。如果说 2010 年美国纺织服装进口的主题是“复苏与回暖”，那么 2011 年的进口呈现为“数量规模略降、价格全面上扬”。

（3）进口商品结构有所变化，化纤制服装比例加大。

2011 年美国棉制服装产品的进口数量下降较大，下降了 11.8%，远高于服装总体进口数量 3.6% 的降幅。与此同时，化纤制服装产品进口增长明显，进口数量和金额分别增长了 8.26% 和 18.7%。美国从中国进口棉制服装也呈现同样的趋势。棉制产品需求下降，化纤产品的替代性得以发挥，一方面体现了市场对价格的敏感性较高，另一方面也是 2010 年之后全球棉价剧烈波动的间接结果。

（4）美国前十大服装进口来源稳定，但各供应国位次和份额有所调整。

2011 年以进口数量计的前十大进口来源国（地区）与上年度保持一致，分别为中国、越南、孟加拉国、印度尼西亚、洪都拉斯、柬埔寨、墨西哥、印度、萨尔瓦多和巴基斯坦。其中，柬埔寨、墨西哥的位次比上年有所上升，其他格局未发生变化。从数量份额来看，变化显著的有：中国从上年度的 41.98% 降到 40.81%；越南由 7.72% 提升至 8.37%，柬埔寨由 3.83% 提升到 4.35%，墨西哥从 3.85% 提升到 3.96%。前十名合计占进口份额的 84.05%，进口集中度与上年度基本持平。

与 2010 年各主要来源地的纺织服装进口多出现显著增长的态势不同，2011 年，美国从大多数主要来源地的进口都出现下降，十大供应国中，仅从越南、印度尼西亚和柬埔寨的进口数量出现了增长，增幅分别为 4.6%、3.6% 和 9.5%；从巴基斯坦进口数量下降了 10.3%、从孟加拉国进口下降了 4.1%，从洪都拉斯和印度分别下降了 7% 和 7.4%，从中国进口降幅为 6.2%。

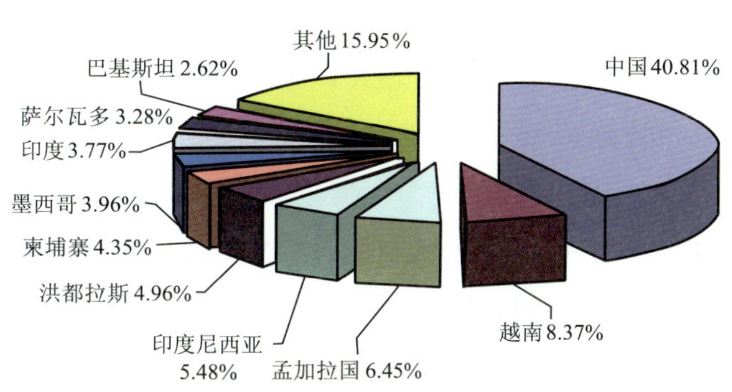

图 1－40　2011 年美国 MFA 项下服装进口来源国家和地区分布

（按进口数量占进口总量的份额统计）

2. 美国从中国的进口规模和份额明显下降，美国服装产品采购格局发生变化

（1）受采购成本驱动，美国服装进口来源结构处于调整期，中国份额首次出现下降。

2009 年美国对中国的数量限制彻底放开后，虽然总体需求不景气，但自中国的进口出现了明显的放量增长，2010 年，随着市场转暖，从中国的进口继续明显增长，数量、金额增幅均超过 20%，从中国 2010 年进口数量份额、金额份额分别达到 41.98% 和 39.18%，遥遥领先于其他供应国。但 2011 年，这一格局发生明显变化，随着从中国采购成本的上升和中国相对竞争力的减弱，中国产品的数量、金额占美国总进口的份额出现了多年来的首次下降，比上年度分别下降了 1.17、1.33 个百分点，与越南、柬埔寨等国份额的提升形成鲜明对比。服装产品的份额下降幅度大于纺织品的下降幅度。

（2）原协议中的主要产品从中国进口份额下降，采购来源变化较大。

2011 年美国从全球进口原中美协议涉及的 21 个纺织服装类别的产品 542.7 亿美元，同比增长 7.7%。而同期从中国进口这 21 个类别产品总额 154.3 亿美元，增长 4.4%。中国产品份额在经历了由 2008 年的 18.1%、2009 年的 26.7%、到 2010

年的29.3%后出现下降，降至为28.4%。2011年美国从中国进口的纺织服装产品中，原协议产品金额比例为37.9%，低于2010年38.4%的比例。

原协议类别中较为“大宗”的服装消费品种如棉制裤子、棉制针织衬衫、棉制机织衬衫、毛制西装套、毛制西裤等，从中国的进口数量无一例外出现明显下跌，最高跌幅甚至达到17%，表明美国对这些品种的采购呈进一步多元化趋势。从进口价格看，各品种从中国采购价格全面上扬，某些品种进口价格增幅超过三位数。

3. 服装消费市场平稳复苏，但消费者仍保持谨慎

据美国统计局公布的数据，2011年，美国服装服饰专卖店零售总额为2265.2亿美元，同比增长5.9%，综合商店（包括超市、百货商店等）零售总额为6308.9亿美元，同比增长3.5%，无论是专卖店还是综合商店的销售数据，都是继2010年同比增长之后的再度增长，且增幅高于上年度。

受多种因素影响，美国零售市场服装价格明显上涨。直接因素包括2010年以棉花为代表的纺织原材料价格上涨、主要供应国如中国（占美国服装进口40%左右的份额）生产成本的迅速上升，间接因素包括美元汇率走低、全球范围的生活成本提高等。以服装销售旺季7月为例，根据美国棉花公司（Cotton Incorporated）的调查，当月服装价格环比上涨了1.2%，在过去的3个月间，累计上涨了3.9%，服装价格增幅创下了1992年以来的最快水平。抽样数据显示，目前消费者购买服装等消费品需要比上年度多支出3.6%，如美国服装品牌布鲁克兄弟（Brooks Brothers，中产阶级较为青睐的品牌）的传统款免烫衬衫由原来的79.5美元上涨到了现在的88元。

根据美国棉花公司所做的采样调查，2011年上半年美国市场销售的11个主要服装品种的平均售价，均比2010年同期提高了1~6美元不等，多数品种价格略高于2009年同期。

4. 美国服装进口来源将继续调整，贸易保护主义风险加大

随着纺织服装产业供应链在全球范围内的转移，近几年美国从越南、印度、巴基斯坦、孟加拉国的进口大幅增长，东南亚、南亚国家在美国进口市场份额中的比例逐年扩大。2011年进口份额方面显著的变化是中国份额的下降，自中国采购成本的迅速飙升是这一现象最直接的原因。中国纺织服装行业劳动力成本、原材料成本、融资成本及各方面管理成本的提高在一定程度上推动了订单的流失。很多美国的品牌商和采购商已经在考虑将价格更高、批量更小、加工程序更复杂、档次较高的服装产品订单放在中国生产，而将大批量、中低档的产品的采购在低成本国家完成。

虽然中国厂商面临高成本的困境、其他低成本供应国相对竞争力增强，但这些国家也面临着各自的问题。巴基斯坦纺织服装出口从2011年10月开始下降，11月出口8.2亿美元，下降19%，当年7~11月，累计出口50.2亿美元，同比减少1.3%；泰国纺织生产下滑，受洪水影响，设备受损、生产受阻，全面恢复尚需时日。越南在经历了多年的高速增长之后，进入一定的“瓶颈期”，国内融资成本高、电价上涨、高利率、通货膨胀等一系列问题导致越南纺织生产利润下降，加之越南盾的大幅贬值，虽在一定程度上利于成品的出口，但对于越南这样产业链不完整、原料依赖进口的国家，推高了进口成本，是把“双刃剑”。总体上，2012年美国从全球的进口将有一定程度的增长，进口价格会进一步提高，进口来源地的调整还将进行，中国的“第一供应国”位置无虞，但份额有可能继续下降。东南亚及南亚供应国的份额扩张脚步将放缓，增速将趋于平稳。

2012年是美国的大选年，政府除了在经济上会有较为明显的动作之外，贸易政策往往趋于强硬。2011年7月就有美国纺织业界组织试图利用中国“入世”承诺关于保证措施的条款发起申请，虽无果而终，但确是一个值得关注的信号。

2012年3月13日，美国总统奥巴马签署了经修改的《1930年海关关税法》，允许政府对来自非市场经济国家的中国和越南的进口产品实施反补贴措施。有分析认为，这一修改很可能引发更多对华贸易摩擦，它将鼓励美国一些生产商和劳工组织更放手地对中国产品发起诉讼，而且诉讼难度减轻，同时，给予美国商务部更多的自由裁量权。这无疑给中国产品出口美国增添了很大的风险和不确定性。这对于在相当长时间内处于中美贸易摩擦“风口浪尖”的纺织服装产品来说无疑是悬在头上的一把利剑。出于政治因素的考虑，不排除某些敏感服装产品被纳入美国贸易救济措施的可能。

（二）2011年欧盟服装进口总体概况

欧盟是全球服装最大的进口和消费市场，同时也是第二大的出口供应地。据WTO数据显示，2010年欧盟服装进口占到全球进口总额的48.1%，比位列第二的美国高出26.1个百分点；服装出口占全球份额的31.5%，仅比中国低1.6个百分点。

1. 当前欧盟经济发展情况

（1）欧盟经济发展疲弱。

2009年底希腊爆发的主权债务危机影响持续蔓延，到2011年下半年，欧元区债务危机出现向法国、意大利、西班牙等欧盟核心国家蔓延的势头，欧洲银行业受到了严重威胁，致使整个欧洲经济在2011年下半年出现下滑，失业率持续上升，消费者信心低迷，国际货币基金组织、世界银行行等纷纷下调对欧盟地区2012年的经济增长预期。

根据国际货币基金组织的预测，2012年世界总体GDP增速为3.3%，其中发达经济体为1.2%，发展中经济体为5.4%。在发达经济体中，欧元区及欧盟主要成员国的GDP增幅是发达国家中最低的，英国、德国、法国的GDP增幅预计在0.2%～0.6%之间，而欧元区国家、西班牙、意大利则均为负增长。

表1－11　世界主要经济体GDP增长预测

年度 国家和地区	2010年增长（%）	2011年增长（%）	2012年预测增长（%）	2013年预测增长（%）
世界总体	5.2	3.8	3.3	3.9
发达经济体	3.2	1.6	1.2	19
欧元区	1.9	1.6	-0.5	0.8
德国	3.6	3.0	0.3	1.5
法国	1.4	1.6	0.2	1.0
意大利	1.5	0.4	-2.2	-0.6
西班牙	-0.1	0.7	-1.7	-0.3
英国	2.1	0.9	0.6	2.0
美国	3.0	1.8	1.8	2.2
日本	4.4	-0.9	1.7	1.6
加拿大	3.2	2.3	1.7	2.0
其他发达国家	5.8	3.3	2.6	3.4
发展中经济体	7.3	6.2	5.4	5.9

注　表中数据来源：国际货币基金组织。

（2）消费者信心指数虽有回升，但仍在低位徘徊。

根据欧盟委员会公布的数据显示，2011年欧盟及欧元区消费者信心指数均呈现先高后低的走势。上半年，消费者信心指数虽有波动，但相对平稳，维持在－14～－10之间，从下半年开始欧盟及欧元区的消费者信心指数均呈现下降趋势，到12月份分别降为－22.1和－21.3，为2009年9月以来最低水平。

（3）失业率仍呈现上升趋势。

根据欧盟统计局公布的经季节性调整的失业率显示，除德国的失业率整体相对稳定并呈下行之势外，欧盟及其主要成员国的失业率在2011年上半年相对稳定，下半年开始均呈现持续上升的趋势。

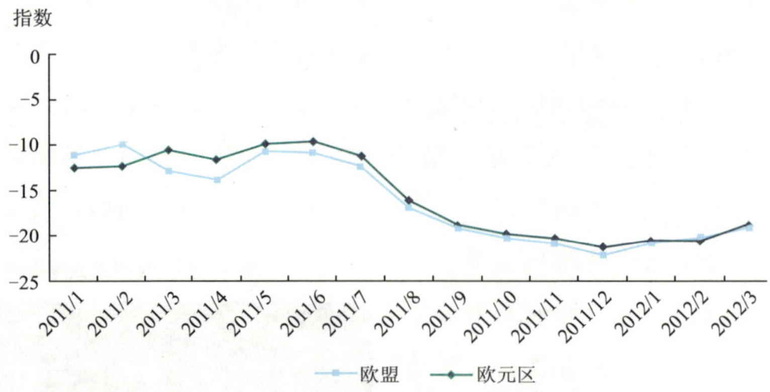

图 1-41　2011 年 1 月～2012 年 3 月欧盟及欧元区消费者信心指数走势图

表 1-12　2011 年 1 月～2011 年 12 月欧盟及其主要成员国失业率（%）

时间	欧盟	欧元区国家	德国	法国	意大利	西班牙	英国
2011 年 1 月	9.5	10	6.5	9.6	8.1	20.6	7.8
2011 年 2 月	9.5	10	6.3	9.6	8.1	20.6	7.7
2011 年 3 月	9.4	10	6.2	9.6	8.2	20.8	7.7
2011 年 4 月	9.5	9.9	6.1	9.6	8.2	20.7	7.8
2011 年 5 月	9.5	10	6	9.6	8.3	20.9	7.9
2011 年 6 月	9.6	10	5.9	9.6	8.2	21.2	8
2011 年 7 月	9.6	10.1	5.9	9.7	8.3	21.7	8.1
2011 年 8 月	9.7	10.2	5.8	9.7	8.3	22	8.3
2011 年 9 月	9.8	10.3	5.8	9.7	8.6	22.4	8.3
2011 年 10 月	9.9	10.4	5.7	9.8	8.5	22.7	8.4
2011 年 11 月	10	10.5	5.7	9.8	8.8	22.9	8.3
2011 年 12 月	10	10.6	5.7	9.9	8.9	23	8.3

注　表中数据资源：欧盟统计局。

（4）欧盟纺织服装零售情况上半年好于下半年。

2011 年上半年，欧盟纺织服装及鞋类产品零售情况较好，除 3 月份同比下降外，其余各月均保持增长。但下半年的 8～11 月，零售情况出现下滑，尤其 9 月份与上年同期相比下降了 6.5%，这一下降趋势直到年末的打折季才出现逆转。

2. 服装总体进口情况

（1）金融危机后，欧盟服装再次呈现增长态势。

据 WTA 数据显示，从 2001～2008 年欧盟服装市场需求稳定，进口一直保持稳定增长。2009 年由于受到金融危机影响，欧盟失业率居高不下，零售市场需求不振，服装进口出现下滑。2010 年开始欧盟经济缓慢复苏，服装进口再次呈现增长态势，2010 年同比小幅增长 4%，2011 年同比增长 13.8%，进口额首次突破 1000 亿美元大关，达到 1010.8 亿美元，超过 2008 年的 935.2 亿美元，创历史新高。

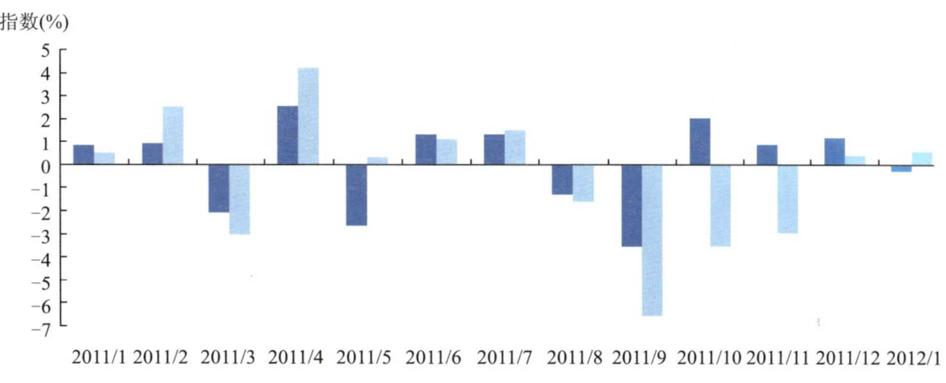

图1-42　2011年1月~2012年1月欧盟纺织服装鞋类产品零售情况走势图

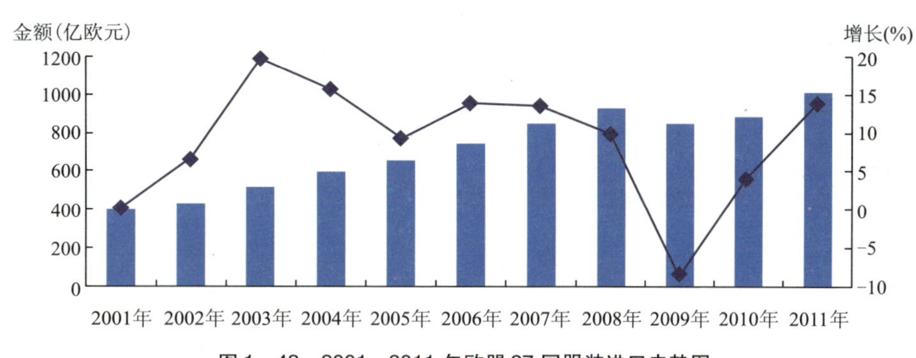

图1-43　2001~2011年欧盟27国服装进口走势图

（2）从9月份开始，欧盟月度进口增速逐月回落。

2011年1~8月，欧盟服装进口保持高速增长，月度增幅平均达到22.5%。但从9月份开始，受欧元区债务危机影响，欧盟服装市场需求不振，进口增速出现明显回落，10~12月月度增幅更是呈现负增长。

表1-13　2011年欧盟服装月度进口统计

单位：亿美元

月度	全球		中国		土耳其		孟加拉国		越南		柬埔寨	
	金额	同比（%）	金额	同比（%）	金额	同比（%）	金额	同比（%）	金额	同比（%）	金额	同比（%）
1月	86.91	14.94	40.80	15.01	10.80	17.97	7.34	31.42	2.13	32.98	0.79	57.59
2月	84.06	20.88	36.52	17.85	10.22	17.78	8.47	57.47	1.96	34.59	0.76	60.89
3月	84.13	22.03	29.99	11.50	11.00	17.19	9.81	57.87	1.81	34.80	0.88	77.03
4月	65.39	19.28	20.57	11.95	9.07	14.19	8.11	39.66	1.35	25.99	0.71	68.02
5月	73.23	34.42	25.60	25.85	9.34	25.05	8.90	67.46	1.55	52.98	0.66	53.41
6月	85.09	26.75	35.27	22.55	10.84	24.15	9.27	59.30	1.88	48.75	0.94	94.96
7月	104.04	16.52	49.65	13.39	11.48	13.75	10.15	49.00	2.44	27.15	1.30	58.67
8月	118.03	25.14	61.28	24.52	11.22	20.67	11.36	39.56	3.24	48.60	1.43	45.46
9月	94.38	5.53	48.93	2.13	8.07	-1.85	10.06	25.75	2.55	18.36	1.49	61.41
10月	78.88	-1.99	37.34	-4.29	8.51	-7.72	7.38	8.39	2.13	16.63	1.06	25.59
11月	68.41	-4.68	29.14	-9.07	7.65	-12.13	7.39	16.16	1.88	13.73	1.17	71.50
12月	67.98	-6.50	28.89	-8.85	8.48	-11.64	6.81	-7.74	1.70	4.16	1.14	36.11

注　表中数据来源：WTA。

3. 主要进口来源地分布情况

欧盟服装的盟外主要进口来源地依然为中国（含港、澳、台）、地中海沿岸、南亚和东盟四个地区。上述四个地区合计占欧盟从盟外进口服装的比例达到94%。其中，中国（含港、澳、台）占到44.8%的份额，南亚和地中海沿岸国家各占20%左右的份额。

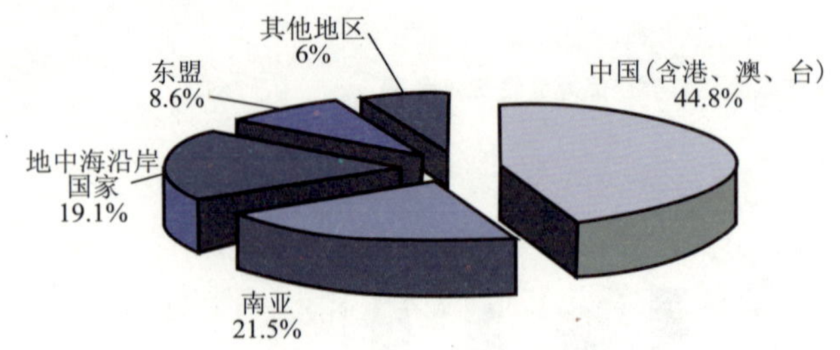

图1-44　2011年欧盟从盟外进口服装分布图

（1）中国是最大进口来源地，但所占份额下降。

2011年欧盟从中国进口服装444亿美元，增长9.8%，比欧盟平均增幅低4个百分点，在前十大进口来源国家和地区中，增幅仅高于地中海沿岸国家的土耳其、突尼斯和摩洛哥。2011年中国仍是欧盟服装第一大进口来源国，但国内劳动力、原材料、能源等各项要素成本刚性上涨，导致占欧盟进口市场份额下降，为43.9%，同比下降了1.6个百分点。

（2）南亚地区因成本优势，成为欧盟第二大进口来源地区。

南亚共有7个国家，包括印度、孟加拉国、巴基斯坦、斯里兰卡、尼泊尔、不丹和马尔代夫。近几年，因其劳动力成本优势，南亚占欧盟进口市场的份额稳步上升，2011年所占份额达到21.5%，比上年提高了2个百分点，为欧盟第二大进口来源地区。

在南亚7国中，孟加拉国、印度、巴基斯坦和斯里兰卡为欧盟主要进口来源国，依次为欧盟（盟外）服装第三、第四、第八和第九大进口市场。2011年，欧盟从孟加拉国、印度和巴基斯坦进口均保持快速增长，增幅分别为35.3%、15.7%和28.1%，从斯里兰卡进口也保持增长，但增幅低于欧盟平均增幅。

（3）地中海沿岸国家占欧盟进口市场的份额呈现逐年下滑趋势。

地中海沿岸国家共有22个，除了欧盟内部国家外，欧盟以外服装供应国有10个，分别是土耳其、突尼斯、摩洛哥、埃及、以色列、阿尔巴尼亚、叙利亚、黎巴嫩、阿尔及利亚和利比亚。因为地缘优势，地中海沿岸国家一直是欧盟服装重要的进口来源地，在2005年纺织品协议一体化之前，地中海沿岸国家能占到欧盟服装进口比例的近三成，随后几年所占份额出现下滑，到2011年还剩19.1%。

在地中海沿岸国家中，土耳其、突尼斯、摩洛哥和埃及为欧盟最主要的服装进口来源国，依次为欧盟（盟外）服装第二、第五、第六和第十七大进口市场。2011年，欧盟从上述四国进口均保持增长，但除了埃及以外，其他三国进口增幅均低于欧盟平均增幅。

（4）越南、柬埔寨快速增长，拉动东盟所占份额上升。

东盟也是欧盟服装一大主要来源地，所占份额正在逐年小幅上升，2011年为8.6%，比上年提高0.5个百分点。其中，越南、印度尼西亚、泰国、柬埔寨和马来西亚依次为欧盟（盟外）服装第七、第十、第十一、第十二和第十三大进口市场。2011年，除泰国出现下降外，欧盟从上述国家进口均保持较快增长，其中，从柬埔寨和越南进口增长最快，增幅为56.2%和28.8%。

表 1－14　2009～2011 年欧盟服装从各国进口统计

排名	国家和地区	进口金额（亿美元）			份额增长（%）			同比增长（%）	
		2009 年	2010 年	2011 年	2009 年	2010 年	2011 年	10/09	11/1
	全球	854.31	888.52	1010.51	100	100	100	4.00	13.73
1	中国	382.30	404.53	443.99	44.75	45.53	43.94	5.82	9.75
2	土耳其	99.95	106.50	116.68	11.70	11.99	11.55	6.56	9.56
3	孟加拉国	71.51	77.62	105.05	8.37	8.74	10.40	8.55	35.34
4	印度	63.00	62.05	71.79	7.38	6.98	7.10	－1.52	15.71
5	突尼斯	31.76	31.14	34.06	3.72	3.50	3.37	－1.96	9.38
6	摩洛哥	28.04	27.98	30.32	3.28	3.15	3.00	－0.21	8.36
7	越南	17.65	19.11	24.62	2.07	2.15	2.44	8.27	28.80
8	巴基斯坦	15.86	16.84	21.57	1.86	1.90	2.13	6.19	28.07
9	斯里兰卡	17.04	16.89	18.67	2.00	1.90	1.85	－0.93	10.58
10	印度尼西亚	16.28	15.55	18.57	1.91	1.75	1.84	－4.49	19.40

注　表中数据来源：WTA。

4. 欧元区债务危机给欧盟服装进口市场带来的影响

（1）订单向劳动力价格低廉的南亚、东南亚国家转移趋势明显。

受欧元区债务危机影响，欧盟消费者的消费行为日趋谨慎，更倾向于价格低廉的中低档服装产品，这就要求欧盟服装品牌商尽可能降低采购成本，维持销售价格。与此同时，中国纺织服装原材料、劳动力、能源等要素成本刚性上涨，推动服装出口价格进一步提升，不少欧盟客商考虑到成本因素，放弃合作多年的供应商伙伴，将订单由中国转移到孟加拉国、印度、巴基斯坦、越南、柬埔寨等劳动力价格低廉的国家。这一订单转移的趋势虽然近几年一直存在，但到 2011 年尤为明显，预计 2012 年欧洲客户将进一步加快转移步伐。例如我国福建泉州作为服装生产加工的重要地区，欧盟是该地区最大的出口市场，从目前企业接单情况来看，预计 2012 年该地区的欧洲订单将减少约 30%，其中绝大部分订单都转往了南亚、东南亚国家。

（2）压低采购价格。

进一步压低采购价格是欧盟服装品牌商、品牌经销商降低采购成本的另一大手段。欧盟最大的服装销售商就明确表示，价格已成为该公司下单的关键考量因素。为降低采购成本，除了将一些棉制 T 恤、衬衫等产品的生产加工转移至孟加拉国、印度以外，该公司还在去年年底开始整合其供应商，计划发展一批战略性供应商，与之签署一年的生产订单，但前提条件是供货价格要下调 15%，从最终结果看，供应商的供货价格大概下调了 10% 左右。

（3）减少订单数量，缩短交货期限。

为降低市场风险、去库存化，欧盟采购商下单数量越来越小，交货期限也比以往有不同程度的缩短。同时，欧洲客户对供应商提供延伸服务的要求越来越高，不仅希望供应商能安排好生产加工出口，对于能不断向采购商提供符合欧洲流行趋势设计服务的供应商更加青睐。

（4）欧洲客户支付能力出现下降。

受欧元区债务危机的影响，目前一些欧洲客户经营情况不佳，资金链发生问题，违约风险加大，支付能力出现明显下降。以浙江省为例，2011 年欧洲是浙江省出口企业的第一大报损地区。企业与欧洲客户的交易风险大大提高，同时所付出的风险预防成本也在加大。

（三）2011 年日本服装进口总体概况

作为世界第三大服装消费市场，2011 年日本经济经历了不平凡的一年。从年初被寄予厚望，到春天的地震灾难引发的一系列产业停顿、电力不足、日元升值等问题，使日本本国经济陷于负增长，而作为补给型的服装进口市场，依然维持了较大增长。

1. 日本地震过后，服装进口增长较大

据日本海关统计数据显示，2011 年，日本从全球进口服装 330.6 亿美元，比去年同期增长 22.4%，增幅比去年同期提高 16.7 个百分点。

表 1－15　2011 年日本服装进口国统计

排名	国别	金额（亿美元）	同比增长（%）	份额（%）
	全球	330.57	22.43	100
1	中国	263.95	18.95	82.18
2	越南	18.38	51.00	4.51
3	意大利	9.00	20.06	2.78
4	泰国	4.75	30.46	1.35
5	印度尼西亚	4.19	100.23	0.78
6	孟加拉国	3.51	78.94	0.73
7	缅甸	3.49	90.02	0.68
8	马来西亚	2.92	23.04	0.88
9	印度	2.76	33.24	0.77
10	韩国	2.52	4.55	0.89

注　表中数据来源：日本海关。

2. 主要进口来源国情况

2011 年，日本前十大服装进口来源国中，除意大利外，其他均为亚洲国家。

从所占份额来看，中国在日本服装进口市场中占有绝对优势。2011 年，日本从中国进口服装 264 亿美元，增长 19%，比日本服装总进口增幅低 3.4 个百分点，所占市场份额为 82.2%，近四年来我国所占份额始终保持在 82%～83% 之间，较为稳定。越南居第二位，日本从越南进口服装 18.4 亿美元，增长 51%，其所占市场份额为 4.5%。

从进口增速来看，日本从越南、印度尼西亚、孟加拉国和缅甸进口增长较快，增幅分别为 51%、100.2%、78.9% 和 90%。

3. 总体经济状况——地震引发的噩梦

2011 年的日本经济被寄予了很大希望，在 2010 年日本经济呈现回暖趋势后，舆论称其为“触底反弹年”，在经历了长达 20 年的经济低迷后，2010 年日本实际国内生产总值同比增长了 3.9%，贸易顺差总额达 6.7702 万亿日元，是上一年的 2.5 倍。

但是，2011 年的大地震致使日本国内生产总值（GDP）直接缩水 3.6%。大地震导致了日本东北地区多数工厂关停直接影响了汽车以及家电业的生产，产能骤减。而随之而来的核电危机又使日本陷入了长期电力不足的困境。

2011 年对于日本制造企业来说无异于一场噩梦，地震之后日元迅速升值，3 月 17 日，东京外汇市场日元对美元汇率一度达到 76∶1，刷新 1995 年 4 月创下的战后最高水平，这给日本出口企业带来的打击之沉重甚至超过了大地震。

4. 2011 年日本服装零售市场年销售额同比下降 1.3%

据日本经济产业省最新统计，2011 年 1～12 月，日本大型百货店和超市服装销售金额为 45906 亿日元，同比下降 1.3%。具体到月度数据，除 12 月同比增长 3.1% 外，2011 年其他月份同比均呈现下降趋势，其中日本大地震发生的 3 月降幅更达到 20.7%。

表1－16 2010～2011年日本大型百货店和超市服装零售额统计

单位：亿日元

类别 \ 年份	2010年	2011年	同比增长（%）
服装合计	46497	45906	－1.3
男装	7850	7871	0.3
女装及童装	24727	24173	－2.2
其他服装	3293	3354	1.9
衣着附件	10627	10507	－1.1

（四）2011年俄罗斯服装进口总体概况

作为“金砖五国”之一的俄罗斯，近年来随着经济快速发展，货物贸易增长迅速。据俄罗斯海关数据统计，2011年俄罗斯货物贸易进口接近2800亿美元，同比增长31.8%，在全球经济放缓的背景下，显示出经济发展的活力。2011年底，俄罗斯正式加入世界贸易组织，根据入世协议，俄罗斯总体关税水平将从2011年的10%降至7.8%。其中，工业制成品总体关税将从9.5%降至7.3%。中国是俄罗斯货物贸易和服装第一大进口来源国，俄罗斯入世利好中国服装业。

表1－17 2011年日本大型百货店和超市服装销售月度增减一览

月份	1月	2月	3月	4月	5月	6月	7月	8月	9月	10月	11月	12月
增长幅度（%）	－3.5	－1.8	－20.7	－2.7	－3.3	－2.2	－0.0	－4.7	－3.4	－0.6	－3.2	3.1

注 表中数据来源：日本纤维输入输出组织。

1. 服装进口微幅增长，市场需求不振

据俄罗斯海关统计，2011年俄罗斯从全球进口服装61.6亿美元，同比微增0.4%，增幅远远低于货物贸易进口总额增幅，两者相差31个百分点，这一罕见迹象从侧面反映出俄罗斯服装消费市场依然不振。

从俄罗斯服装进口前10位国家和地区情况来看，从孟加拉国等东南亚国进口增长较快，增幅为28.6%～50.9%，而从中国、土耳其以及欧洲国家进口呈现下降趋势。

表1－18 2010～2011年俄罗斯服装进口前10位国家地区统计

序号	国家地区	金额（百万美元）		同比增长（%）	份额（%）		同比增长（%）
		2010年	2011年	2011/2010	2010年	2011年	2011/2010
	全球	6141.4	6164.2	0.4	100.0	100.0	—
1	中国	3225.3	3080.0	－4.5	52.5	50.0	－4.9
2	土耳其	532.1	505.2	－5.1	8.7	8.2	－5.4
3	意大利	453.9	438.0	－3.5	7.4	7.1	－3.8
4	孟加拉国	144.1	217.5	50.9	2.4	3.5	50.2
5	印度	129.0	185.6	43.9	2.1	3.0	43.3
6	越南	106.6	137.1	28.6	1.7	2.2	27.6
7	乌兹别克斯坦	116.3	132.9	14.3	1.9	2.2	14.3
8	德国	191.2	131.5	－31.2	3.1	2.1	－31.5
9	吉尔吉斯斯坦	172.4	124.4	－27.9	2.8	2.0	－28.1
10	波兰	92.8	87.7	－5.6	1.5	1.4	－6.0

注 表中资料来源：俄罗斯海关。

2. 中国服装约占进口一半份额，呈现下降趋势

中国一直是俄罗斯服装进口第一大来源国，在俄罗斯进口市场占到半壁江山，2010 年进口份额达到 52.5%，创历史最高。2011 年，俄从中国进口服装 30.8 亿美元，比上年减少 2 亿美元，下降 4.5%，低于从全球进口服装增幅近 5 个百分点，所占份额降至 50%，比上年下降 2 个百分点。

俄从中国进口服装以机织服装和针织服装为主，约占进口总额八成左右，毛皮和皮革服装不到一成。2011 年俄从中国进口机织服装 14.7 亿美元，同比下降 12.5%，所占份额 47.8%；针织服装进口 12.7 亿美元，同比微降 1.2%，所占份额 41.1%，比上年上升 1.4 个百分点。

机织服装进口主要集中在编码 6204（女士套装，包括便装、上衣、连衣裙、裤子等）、6202（女士大衣，包括防寒服等）、6201（男士大衣，包括防寒服等）和 6203（男士套装，包括便装、上衣、裤子等），进口额在 2 亿 ~3.5 亿美元，除 6203 有 10.2% 的增幅外，其他都呈下降，降幅为 26.2% ~0.1%，进口单价上涨 7.5% ~15%。

表 1 –19　2010 ~2011 年俄罗斯从中国进口主要机织服装统计

商品编码	进口金额（百万美元）			进口数量（万件）			进口单价（美元/件）		
	2010	2011	同比增长（%）	2010	2011	同比增长（%）	2010	2011	同比增长（%）
6204	444.4	352.9	–20.61	6281.1	4633.7	–26.23	7.08	7.61	7.5
6202	403.4	297.7	–26.2	2421.4	1625.1	–32.89	16.66	18.32	10.0
6201	226.0	225.9	–0.06	1138.0	1104.5	–2.94	19.86	20.45	3.0
6203	181.7	200.2	10.18	1990.4	1907.5	–4.17	9.13	10.5	15.0

注　表中资料来源：俄罗斯海关。

针织服装进口主要集中在编码 6110（毛衫，包括男女毛衫、套头衫等）、6115（袜子）和 6109（T 恤衫），进口额在 1.3 亿 ~4.4 亿美元，进口单价均有不同程度的上涨。

表 1 –20　2010 ~2011 年俄罗斯从中国进口主要针织服装统计

商品编码	进口金额（百万美元）			进口数量（万件）			进口单价（美元/件）		
	2010	2011	同比增长（%）	2010	2011	同比增长（%）	2010	2011	同比增长（%）
6110	437.1	365.7	–16.32	7635.0	5620.8	–26.38	5.72	6.51	13.66
6104	159.4	193.8	21.56	2599.8	3140.4	20.8	6.13	6.17	0.63
6115	175.2	161.5	–7.84	—	—	—	—	—	—
6109	134.2	143.8	7.12	4709.3	4920.4	4.48	2.85	2.92	2.52

注　表中资料来源：俄罗斯海关。

3. 土耳其、意大利位居服装进口第二和第三

近年来，随着俄罗斯经济快速发展，人均可支配收入大大提高，服装消费档次水平提高，尤其是对意大利、土耳其等中高端服装需求上升。据俄方海关统计数据显示，土耳其、意大利位居俄罗斯服装进口第二、第三，其所占份额都在 8% 左右。

2011 年俄罗斯从土耳其进口服装 5.1 亿美元，同比下降 5.1%，所占份额为 8.2%。主要集中在针织服装 6109（T 恤衫）、6110（毛衫），机织服装 6204（女士套装，包括便装、上衣、连衣裙、裤子等）和 6203（男士套装，包括便装、上衣、裤子等）。皮衣、裘皮服装进口很少。

表 1－21　2010～2011 年俄罗斯从土耳其进口主要服装产品统计

商品编码	进口金额（百万美元）			进口数量（万件）			进口单价（美元/件）		
	2010 年	2011 年	同比增长（%）	2010 年	2011 年	同比增长（%）	2010 年	2011 年	同比增长（%）
6109	56.6	58.7	3.7	1495.2	1394.6	－6.7	3.79	4.21	11.2
6110	54.1	41.7	－23.0	635.8	446.0	－29.9	8.51	9.34	9.8
6104	33.0	36.4	10.3	386.1	370.8	－4.0	8.55	9.83	14.9
6115	17.5	24.4	39.3	—	—	—	—	—	—
6204	79.6	73.4	－7.8	671.7	540.4	－19.6	11.85	13.58	14.6
6203	68.5	56.2	－18.0	439.4	313.5	－28.7	15.59	17.92	15.0
6205	14.0	12.5	－10.8	205.3	151.1	－26.4	6.83	8.28	21.3
6206	11.4	11.3	－0.7	148.7	133.9	－10.0	7.64	8.42	10.3

注　①表中资料来源：俄罗斯海关。

②6109——T 恤衫；6110——毛衫；6104——针织女士套装，包括上衣、连衣裙、裤子等；6115——袜子；6203——机织男士套装，包括上衣、裤子等；6204——机织女士套装，包括上衣、连衣裙、裤子等；6205——机织男衬衫；6206——机织女衬衫。

从意大利进口服装 4.3 亿美元，同比下降 3.5%，所占份额 7.1%，服装主要集中在 6115（丝袜）、6110（毛衫）。皮革、裘皮服装进口只有 3660 万美元和 2490 万美元，但同比增幅达到 35.4% 和 49%。

表 1－22　2011 年俄罗斯从意大利进口主要服装产品统计

商品编码	进口金额（百万美元）			进口数量（万件）			进口单价（美元/件）		
	2010 年	2011 年	同比增长（%）	2010 年	2011 年	同比增长（%）	2010 年	2011 年	同比增长（%）
6115	120.7	86.6	－28.22	—	—	—	—	—	—
6110	43.7	44.7	2.09	129.4	109.1	－15.73	33.8	40.95	21.14
6204	57.2	59.3	31.6	125.2	125.2	－0.02	46	47.39	3.73
6203	36.4	38.1	19.5	44.5	43.0	－3.36	82	88.6	8.29

注　①表中资料来源：俄罗斯海关。

②6115——袜子；6110——毛衫；6204——机织女士套装，包括上衣、连衣裙、裤子等；6203——机织男士套装，包括上衣、裤子等。

4. 孟加拉国、印度、越南等南亚国家积极开拓俄罗斯市场

近年来，孟加拉国、印度、越南等亚洲国家纺织业的快速发展，在全球纺织服装出口份额逐年上升，面对潜力较大的俄罗斯市场，东南亚国家以其价格、产品风格等优势积极拓展俄罗斯市场。2011

年，俄罗斯从孟加拉国、印度、越南三国进口服装金额已达到5.5亿美元，同比增幅在28.6%～51%，远远超过中国和土耳其、意大利的增幅，位居俄罗斯服装进口第四～第六，显示出一定的竞争优势。

从孟加拉国进口服装主要以针织服装为主，6109（T恤衫）、6110（毛衫）分别进口2100万件（金额6540万美元）和647万件（5100万美元），增幅超过20%。

表1-23 2011年俄罗斯从孟加拉国进口服装主要产品统计

商品编码	进口金额（百万美元）			进口数量（万件）			进口单价（美元/件）		
	2010年	2011年	同比增长（%）	2010年	2011年	同比增长（%）	2010年	2011年	同比增长（%）
6109	38.9	65.4	38.0	1440.5	2106.3	46.2	2.7	3.11	15.1
6110	38.0	51.0	45.5	534.8	646.9	21.0	7.1	7.88	10.9
6203	17.9	26.5	48.7	177.1	241.2	36.2	10.08	11.01	9.2
6204	11.6	18.2	57.9	142.9	183.2	28.2	8.09	9.96	23.1
6104	7.5	11.4	6.1	138.1	182.9	32.5	5.44	6.22	14.4

注 ①表中资料来源：俄罗斯海关。

②6109——T恤衫；6110——毛衫；6104——针织女士套装，包括上衣、连衣裙、裤子等；6203——机织男士套装，包括上衣、裤子等；6204——机织女士套装，包括上衣、连衣裙、裤子等。

从印度进口服装中，机织占49.2%、针织占41.5%，皮革服装占9.2%。

表1-24 2011年俄罗斯从印度进口服装主要产品统计

商品编码	进口金额（百万美元）			进口数量（万件）			进口单价（美元/件）		
	2010年	2011年	同比增长（%）	2010年	2011年	同比增长（%）	2010年	2011年	同比增长（%）
6204	20.4	33.8	65.6	216.5	342.4	58.1	9.43	9.88	4.7
6206	15.4	24.1	56.9	211.9	296.5	39.9	7.26	8.14	12.2
6205	9.1	12.9	40.7	105.5	128.2	21.5	8.66	10.02	15.8
6109	19.8	28.9	46.4	570.9	901.8	58.0	3.46	3.21	-7.3
6104	6.6	10.7	62.1	133.7	206.0	54.1	4.93	5.19	5.2

注 ①表中资料来源：俄罗斯海关。

②6109——T恤衫；6104——针织女士套装，包括上衣、连衣裙、裤子等；6204——机织女士套装，包括上衣、连衣裙、裤子等；6205——机织男衬衫；6206——机织女衬衫。

从越南进口服装中，机织占80%以上，6201（男士大衣类，包括防寒上衣等）、6202（女士大衣类，包括防寒上衣等）进口分别达到111万件（3300万美元）、113万件（3240万美元），增长10.1%和25.4%。

表1-25　2011年俄罗斯从越南进口服装主要产品统计

商品编码	进口金额（百万美元）			进口数量（万件）			进口单价（美元/件）		
	2010年	2011年	同比增长（%）	2010年	2011年	同比增长（%）	2010年	2011年	同比增长（%）
6201	29.1	33.0	13.4	101.0	111.3	10.1	28.79	29.63	2.9
6202	24.4	32.4	32.8	89.9	112.7	25.4	27.15	28.76	5.9
6203	10.0	15.7	56.1	78.7	116.5	48.0	12.74	13.44	5.5
6204	11.4	13.5	19.1	111.1	114.3	2.8	10.22	11.83	15.8

注　①表中资料来源：俄罗斯海关。

②6201——机织男士大衣类，包括长短大衣、防寒服等；6202——机织女士大衣类，包括长短大衣、防寒服等；6203——机织男士套装，包括上衣、裤子等；6204——机织女士套装，包括上衣、连衣裙、裤子等。

5. 贸易环境有所改善，入世利好服装进口

俄罗斯人口近1.5亿人，轻纺工业薄弱，服装主要依赖进口。随着俄罗斯经济的快速增长和国际地位的上升，人们对衣着品质、档次需求不断上升。从俄罗斯海关公布的信息来看，来自对俄联邦在贸易政策方面采取优惠条件的国家涉及纺织服装进口关税不算很高，但俄罗斯通常采用按金额或重量两种方式征收关税，按金额计算进口关税税率一般在5%～20%，按重量计算进口关税一般按每千克0.5～3欧元，加上俄罗斯海关不规范，许多进入俄境内的货物仍然包税进关，中国海关统计，2011年中国对俄罗斯服装出口接近56亿美元，而俄方统计只有30.8亿美元，中俄双方统计相差近25亿美元。

随着俄罗斯加入世贸组织，俄罗斯经济有望再现快速增长势头，贸易环境将进一步得到改善。

四、2012年全球服装贸易及中国服装出口展望

（一）全球服装贸易展望

1. 全球经济预测

自金融危机爆发以来，全球经济贸易发展进入了振荡和调整的新阶段。2011年全球经济同比增长3%，低于预期，复苏步伐明显放缓。对于2012世界经济预测，多家权威机构并不乐观。

世界银行年初发布了2012年度《全球经济展望》报告，预测2012年全球经济增速下调至2.5%，其中发达国家经济将增长1.4%，发展中国家经济将分别增长5.4%，均比原预期值有不同程度的下调。

国际货币基金组织（IMF）发布的《世界经济展望》报告指出，世界经济复苏停滞，下行风险加剧，预计经济将增长3.2%。

联合国发布的《2012年世界经济形势与展望》报告指出，发达经济体经济陷入泥潭，新兴经济体也无法独善其身，全球经济正在“二次衰退”的悬崖边上“蹒跚前行”。联合国预计，按照汇率法GDP加权，2012年世界经济增速将从2011年的2.8%下滑至2.6%，远低于半年前3.6%的预测。

从权威机构的预测数据来看，2012年世界经济增长将继续下滑。不利、不确定因素仍会存在，对全球经济的复苏构成严峻挑战。

2. 全球服装贸易发展趋势

虽然2011年全球服装贸易数据尚未出炉，但是在生产要素上升的推动下，最终数据将创历史新高，但实际市场需求减少，库存增加。2012年尽

管全球经济不确定因素依然很多，市场需求不振，但在不景气状况下服装消费所具有的“土豆效应”，将促使国际市场服装需求基本保持平稳，或略有下降，下降幅度在5%以内。

作为世界三大服装消费市场欧、美、日来讲，美国市场依然要好于欧盟市场和日本市场。美国消费者仍较为谨慎，加之服装及纺织产品市场价格上涨趋势明显，预计2012年零售市场整体增长在10%以下。

预计全球服装贸易额将比2011年增长3%左右，美国服装进口将增长8%左右、欧盟进口增长持平，日本进口略有上涨，俄罗斯、非洲以及南美等新兴市场进口将比2011年有所好转。

（二）中国服装出口形势预测

1. 国内整体经济形势

2011年，我国经济总体上保持了平稳较快增长的良好局面，全年GDP增速约为9.2%。相比2011年，2012年中国经济内外形势都相当严峻：国际方面，金融危机余波未了，欧元区债务危机可能进一步蔓延，中东局势很不稳定，世界经济增速放缓；国内方面，经济结构调整任务艰巨，节能减排压力不减，房地产调控不能放松。

预计2012年上半年我国经济增速回落，下半年将有所好转，全年GDP增速约为8.5%；通货膨胀压力降低，CPI逐渐走低，全年CPI涨幅在3.8%左右。2012年进出口增速进一步回落，同比增长约14.8%，贸易顺差继续下降；消费将保持较快增长，2012年实际增速与2011年基本持平；投资增速趋稳，较2011年略有下降；三大需求之中，消费对我国经济增长的贡献将有所扩大。

2. 服装出口预测

2011年我国服装出口达1532亿美元，又创历史新高，主要是出口价格大幅提升所致，实际出口数量减少5%以上。

2012年对于纺织服装出口行业来讲，不确定因素和困难依然很多，外需不振、国内生产要素成本上涨等，预计2012年服装出口数量将下降，金额将增长10%左右。

3. 服装出口面临的主要问题

（1）国际市场需求减少，影响出口增长。

欧元区债务危机持续升级，世界经济复苏的不稳定性、不确定性上升，作为国际市场消费主体的美、欧等发达经济体复苏乏力，失业率居高不下，消费信心低迷，这些因素制约了发达经济体对我国纺织服装产品的整体需求。

（2）订单转移趋势明显。

受经济影响，海外消费者的消费行为日趋谨慎，更倾向于价格低廉的中低档服装产品，这就要求服装品牌商尽可能降低采购成本，维持销售价格。与此同时，我国纺织服装原材料、劳动力、能源等要素成本刚性上涨，推动服装出口价格进一步提升，导致订单流失到孟加拉国、印度、巴基斯坦、越南、柬埔寨等成本低洼地的国家。这一订单转移的趋势虽然近几年一直存在，但到2011年尤为明显，预计2012年欧洲客户将进一步加快转移步伐。而美国市场2012年的进口将有一定程度的增长，进口价格会进一步提高，进口来源地的调整还将进行，中国的“第一供应国”位置无虞，但份额有可能继续下降。

（3）美国大选年贸易摩擦风险加大。

如前所述，2012年是美国的大选年，政府除了在经济上会有较为明显的动作之外，贸易政策往往趋于强硬。

2012年3月13日，美国总统奥巴马签署了经修改的《1930年海关关税法》，允许政府对来自非市场经济国家的中国和越南的进口产品实施反补贴措施。有分析认为，这一修改很可能引发更多对华贸易摩擦，它将鼓励美国一些生产商和劳工组织更放手地对中国产品发起诉讼，这无疑给中国产品出口美国增添了很大的风险和不确定性。

（4）人民币的持续升值，继续削弱中国服装产品的出口优势。

人民币持续升值，而新兴国家的货币走势却大相径庭，对贸易与出口产生影响。2011 年印度卢比对美元贬值达到了 11.13%，巴西雷亚尔、俄罗斯卢布、韩元、印尼盾、泰铢、马来西亚林吉特都分别对美元贬值。如此强烈的升降对比将导致我国服装出口面临周边国家的挤压，特别是低端产品的流失将无法避免。

（5）内外棉价差较大，影响纺织行业国际竞争力。

2012 年以来，国内外棉价倒挂，目前国内棉价每吨高出进口棉 5000 元左右。内外棉价差较大不仅增加了棉纺企业负担，更减小了纺织全行业在国际市场上的竞争优势，特别是棉质服装的成本加大，出口量下滑。

（6）融资难、融资贵加大企业负担。

有大量中小企业的服装行业，不仅面临融资难，更面临融资贵的问题。多数中小企业融资渠道不畅，难以得到信贷支持，而得到信贷支持的企业又不得不面对银行上浮利率、采用承兑汇票、难以全额获得贷款、贷款周期过短等问题，企业最终承担的利率普遍较基准利率上浮 10% ~30%。面对原材料、人工成本上涨压力，无法获得信贷支持的中小企业将面临关厂、歇业甚至倒闭风险。

2011 年我国服装出口依然取得了较好业绩，中国服装出口已经占到全球出口总额近 40% 的份额，但在出口增长的背后存在着诸多困难和问题，对 2012 年乃至未来几年服装出口前景都提出了严峻的挑战。面对国际、国内的整体环境变化，传统服装出口“低成本、高增长”的时代行将结束，中国服装行业必须直面产品结构调整、产业升级、品牌创新的新课题。

第二部分　报告篇

服装面料开发技术与协同创新

国家纺织产品开发中心

面料是体现服装品质与风格的关键要素之一，中国纺织行业所拥有的完善的产业链、领先的技术装备为中国服装产业的创新与提升奠定了良好的基础。网络时代所具有的快速、个性的消费习惯，对服装企业与面料企业的协同联盟开发提出了新的需求。

一、现阶段服装面料开发方向与新技术

消费者生活方式及纺织技术发展决定了服装面料产品开发的基本方向。通过应用高科技实现人性化功能，关注生态环保与社会可持续发展，追求舒适、健康、自然、快乐的生活方式逐渐成为主流趋势，未来富有竞争力的服装品牌在设计开发过程中需要依据客户消费兴趣及消费能力，将时尚、功能、生态等多个产品要素有机结合。

借助新型材料与工艺技术的创新，服装面料产品开发更加关注以下几个方面。

（一）面料风格

1. 轻质

以高支棉、高支羊毛、高支亚麻、真丝和新型超细纤维为主要原料；精细化纤维前处理技术、紧密纺技术，维纶伴纺技术，使纱线更加高支优化，单纱织造、单经单纬织造、半精纺技术，使面料向轻薄化方向发展；疏松结构、透空组织等织纹设计赋予织物轻质风格。

2. 柔软

Modal®、Lyocell、竹浆纤维、牛奶蛋白纤维、铜氨纤维等原料极大地改善手感，使织物更加舒适、柔软并富有光泽；通过纺纱与织造技术使纺织产品手感柔软、温暖，如低捻度纱线、无捻纱线、膨体纱、空气变形纱、松结构组织等。通过柔软剂或机械柔软整理技术处理后的织物更柔软、丰满、尺寸稳定。例如，国内采用意大利 AIRO 整理设备进行柔软后整理，效果极为显著。

3. 光泽感

通过加入真丝、黏胶纤维长丝、有光锦纶、有光涤纶、醋酸纤维等赋予织物柔和光泽；在织物上进行压光、涂层、覆膜等整理获得工业感光泽或未来感的胶质外观。

4. 弹性

选用氨纶、PTT、舒弹丝等弹性纤维与其他纤维进行混纺或交织，提升织物的弹性、可穿性、抗皱性和易护理性；利用组织结构，配合独特的加捻纱技术赋予织物自然弹效果；在后整理过程中加入弹性助剂赋予织物舒适的弹性效果。

5. 功能

功能性纺织品发展迅速，如防水透湿、吸湿排汗、阻燃、抗菌、防螨、抗静电、抗辐射、易去污等产品开发技术日趋成熟，其中舒适性、易护理性和防护性是消费市场的主要需求；产品由单一功能向组合功能发展，如三防、四防、五防整理技术，“防风＋防水＋可呼吸性”等功能有针对性地进行组合，满足消费者不同的需求；新型功能性产品不断涌现。消音、静音、智能化等功能性产品已提上开发日程。

6．生态

随着人们生态环保意识增强，有机原料、生物质纤维、可降解纤维、可回收纤维等环保材料的开发应用逐渐得到重视；在加工过程中采用生态整理技术及节能减排技术，迎合消费者追求生态、健康、环保的生活方式。

（二）原料应用

材料是创新的基础，除棉、毛、丝、麻等传统天然纤维外，各种新型纤维、差别化纤维及特种纤维的开发，满足了日益多元化的消费需求。通过多种原料组合与科学配比，充分发挥优势互补特性，合理控制产品性价比，提升产品服用性能，是产品开发的关注点。

（1）羊绒、美利诺羊毛、长绒棉、真丝等纤维仍是高品质产品首选原料。

（2）棉、亚麻、苎麻及大麻等植物纤维应用备受关注，竹原纤维、木棉纤维、菠萝麻等其他植物纤维应用也在积极探索中。

（3）Tencel®、Modal®、Vloft®竹浆纤维、麻浆纤维等新型再生纤维素纤维运用的比例大幅提升。

（4）新型差别化、功能性纤维运用，改善产品外观风格及内在品质，提升织物服用性能。如Thermocool™控温调湿智能化纤维、Fineclean®抗菌除臭银系纳米纤维、HyTech®黏胶环保抗菌纤维、Cleancool®抗菌吸湿排汗纤维以及国产Physcool®爽丽丝凉感纤维、Cocarber®酷卡帛咖啡碳纤维和一步法异收缩涤纶混纤丝等。

（5）有机、再生、可回收、可降解纤维等具有环保、社会责任等意义的原料，体现了纺织产品开发对人文、环境和生态的关注，将成为市场热点。

（三）纺纱与织造技术

纺纱与织造是纺织产品开发的前道程序，纺纱是组合原料的过程，织造带来面料最基本的外观特征，在这两个环节，通过技术改进与创新设计，提升服装面料的品质、外观风格及服用功能。

1．纺纱

通过技术创新使纺纱关键技术取得突破，转杯纺、摩擦纺、喷气纺、喷气涡流纺、自捻纺、平行纺及静电纺等多种纺纱技术，在实际生产中，为纺织产品开发提供了更多选择。一方面实现纱支高支化和高品质，提升高支纱在产品中的应用比例，为产品高档化、轻薄化奠定了基础；另一方面也丰富了纱线结构与品类，从普通单纱发展为双组分纱线、并捻纱线、多股纱线、色纺纱、花式纱等。

纺纱技术的创新主要体现在以下方面。

（1）高支：高支纱、特高支纱使织物手感更加轻柔、滑爽。产品开发过程中以提高成纱质量、增强纱线强力、降低纱线毛羽为目的，主要纺纱技术有如紧密纺、缆型纺等。

（2）舒适：手感是评价服装面料织物性能的关键指标，以提高织物柔软度，改善手感为目的的纺纱技术日趋成熟，如无捻纱、低捻纱等。

（3）复合：通过不同材料的短纤/短纤、长丝/短纤及弹力长丝/短纤等多种形式复合，使产品表现出单一原料纱线无法达到的新风格、新功能，比如包芯纱、赛络纺和赛络菲尔纺等。

（4）时尚：花式纱、色纺纱的运用使服装面料具有层次感、立体感与色彩感，比如竹节纱、圈圈纱、段彩纱、睫毛纱等。

（5）效率："快速时尚"使小批量、多品种、低成本、快交期成为基本要求，以高速、高效、低成本为特点的新型纺纱技术得到关注，如转杯纺纱、喷气纺纱和喷气涡流纺纱等。

2．织造

织造技术的创新主要体现在改变引纬方法、提高入纬率、增加筘幅、扩大生产品种多样性方面。通过提升织造环节技术构成，以新型织机带动高附加值产品生产和新工艺方法的运用；结合纺纱技术创新和组织设计，拓展服装面料风格与性能。

（1）剑杆织机及产品：剑杆织机包括刚性、柔性及可伸缩式引纬方式，与其他织机的引纬方式比较，剑杆织机适应于多色引纬，可以生产 8 色、12 色甚至 16 色引纬的多色花样图案。以丝绸领域为例，尤其适合条格绸以及双宫疙瘩绸、硬挺绡等产品的织造。

（2）片梭织机及产品：片梭织机适用于包括棉、毛、化纤及其混纺纱及化纤长丝在内的各种纱线，可加工从服装面料到高技术纺织品的各种织物，如弹力牛仔布和产业用长丝或扁丝织物等。

（3）喷气织机及产品：喷气织机具有入纬率高、机电一体化程度高、机械传动链短、结构紧凑、易损件少、适用范围广等优点，适宜织造无捻纱、强捻纱、弹力纱、网络丝、花式纱及异纱异支织物，高支高密防羽绒布，高支衬衫面料，弹力牛仔布等。

（4）喷水织机及产品：喷水织机是采用喷射水柱牵引纬纱穿越梭口的无梭织机，适用于表面光滑的合成纤维、玻璃纤维等长丝引纬，是织制合纤长丝织物的首选机型，主要用于生产仿真丝绸，仿毛、仿麻织物，麂皮绒，弹力织物，绉类织物，高支高密羽绒服面料等。

（5）经编机：新型高速经编机提供更强的提花能力、快速垫纱转换能力，适合加工柔软的细针距时尚内衣织物、蕾丝织物和高新技术纺织品等。

（四）染整技术

染色、印花及后整理是整个服装面料开发设计中的重要环节，一方面营造出时尚风格，带来色彩、花型、手感以及特殊外观效果，另一方面则创造出符合消费者需求的各种功能，包括抗皱、防污、防水、抗菌等。随着人们生活水平的提高，消费者对纺织品的需求日益向舒适化、功能化、环保化方向发展。

1. 手感整理

手感是服装面料最重要的风格，随着流行趋势变化和后整理技术进步，根据面料服用特性进行有针对性的整理设计。通过化学助剂整理，可获得或柔和、或刚硬、或干爽、或柔韧的手感，以及使棉织物产生如真丝、天丝或羊毛的质感。

更为先进的整理技术是利用机械方式改善织物外观、手感和风格，包括拉幅、磨毛、起毛、柔软等多种整理方式。

2. 抗皱免烫整理

按照褶皱成因和抗皱机理不同，抗皱免烫整理方法有聚合物交联、液氨整理、离子交联、形状记忆涂层等，通过提高无定形区链的取向度和减少纤维大分子变形，提高织物的形变回复能力。

3. 数码印花

数码印花技术适合于小批量、多品种、灵活多变以及个性化市场需求，印制效果精细，面料色彩层次丰富，不受套色和花回限制，个性化创意更加活跃。

4. 激光印花

利用激光原理开发的印花技术，采用穿孔、蚀刻等加工方法，使面料时尚而富有新意。采用激光烧花技术增强面料的凹凸层次感，花型效果清新古朴，类似于雕刻版画。

5. 涂层整理

随着时尚需求变化和泡沫喷涂工艺及水性纸感胶、弹性硅胶树脂等新型助剂的发展，涂层技术带来的风格越发丰富。通过涂层整理可以获得仿皮革、仿纸质外观、滑爽效果、珠光效果、透明效果、镜面效果、双面手感效果等以及免烫整理、单亲单防、单向导湿、防水防风、防紫外线、遮光、耐水压、阻燃等特殊功能。将涂层与磨毛、印花、染色、手感整理等工艺相结合，可获得更加独特的时尚视觉。

6. 成衣染整

将吊染、段染、扎染、夹缬、拔染、喷注染/拔、雪花洗、喷砂、打磨等传统民间染整工艺在成衣上创意性运用，提升服装的个性化和艺术性。

7. 特种功能整理

功能性纺织品发展迅速，加工形式有运用功能性纤维生产和织物进行功能性整理两类。其主要发展方向为：产品功能的技术水平不断提高，新型功能性产品不断涌现，产品单一功能向组合功能发展，如以下方面。

冷黑技术是 Scholler 公司研发的 ColdBlack™ 整理剂，能在不影响颜色的前提下，改变不可见波长中的反射能，太阳光高达80%的红外部分都被反射出去，使织物获得更好的热量管理，当远离阳光直射时可以快速变凉。

护肤及芳香整理通过微胶囊和环糊精的缓释与隔离功能实现。如 Cognis 公司的 Skintex® 整理剂采用微胶囊技术，壁材为壳聚糖，具有护肤效果，可防止皮肤干燥，囊芯为护肤物质和芳香物质。

天然纤维的抗菌整理通常采用后整理法，抗菌剂分为有机抗菌整理剂、无机抗菌整理剂和天然抗菌整理剂三种。无机抗菌整理剂因具有优良的广谱抗菌性而广泛应用，特别是银系抗菌剂具有极强的杀菌和抑制病原体能力，以及良好耐久性，在无机抗菌剂中占据主导地位。

8. 生态环保

冷轧堆染色、湿短蒸、泡沫染色与整理、小浴比染色技术、低温、低助剂染色以及生物酶处理等技术不仅带来了良好的节能减排的优势，而且改善了产品风格，如生物酶处理技术使面料手感丰满舒适，布面染色或印制效果匀透、自然、富有光泽。将生物酶抛光与空气洗相结合，即使面料获得优异的膨弹性。

二、国内纺织面料开发现状

（一）纺织企业产品开发水平不断提升

纺织企业产品开发水平的提升，首先体现在产品开发观念转变上：对流行趋势的认知从被动接受，转为主动追求和应用；对客户需求的态度从被动满足客户要求，转为主动提供新选择；产品开发意识也从被动改变转为主动创新。

1. 纺织企业的产品开发能力发生改变

产品开发团队和流程逐步健全，产品开发人员构成更加合理，素质水平明显提高；研发设备逐步完善；产品研发投入力度普遍提高。以国家纺织产品开发基地企业为例，2011 年企业研发投入占比 3.42%。

2. 纺织企业的产品结构和产品附加值明显提升

主营产品品质提高，产品结构多元化，新产品附加值大幅度提高，利润率普遍较主营产品平均利润率高出 10% ~40%。2011 年国家纺织产品开发基地企业平均利润率 7.06%，新产品销售收入 4038404.86 万元，新产品产值率为 30.59%，新产品利润率为 20.87%。

3. 出现了一批优秀的纺织面料创新型企业

其特征体现为两方面：一是形成了以规模优势

为基础的具有国际先进性的技术创新能力，以及良好的品质管理能力和服务意识；二是注重构建小批量、多品种的产品结构，关注流行趋势信息，注重时尚创意设计，拥有柔性化装备及广泛合作资源，快速反应能力强。

（二）纺织企业产品开发差距与不足

（1）纺织企业初步掌握了对产品和市场流行方向的分析判断能力，但对流行背后的经济、文化因素认识不够深入，对流行趋势的形成发展缺乏全面认知，对流行趋势的应用方法和技能还未达到较高水平。

（2）面料设计师团队在文化审美方面的欠缺，导致产品研发综合能力弱。

（3）企业普遍在产品系统性开发方面缺乏充分经验且能力不足，纺织新产品系列化水平较差，产品开发的成功存在较多偶然因素，设计的延展价值无法充分实现。

（4）企业对产品开发的费用投入和流程改造基本达到合理水平，但研发投入的转化率和研发流程的优化程度还有待提升。

三、大规模协作创新提升竞争力

随着大批国际服装品牌进入中国市场，国内服装企业将面临日趋激烈的市场竞争，自主品牌成长之路越加艰辛。

服装作为传统耐用消费品逐步过渡到快速时尚消费品，其市场竞争的时间优势就是从产品设想、设计、生产到销售整个过程的快速反应，是一个发生在一系列产品参与对象间的、以市场和顾客价值为导向的过程。时间优势实现的必要条件是建立企业利益共同体协作，即“无边界企业”——若干成员企业为共同获得某个市场机遇而组成动态联盟，企业通过彼此合作，以低成本、高效率满足市场需求和客户服务。其特征如下。

（1）灵活性：快速和有效地对市场变化做出反应。

（2）合作性：建立长期合作关系，从关注短期利益转向关注长期利益，共同面对市场冲击。

（3）协调性：在产品（服务或解决方案）创新的不同阶段共同行动，实现信息共享和资源组合，提高资源综合利用效率。

国内服装企业需要逐渐改变由于供应商同质化以及对于供应链资金依赖等因素造成的服装面料同质化，做到与上游纺织面料企业共同研究市场、共同开发产品，以提升品牌市场竞争力。

目前，全球纺织服装消费市场和产业加工格局随不同国家和地区经济发展以及劳动力成本变化等因素发生区域性调整。中国纺织品在美国、欧盟和日本纺织进口占比呈下降趋势，以外贸为主要业务的国内面料企业开始逐步向国内市场转型，为国内服装品牌企业重新优化供应链管理体系创造了极佳的战略机遇期。

总之，真正能够提高服装品牌竞争力的供应链管理是以企业为核心，以产品为联系，以技术和资本为纽带，以相关及辅助产业为支撑，上下衔接形成具有价值增值功能的利益链。而真正的品牌经营能力，是主导供应链体系，主导投资和技术形成的价值链，决定资本和技术的流向以及流动方式。

中国服装行业科技创新发展状况

中国服装协会

2011年，中国服装行业各项经济指标完成情况正常，行业经济平稳运行，发展速度呈现放缓态势。在客观压力和内生动力的叠加作用下，服装行业正在进行着以“产业结构调整、发展方式转变”为主题的新一轮产业升级，以此来加强自身核心竞争力的塑造，建立新的增长优势，完成从规模效应到价值增长的突破，实现从服装大国到服装强国的战略转变。科技创新正是这一进程中重要的推动力之一。

实际上，我国服装产业的发展是科学技术不断进步的结果。现阶段，我国服装行业发展面临更加复杂的局面。面对新的机遇和挑战，科技创新受到行业企业的空前关注和重视，技术创新环境、保障环境等均为历史最好时期。

一、技术创新环境分析

用现代技术改造传统服装产业，既是服装行业走新型工业化道路的要求，也是科学发展、可持续发展和建立现代服装产业体系的需要。近年来，随着相关技术快速发展，服装产品差别化，生产过程快速化、自动化、智能化、网络化，企业管理信息化等技术广泛应用，为服装行业发展提供了良好的技术创新环境。

（一）装备创新技术

装备直接影响到服装产品的加工工艺、效率和品质，研究和应用先进装备技术是服装行业科技创新发展的重要领域。近年来，得益于国内缝制机械企业在技术水平、制造能力和品种开发等方面的提升，服装企业对于装备升级的技术改造力度不断加大，服装行业整体装备水平明显提高。

1. 人体测量技术

非接触三维人体测量技术是以现代光学技术为基础，融光电子学、计算机图像学、信息分析与处理、计算机视觉等科学技术为一体的测量技术，具有扫描时间短、精确度高、测量部位多等特点，还可以精确测量人体形态、曲线特征等，代表了现代人体测量技术的发展。该技术在基础人体数据库建立、服装号型研究、虚拟服装设计展示、大规模量身定制生产等方面有着重要作用，被认为是未来服装企业提供合体服装、实现快速反应的重要技术方法和手段。美国、日本、德国、意大利等国三维人体测量技术相对成熟，已有较多商品化应用，我国在该领域虽有所突破，但较国外技术仍有较大差距，还不具备产业化应用的条件。目前，东华大学、西安工程大学、北京服装学院、中原工学院等国内服装专业院校相继引进国外设备，并与企业合作开展了相关研究和应用，积累了一些切实有效的经验和方法。

2. 设计技术

CAD是设计技术的发展方向。服装CAD技术是指利用计算机辅助人工进行服装设计、制板、放码、排料的技术，该技术与数字化仪、绘图仪等输入输出设备配套使用，灵活实用、高效准确。2009年发布实施的纺织行业标准《服装CAD电子数据交换格式》对服装CAD产品和市场进行了规范，推动CAD技术在服装行业快速普及。目前，规模以上企业服装CAD普及率达到100%，其色彩控制、面料模拟、数据追踪、排料优化、自动对缝等技术不断发展。CAD技术在更加人性化、智能化、标准化的同时，正在由二维技术向三维、超维技术发展，以实现二维平面设计与三维立体设计之间的双向关联和转换。另外，CAD技术与网络技术结合，出现网络化、服务化、云端化等发展迹象。

3. 裁剪技术

服装CAM是计算机辅助制造系统，通常指自动裁床，一般由智能刀头、工作台、真空吸附系统、机架和控制系统五部分组成。按照刀头类型，自动裁床可分为机械刀、激光刀和水刀三类。目前，国产机电一体化自动裁剪机技术先进、性能稳定，裁剪厚度可以适应单层面料和高厚度（面料吸附后达到11厘米）要求，完全可以与国外先进技术设备相媲美。在实际使用中，自动裁床与铺布机等辅助设备配合使用，能够有效提高劳动生产率、裁剪精度和裁剪质量。近年来，由于劳动力成本大幅上升、招工困难、自动裁床价格松动等多种因素，服装CAM成为国内服装企业技术改造和生产装备升级重点之一，我国服装CAM普及率得以快速提高，预计到2015年全行业普及率将达15%。

4. 缝制技术

缝制是服装制造的主要环节，缝制设备技术的提高对于提高劳动效率和产品质量、减少劳动用工、降低生产成本意义重大。缝制设备技术逐步告别传统、单一的机械结构，快速向光、电、液、气、声、磁、激光、遥控、传感等多学科交叉的方向发展，自动化、智能化、专业化、高速化等是缝制设备产品总体发展趋势。据中国缝制机械协会统计，2011年电控装置缝纫机生产数量同比增长40.2%，增幅远高于全行业6.87%的平均增长率，其中电控高速平缝机产量已经超过高速平缝机总量40%。

2011年，工业和信息化部发布了《产业关键共性技术发展指南（2011）》，将“纺织制成品智能吊挂流水线系统”列为八项纺织行业关键共性技术之一。服装吊挂流水线（FMS）是由生产调度控制软件和计算机控制的吊挂运输、加工生产单元所组成的柔性加工系统，能有效减少生产准备时间、提高缝制段劳动生产率20%～40%、自动平衡流程，使生产管理透明化、简易化，可以很好地适应小批量、多品种的服装生产需求，提高企业快速反应能力。在国外，服装缝制加工段普遍应用FMS。近几年，FMS在中国服装行业的应用速度明显加快，应用总量接近2000条流水线，绝大多数来自瑞典ETON、美国格柏、日本重机、德国杜克普和新加坡衣拿公司，国产FMS约占5%左右。

另外，自动缝制单元成为近两年来缝制设备发展的热门话题，其中个别优势企业与装备制造企业深入合作、共同开发，加快了技术研发和产业化应用速度。自动缝制单元是对缝制设备的二次开发，它能自动完成多道工序的缝制、降低缝制工位数量、减少缝制工操作人数，并且可以降低企业对工人技术水平的依赖程度，最大限度提高工作效率和缝制质量。可以预见，自动缝制单元会被服装生产企业越来越多地使用。

5. 整烫技术

整烫是通过对服装进行热湿定型熨烫，使服装外形美观、更加符合人体特征及服装造型的需要。我国整烫设备技术发展较快，进入21世纪，一些国内企业在整烫设备领域取得了跨越式发展，新产品、新品种开发力度和机电一体化自主创新能力不断增强，压烫机的关键部件——上下烫模的应用研究和吻合精度研究取得进展，为服装行业高端整熨设备技术改造的国产化配套提供了质优价廉、适销对路的成套流水线。目前，尽管在个别机种和产品局部与国外技术还有差距，但国内企业已经基本掌握从手工熨斗到包括高档立体整烫机、柔性整烫加工中心在内的所有整烫设备技术，国产整烫设备已经成为主流。

6. 自动化立体仓储技术

自动化立体仓库是现代物流仓储技术中的一个重要组成部分，主要由货架、传输设备、存储设备、堆垛机、控制系统、通讯系统、计算机管理监控系统等部分组成。自动化立体仓库具有节约用地、减轻劳动强度、消除差错、降低储运损耗、有效减少流动资金占压、提高物流效率等诸多优点，还可以扩展实现自动分拣、配送等功能。对于服装企业最直接的效益是提高仓库响应速度和准确度，提高配送效率，是服装企业信息化建设和实现计算机集成制造（CIMS）的重要环节。目前，雅戈尔、美特斯邦威、森马、爱慕等国内大型服装骨干企业都已经利用自动化立体仓储技术建立了物流配送中心。

（二）产品创新技术

1. 原料技术

面辅料是服装产品得以实现的物质基础，在一定意义上，原料的品质、技术含量直接决定了服装产品的技术含量和品质。近年来，纺织行业新产品、新工艺、新技术不断涌现，纤维改性技术、纺纱技术、织造技术、印染及整理技术的发展和应用，使服装面辅料在组织结构、外观、手感、功能性等方面取得较大进步。一大批包括高仿真化学纤维、再生纤维素纤维、甲壳素纤维、汉麻纤维、无捻纱织物等在内的新型纤维及面料产品的开发和应用，提高了服装产品档次，增加了服装产品附加值，国产服装面料自给率逐年提高。服装面辅料发展趋势和方向集中体现在绿色环保、舒适健康、差别化、功能性等几个方面。

2. 工艺技术

服装工艺技术是指服装产品加工制造的方法，工艺技术发展和改进，与原料、设备、管理等技术息息相关。

无缝线成衣加工技术除了针织无缝内衣之外，在机织服装制作过程中采用热熔焊接代替针线缝合，其技术关键在于无缝焊接材料和无缝线成衣制造成套装备的研发。无缝线成衣加工具有流程简化、生产效率高、产品外观质量好等优点，随着天然纤维面料无缝线熔合焊接等技术的发展和改进，无缝线成衣市场前景看好。

非黏合衬西服俗称全毛衬西服，具有轻、薄、软、挺等舒适化和轻量化特征，是近年来高档西服市场的宠儿，也是现代服装工艺技术水平的代表。该技术核心是在不使用黏合衬的条件下，做到衬料和面料性能高度配伍。目前，非黏合衬西服加工工艺技术已经被我国多家服装企业掌握，纺织行业标准《非黏合衬西服》已经通过专家审定，预计2012年下半年批准实施。

同时，随着服装企业信息化应用水平不断提高，近年来服装加工工艺流程不断优化，单件流、模块式U形作业方式等灵活性高、反应速度快、生产效率高、质量稳定性好的先进工艺技术逐步得到认同和推广应用。

（三）信息、管理技术

信息化建设是服装行业科技进步的重要内容。广义的信息化是把信息技术运用到服装企业生产经营全过程，实现产品设计、加工制造、市场营销、企业管理的数字化、智能化、网络化，同时实现供应商、客户及合作伙伴之间的信息集成，全面提升企业反应速度和市场竞争力。服装企业应用的信息化内容繁多，生产过程信息化、物流过程信息化和管理决策信息化是最重要、最基本的三部分。生产过程信息化技术主要包括人体基础数据库及服装号型归纳技术、CAD/CAM、CAPP、FSM、CIMS 技术等。物流过程信息化主要应用二维条码技术、互联网技术、以 RFID 为核心的物联网技术、电子商务技术（EC）等。管理决策系统则包含了 MIS、PDM、SCM、CRM、ERP 等一系列信息化系统。

无线射频技术（RFID）是近几年发展起来的新技术，是物联网技术的核心，作为电子识别标签已经在一些大中型服装企业应用。以 RFID 为信息载体，从服装裁片、缝制加工、熨烫整理、仓储配送一直到市场销售、洗涤维护均可以实现信息化管理，有效解决信息化技术断点。随着技术不断发展，应用范围不断扩大，应用成本逐步降低，RFID 技术将大量应用于服装企业生产、仓储和物流配送等领域。

近几年，信息化技术与工艺技术、装备技术等协同创新、集成应用成为服装行业信息化建设热点，CAD、CAM 联机运行数量和质量大幅提高，服装企业信息化水平明显提高。但是，由于地区、企业发展不平衡，服装行业信息化整体水平仍有很大提高空间。信息化系统行业化开发应用、信息化技术集成应用和信息化建设与先进管理模式融合发展，是未来服装行业企业信息化建设的重点和关键。

（四）节能环保技术

1. 蒸汽节能技术

蒸汽节能是服装企业节能的重要方面之一，国内外控制蒸汽浪费的技术方法主要采用疏水阀和终端冷凝水回收两种技术。由于疏水阀自身的缺陷，在疏水瞬间连同蒸汽一起排放掉，而且疏水阀密封件极易损坏失灵，因此采用疏水阀不能解决根本问题。蒸汽阶梯利用技术代表了蒸汽节能技术的先进水平。蒸汽阶梯利用技术采取热能逐级就近利用原则，及时且不间断将前部分用气设备排出的“尾气”回收，提取干燥的蒸汽供后部分用气设备循环使用，可以达到蒸汽节能30%左右，同时还能解决用汽出水问题，有效提高蒸汽质量。目前，该技术已应用在全国数百家服装企业中。

2. 节能电动机技术

服装企业常用的机械离合电动机属于交流感应电动机范畴，感应电动机启动加速时间需 3～5 秒，在缝纫机实际操作中频繁快速起停，以穿插手动辅助动作或工序，电动机却连续运行在工作状态，由此形成大量的电能消耗浪费。节能电动机采用直流无刷伺服电动机技术，可以在 0.3 秒以内完成启动加速过程，缝纫机和电动机可以同步运转或停止，因而实现大幅度节电效果。虽然节能电动机的节能情况与缝纫机实际操作有较大关系，但总体来看，节能电动机技术的应用可以取得明显节能效果，目前该技术通过新装配和旧机改造方式在行业内推广应用。

3. 无水印染技术

印染是大服装产业链中对环境污染最严重的环节，传统染色技术不仅需要消耗大量水，而且产生较多含有化学污染物的废水。超临界二氧化碳无水染色技术以回收的工业排放二氧化碳为载体，在超临界状态下携带染料上染纺织品，这项技术使用二氧化碳代替了水的作用，在大量节约水资源的同时，也为工业生产排放的二氧化碳提供了一个可以回收利用的途径，相当于降低了碳排放。耐克公司与荷兰 DyeCoo 公司合作，已经开发并制造出有关商用无水染色设备，并逐步扩大产业化应用。大连工业大学与光明化工研究设计院合作研究，在超临界二氧化碳无水染色技术及其工程化设备和成衣制品无水染色领域，也已经取得一定突破。

数码喷墨印花技术是将花样图案以数字形式输入计算机，通过印花分色描稿系统编辑处理，再由计算机控制把专用染液直接喷射到纺织品上，形成所需图案。数码喷墨印花技术污染程度、耗电量、耗水量较传统技术均大幅降低，还可以按需定制，实现网上设计和服务，具有广阔的市场空间。另外，天然色彩冷转移印花具有环保特征，也是当前国内外激烈竞争发展的新技术。

二、保障环境分析

利用技术标准和产业链优势，重视并有效发挥质量体系和创新机制的作用，是推进服装行业科技创新发展的重要保障。

（一）服装标准化体系

1. 标准化技术机构

我国服装领域标准化技术机构主要包括全国服装标准化技术委员会（SAC/TC 219）和全国纺织品标准化技术委员会针织品分技术委员会（SAC/TC 209/SC 6），分别负责我国机织服装和针织服装标准的制订、修订及归口管理工作，全国服装标准化技术委员会设有羽绒服装、衬衫两个分技术委员会。

2. 服装标准体系

服装行业根据自身发展状况，统筹协调企业、行业、国家、消费者等多方利益，形成了强制性标准与推荐性标准相结合、国家标准与行业标准相适应、产品标准与基础方法标准相配套的标准体系。截至2011年，全国服装标准化技术委员会和全国纺织品标准化技术委员会针织分会归口管理标准分别为67项和58项，标准基本涵盖了全部市场流通服装产品，技术水平逐步与国际接轨。标准在规范市场、引导消费、指导生产、推动行业发展等方面发挥了重要作用。

3. 国际标准化工作

国际标准化工作水平在一定程度上反映了一个国家在该领域的技术力量和产业实力，我国服装领域国际标准化工作近年来接连取得突破。2010年7月，第六届国际标准化组织服装尺寸系列和代号技术委员会（ISO/TC 133）国际标准会议在江苏常熟召开，会议决定由中国和南非共同承担ISO/TC 133秘书处，结束了ISO/TC 133长达二十多年的暂停状态，正式激活ISO/TC 133各项活动。2011年7月，第七届ISO/TC 133国际年会在南非召开，会议形成由中国负责修订国际标准ISO 8559等19项决议，中国作为秘书处承担国，在会议上发挥了重要作用。

我国实质性参与服装国际标准化工作和工作水平不断提高，必将对提升我国服装产品国际竞争力、促进服装企业走出去和增强行业国际话语权等具有积极作用。

4. 服装标准化体系仍然有待完善

当前的服装标准体系主要表现出产品标准技术指标过细过死、方法标准不配套、功能性标准缺失、上下游标准不衔接、标准国际通用性差、标准化管理体系复杂混乱等问题或矛盾，服装标准化体系建设从组织机构、标准体系结构到标准技术水平，都有待进一步完善和提高。

（二）服装产品质量状况

1. 服装产品实物质量

国家统计局提供的服装生产领域统计数据显示，规模以上服装企业产品合格率多年来一直居于较高水平。另据国家质检总局网站公告统计，2002~2006年国家质检总局对服装产品进行了20次监督（专项）抽查，平均合格率为73.53%；2007~2008年，进行了9次监督（专项）抽查，平均合格率为78.91%；2009~2011年，国家质监总局分8次对702种服装产品进行了抽查，抽查合格率为90.17%。可见我国服装产品实物质量合格率逐步上升，并达到较高水平。

从全球服装贸易来看，主要国际服装市场对我国服装产品质量也相当认可。根据日本纺织品进口商协会的数据显示，2009～2011年，日本从中国进口服装金额均占到日本进口服装总金额的80%以上。根据世界贸易组织的统计数据，2005年我国服装出口金额占全球服装出口金额的26.8%，2011年占比达到36.9%，国际主要成衣商都把中国作为主要的采购地，甚至一些奢侈品牌也把生产线转移到了中国境内；同时，我国服装产品出口单价也持续增长，从2005年的2.65美元增长到2011年的4.3美元，五年增长了62%。

2. 质量管理水平

服装行业是市场竞争比较充分的行业，在市场作用下，服装企业积极学习、认真落实先进质量管理技术和理论。自20世纪80年代全面质量管理理论在我国推行开始，到QC小组活动、卓越绩效模式、六西格玛管理等，服装企业一直积极参与和实践，质量管理水平也得到大幅提高。目前，服装企业各生产环节按照职能确定质量职责和权限，基本做到全员参与质量管理。生产企业通过实行班组自检、车间抽检、质检部门巡检和外部检验相结合的检验制度，为服装产品质量控制和提升提供保证。另外，服装企业积极推行ISO 9000系列质量管理认证工作，优势企业大多采用信息化质量管控手段，并取得较好效果。

3. 主要问题

尽管我国服装产品质量综合水平已经达到较高水平，但是受我国社会发展城乡差异、地区不平衡和服装企业发展不平衡等因素影响，在服装产品质量领域还存在一些问题。

根据近三年来质量监督抽查结果来看，服装产品不合格指标项目高度集中。纤维成分及含量不合格问题严重，是导致服装产品不合格的最主要原因；其次，色牢度不合格问题也比较突出；尺寸变化率、pH值、甲醛含量超标等问题时有发生。另外，鉴于各大类服装产品自身特点，也分别集中出现不同问题。如内衣产品的耐汗渍色牢度、羊毛羊绒服装产品的起毛起球、保暖内衣的纤维含量、儿童及婴幼儿服装的pH值和羽绒服装的羽绒质量等问题均相对明显。

服装产品实物质量问题反映出服装行业企业在质量管控方面仍然存在一定程度的结构性或系统性风险，在工艺技术改进、先进生产装备应用、企业质量管理制度（体系）有效落实等方面都还有较大改进空间。

（三）科技创新及服务体系

1. 公共服务平台

中国服装企业绝大多数为中小企业，服装行业具有明显集群特征。因此，整合社会资源，加大公共服务力度，提高公共服务质量，对推进服装行业科技进步显得尤为重要。

目前，我国服装行业公共服务平台建设取得长足进展。2010年中国纺织工业联合会对集群地区公共服务平台建设情况进行了专项调查，在被调查的164家试点集群中，有近50%的集群报告已建设了共计80多个公共服务平台，各主要服装产业集聚地大多数都启动了公共服务平台建设项目。虽然这些平台发展水平和层次各不相同，服务水平差别较大，但仍然为相当多的企业提供了服务。浙江省政府和省科技厅重点建设的浙江省服装产业科技创新平台，通过技术和模式创新，推出服装CAD系列产品网络化在线应用服务；大连服装行业公共服务平台通过搭建生产技术创新服务平台、信息网络平台、培训平台、海内外市场推广平台，完善设计技术研发、检测、设备服务、信息网络、时装信息发布、培训、品牌推广、外贸服务八项功能，实现为服装中小企业服务；东莞市虎门服装技术创新中心设有服装展示厅、品牌发布T台、服装专业图书馆、服装学院培训基地、创意设计公共服务平台等机构，开展了大量专业化服装设计与推广服务。

2. 科技创新体系

通过创新体系的不断健全，企业创新主体地位更加突出。据统计，全国服装行业拥有国家级企业技术中心16个，国家级工程（技术）研究中心1个，国家火炬计划特色产业基地1个，广东、浙江、山东、江苏和福建五省总共认定省级企业技术中心51个，福建省、天津市、广东均安、山东济南、湖北武汉、河北容城、福建南平、浙江绍兴等多个省市或产业集群成立有专门的纺织服装行业生产力促进中心。

3. 产学研合作

近年来，全国范围内的产学研合作日趋活跃，服装产学研合作形式多样，合作层次不断深入。在市场利益共享机制下，服装产学研合作正在向整体性、长期性、战略性的高层次合作跨越。浙江纺织服装职业技术学院与宁波市纺织服装龙头企业等联合成立“宁波市纺织服装产学研技术创新联盟”；武汉纺织大学在广东省均安镇建立牛仔服装产学研创新基地；温州服装发展有限公司与浙江理工大学签约共建“中意纺织服装联合研究中心”；北京服装学院分别与北京爱慕内衣有限公司、南山纺织服饰有限公司共建人体工学研究所和职业装研究院；西安工程大学和深圳汇洁集团合作建立内衣研究院；诺奇男装与东华大学建立快速时尚研究中心；柒牌（中国）有限公司在清华大学美术学院成立“柒牌中华立领男装系列产品研究设计中心”；福建七匹狼实业股份有限公司与北京大学电视研究中心共同设立“北京大学七匹狼文化发展基金”等。

中国服装品牌发展现状及趋势

浙江理工大学服装设计系

赵卫国

品牌，是一个公司价值的体现，也是行业价值的集中体现，甚至也是一个地区、一个国家综合实力的体现。围绕“品牌化”这一关键词，中国服装行业从产品时代、品质时代发展到品牌时代，成为集制造、商业和创意为一体的综合产业。

一、中国服装品牌发展综述

中国服装品牌的发展过程，是伴随着体制改革、经济起飞、消费转型的过程成长起来的，在每个阶段都被烙上了时代的背景色。

20 世纪下半叶，统购统销时代的鸿翔女装、上海牌手表、马聚源帽子、回力球鞋等名牌辉煌一时，流行于大江南北。而中国现代服装品牌的发端却起始于 1978 年皮尔·卡丹在北京的那场展演，它引爆了中国时尚、设计、品牌创建等无数梦想。到了 90 年代，中国现代服装业进入了一个“品牌集体创世纪”的时代。雅戈尔、杉杉、罗蒙、利郎、七匹狼、报喜鸟、依文、庄吉等中国服装中坚力量的男装品牌集结扬帆。同期，女装也开始崭露头角——逸飞、白领、爱慕、太和、爱德康、薄涛等渐立潮头。运动品牌李宁、童装品牌一休在各自的细分领域占据领先地位。

20 世纪 90 年代中期的“名牌战略”让更多品牌走入寻常百姓的视野，开开、美尔雅、雪莲、波司登、万乐佳、威鹏、红豆、双星等在全国范围内开疆拓土。90 年代末期，中国服装品牌发展更加符合消费潮流多元化的趋势，职业休闲装、休闲装逐渐成为消费主流。名师工程推动设计师与企业的联姻，为品牌的发展注入新鲜血液。

进入 21 世纪，作为重要的消费市场，中国成为众多海外品牌的掘金重地，中国本土品牌也在各个市场、各个领域进行了全面竞争与扩张。从平价基本时装到皮草时装、奢侈品，目标市场一再细分，消费形态与生活方式成为品牌重点研究与观照要素，设计师品牌异军突起，轻公司、快时尚、平价时装冲击着产业的神经、提振着消费者的购买欲望，网上购物和电子商务品牌开始成为年轻消费者的首选。产业集群带来的集聚效应催生了无数中小型品牌。“中国服装品牌年度大奖”、“以中国品牌为荣”等全国性本土品牌推广活动在大中城市掀起一轮轮的时尚热潮。

在国际化的进程中，中国服装本土品牌开始试水国际市场。自 2006 年开始，吉芬、利朗、无用、卡宾等品牌先后走上国际时装发布舞台，波司登、江南布衣、爱慕内衣开始海外店铺的设立。收购海外品牌、参股海外品牌也成为中国本土品牌走向国外的有益尝试，雅戈尔并购美国新马服装集团、如意购入日本成衣品牌 D’Urban、温州企业欲收购皮尔·卡丹的新闻更是翻江倒海般搅动了全国。

看向未来，中国服装消费还有着巨大的成长空间。未来的人口结构变化，为服装品牌创新和新生提供了许多的可能与想象。而地域与发展格局的不平衡，城市化与区域发展的先后，也将为服装品牌成长打开新的空间。

二、中国服装品牌发展现状

（一）品牌规模基础夯实

近年来，中国服装本土品牌快速发展，品牌队伍日益壮大，从事品牌经营或为品牌经营服务的服装企业超过7万家，每年新增品牌20%～30%，但同时也有20%～30%的品牌被注销。

企业品牌创新意识不断加强，一批领先企业突破了单一的“制造—销售”模式，在设计研发、品牌管理、营销渠道建设和商业模式创新等方面取得显著成效，涌现一批优秀品牌和企业。

作为有着13亿人口的巨大市场，服装内销规模从2005年的近7000亿元增至2011年的超过14000亿元，为品牌发展增量提供了充足的空间。品牌消费已经成为服装市场消费的主流模式，消费者与品牌供应商的关系更为密切。需求的多元化催生新的品牌发展空间和新的品牌形式。

目前，中国服装的品牌创新能力有较大提高，产业链的集成创新优势得到集聚与强化。但整体来看，中国品牌与国际品牌相比仍有明显差距，企业要素亟待创新，运营要素亟待改善。品牌发展亟待通过文化创新、资本创新、体制创新、盈利模式创新、产业链集成创新等创新手段，实现中国服装品牌软实力提升。

（二）品牌格局亟待细分完善

以品牌为龙头，采购、贸易、服务全方位发展的专业分工格局渐成气候，品牌以产品为纽带，正在主导产业链体系和资本、技术的走向。

但同时，我国服装品牌格局依然过于扁平化，市场模式、渠道模式仍然较为单一，市场的区域细分、档次细分、产品细分、风格细分等消费分层仍处在较为初级的阶段。品牌格局亟待重新布局，从区域布局、产业分工、市场细分等各个方面形成立体的、联动的以品牌为核心的产业经济网络。

中国幅员辽阔，地域分布和经济发展不均衡，形成了消费格局与消费文化的差异化。而城市化进程的不断深入，一方面打开了区域差别带来的新的巨大消费空间；另一方面也加速弱化了地域之间的消费文化差异。另一个值得关注的趋势是：在城市化的进程中，“80后”、特别是“90后”新生代的迅速成长，将迅速缩小城镇消费区别，也将逐步成为消费主流。这势必影响未来服装品牌发展进程与方向，或将成为改变服装品牌格局最重要因素之一。

（三）向“中国创造”转型

中国服装产业以雄厚的产业基础、完善的产业配套、丰富的产品品类、可靠的产品质量，成为了举足轻重的服装大国，“中国制造”获得了国际市场的广泛认可，已经具备了很高的信誉度和较强的市场影响力。同时，随着服装产业快速发展，“中国创造”也随之进步，承载了越来越高的品牌价值。

然而，中国本土品牌在国际消费市场中还难以获得广泛认可，某些品类在国内市场上也无法抵挡国外品牌的竞争。虽然经历30年改革与发展，中国服装品牌和原创设计开始在国际时装周发出自己的声音，但品牌价值受到宏观政治、经济、文化、社会的综合影响。因此，开展品牌文化研究，提升国际市场上中国时尚话语权迫在眉睫。

（四）商业推动品牌提升，同质化问题仍待解决

随着零售商业业态转型，市场分化与消费需求不断细分，带动了消费市场的成熟与转型，推动了渠道和市场空间的多样化。

服装品牌的商业格局重新界定，本土品牌在这一时期开始寻找新的发展空间，也开始越来越多地与外来品牌进行正面交锋。随着市场竞争和消费者

需求在零售市场格局的演变，催生了以差异化消费需求为导向的小众品牌市场，新的市场空间使一批小众品牌和地域品牌迅速成长为区域性或全国性品牌。

但同时，本土服装品牌依然面临同质化与价格战的问题，这使得品牌对于设计研发提出更多需求。

三、中国服装品牌创新手段

（一）品牌价值创新

品牌的关键在于品牌核心价值的形成和提升，而核心价值的确立和提升是一个系统工程，是企业的产品、技术、商业模式和企业文化等内容的承载体，是提高品牌附加值的一项最重要无形资产。应通过采用网罗国际优秀人才，引进、吸收、消化、再创造，增强产品研发实力，塑造品牌风格，建立规范化的品牌特许经营、生产物流组织模式，提升文化内涵，提高企业管理、设计研发、营销传播等各方面综合实力，提升品牌含金量。

（二）资本创新

近年来，中国服装产业逐渐受到国内外资本市场青睐，风投资金在中国服装行业呈现出强劲的增长态势；企业上市是另一种通过资本运作实现快速扩张的资本创新方式。目前，部分服装企业上市，为企业的发展扩张提速。近年来民间资本的整合重组，是资本创新的新趋势。通过数个单体民间资本的自愿联合，形成财团化运作，突破了单个企业资本薄弱的局限，给服装品牌带来更广阔的发展空间。

行业内资本市场的种种新动向，给服装品牌的发展带来更大空间，同时也带来了不同的游戏规则。成长性的优质品牌开始受到金融资本的关注，服装企业开始了品牌运营与资本运营同步发展的时期。在下一个发展阶段，通过资本累积结合企业发展，将不断有新品牌涌现，从而改变市场格局。

（三）渠道创新

零售市场的竞争带动了品牌运营模式的变化，推动服装品牌升级转型，品牌运营趋向精细化运作和运营，运营能力在市场细分和差异化空间中得到提升。

加强对销售终端网络的控制能力，掌握渠道主动权，成为新一轮渠道创新的重点。增强渠道掌控能力还表现在结合数字化、信息化技术，增强终端信息反馈功能，实现快速反应，实现品牌增值。

（四）商业模式和业态创新

近年来，Zara 等众多国际知名品牌将 SPA 模式等国际化服装品牌零售模式带进中国，使商业模式创新成为企业必须面对的课题。在“快时尚”浪潮冲击下，传统的百货店、直营店、特许加盟等商业模式也发生了根本性改变。

网络的力量已经让越来越多的传统服装企业认识到，网销市场等全新商业概念与渠道模式在传统的销售功能之上增添的新价值，商业创新能够不断为品牌带来新的利润增长点。

新兴的商业模式发展和需求将促使更多的新业态和新品牌诞生。传统意义上的服装企业概念被打破，未来服装企业和品牌的内涵将越来越丰富。

（五）科技创新

科技创新是品牌创新的基础，只有产业科技水平达到相应层次，行业、企业才可能顺利实施品牌战略。

科技创新战略旨在构建连接上下游产业、贯穿相关行业的科技创新链；要实现成熟科技在行业中的普及应用；搭建行业可持续、可整合、可联动的科技研发立体网络体系。

品牌与科学技术和新兴产业的合作，将有利于借助新兴科学技术实现深度品牌创新。

四、中国服装品牌的优势与机会

（一）中国服装品牌的优势

（1）我国消费者对于本土品牌的接受程度和认知度逐渐扩大，由于潜在的多样性，未来细分化的消费需求空间巨大。

（2）现有品牌在成长过程中，从成本导向向价值导向的转换过程中，通过创新带动品牌的成长空间巨大。

（3）本土品牌因长期运营建立的渠道网络和对消费者的熟悉，是抵抗外来品牌的天然屏障。

（二）中国服装品牌的本土市场机会

（1）中国广阔的区域、多样化的市场形式、差异化的消费需求，将给服装品牌的成长带来巨大空间。

（2）未来市场运作与竞争手段趋于多样化，改良与创新的空间巨大。

（3）过滤外来资讯和流行趋势，管理与控制等方面的能力不断进化，在这一过程中，逐步积淀成为本土研发特色。

五、中国服装品牌未来发展方向

品牌的强弱是一个产业发展程度的重要标志。未来中国服装业要在品牌建设与品牌创新的基础上，坚持科学发展观，坚持推进以企业为主体，以市场为导向，以创新为动力，以提高行业科技贡献率和品牌贡献率为路径，以国际化资源整合为依托，以产业链完善发展为支撑，在全球化视野下，通过科技创新、文化创新、市场创新、资本创新等各种手段，提升我国服装品牌、企业品牌、区域品牌、产业品牌核心竞争力，提升中国服装产业软实力，实现品牌竞争力的提升，使中国成为具有国际市场影响力、国际市场控制力和国际综合竞争力的服装品牌强国。在宏观和微观两个领域中，中国服装品牌的未来将确定新的走向。

在宏观层面，中国服装品牌未来的发展战略包括以下方面。

（一）规划长期的品牌发展战略

在宏观上，通过区域结构调整、产业结构调整以及科技创新提升服装行业劳动生产率、快速反应能力，提升全球资源整合及全球化服务能力，达到制造优势的重塑和提升。其次是通过文化创新、科技创新、产业链集成创新等实现产业创造能力、创利能力的提升，实现我国服装产业比较优势的重塑和提升。

（二）坚持文化创新战略

文化是品牌内涵的重要组成要素之一。文化创造战略旨在利用品牌和企业为媒介，塑造和建立有文化、有技术、负责任的产业形象，创建具有中国特色的服装服饰文化，促进国际传播，实现由“制造”向“创造”的转变，提升产业软实力。在文化创造过程中，要坚持以品牌为核心，以市场为基础，形成具有中国服装行业特色的、可信赖的、可引领消费的文化体系。

（三）强化品牌文化建设和传播

1. 整合人才资源，加强创意设计

应整合企业、院校与创意产业资源，着力于时尚设计培养工作，加强服装创意设计基础研究；提高院校和企业对高级创意人才的培养能力，推进工业制造与创意设计的融合；加强对设计师、板型师、剪裁师的培养力度；加强上下游产业链创意资源的无缝对接，全面提升产业链文化创造力。

应鼓励企业加大设计研发投入，推动服装设计与文化创意产业结合，推动服装制造环节与面料、销售等环节的信息资源采集与交流，快速获取市场信息，提高文化创意、文化创造、文化创利能力。

2. 开展时尚研究，展示品牌文化

应定期开展流行趋势的研究和发布工作，创造具有中国文化和社会特色的流行趋势研究体系，开展流行趋势发布、生活方式理念展示、品牌设计发布等系统性活动，加深品牌文化形象，展现中国文化特色，提升我国服装产业在国际上的时尚话语权。

3. 确立文化定位，促进国际交流

应确立国际形象定位和品牌文化定位，注重品牌文化传播，通过品牌展示体现中国服装品牌文化多元化的特点，确立中国本土品牌在国际上的文化认同地位。应鼓励和支持企业积极参与国际时尚活动，加强国际宣传和国际合作，促进国际品牌文化交流，提高中国服装产业在国际化和文化传播方面的参与度，从而增强国际市场对中国品牌的认知度和认同感，树立良好的中国服装品牌国际形象。

应灵活采取多种形式拓展海外营销渠道，通过国际宣传、国际合作、国际收购等多种手段，努力为本土品牌更加顺利地进入海外市场打开突破口，争取到2015年，使品牌服装出口额达到我国服装总出口额10%的份额。

（四）倡导企业多品牌多业态联合发展

要倡导企业、品牌向差异化、细分化、多元化发展，形成立体丰满的企业、品牌发展格局。要提高品牌的创新能力，由单一的“产品创新”逐步转变为文化创新、资本创新、商业模式创新等全要素创新，还要引导企业、品牌跨企业、跨部门、跨业界发展，形成品牌集团、品牌零售商、品牌加工商、品牌采购商等各种企业形态并存，成衣品牌、定制品牌、制造品牌、设计师品牌、网络品牌等多种品牌形态并存的企业和品牌组织格局。

在微观层面，中国服装品牌发展趋势将具有以下明显特征。

（1）服装品牌的成长模式，将从单一的渠道扩张转向单店赢利能力竞争；产品同质化的价格竞争；将转向研发设计差异化与价值竞争。

（2）品牌的发展驱动力，从广告宣传驱动转向由零售管控能力体现的业绩效益驱动。广告宣传成为主流品牌助推的配角，而创新、研发与产品和形象的体验价值，成为品牌驱动的核心力量。

（3）品牌进步的标志，从以往品牌形象的提升转向品牌坪效业绩的提升，零售技术逐渐成为品牌竞争的核心能力。

（4）品牌的发展模式，越来越呈现出阶段性发展的特点。

（5）消费者对于本土品牌的认同度逐步提升，本土服装品牌的特色与品牌属性将出现越来越明确的区别。

（6）随着网络时代的到来以及越来越多的年轻人对于网络依赖程度日深，网络销售将成为线下销售的补充力量，这一力量会为许多品牌打开成长空间。未来，具有规模和体现商业本质的网络强势品牌将有可能产生。

中国缝制机械行业2011年度经济运行分析

中国缝制机械协会

一、2011年行业经济运行特点概述

2008～2011年，我国缝制机械行业经历了由“大跌”至“大涨”，继而逐渐趋于平稳的发展过程。2011年，在国内市场先扬后抑、国际市场需求快速释放的环境下，综观全年发展趋势，我国缝制机械行业整体上呈现出“前高后低”、“内冷外热”、“量涨利降”等特点。

（一）行业规模进一步扩大，全年产销呈现增长趋势

据国家统计局数据显示，2011年，我国226家规模以上缝制机械生产企业产销量值持续高速增长，全年累计完成工业生产总值334.45亿元，同比增长17.88%；工业销售产值324亿元，同比增长16.48%；销售收入326亿元，同比增长19.75%；行业资产总计286亿元，同比增长10.43%；全部从业人员平均数6.1万人，同比增长5.18%。行业全年固定资产投资显著增加，产业规模不断扩大。

（二）产销增速逐步放缓，行业景气指数不断下滑

在全行业产销整体增长的大趋势下，2011年中国缝制机械行业的发展呈现明显的“前高后低”态势。上半年行业市场延续了2010年供不应求的高速增长，呈现出产销两旺的良好局面，直至在第二季度末随着行业产能的持续性恢复和内、外销需求的逐渐饱和，市场需求在一定程度上得到了较快的满足，行业供需关系渐趋平衡。

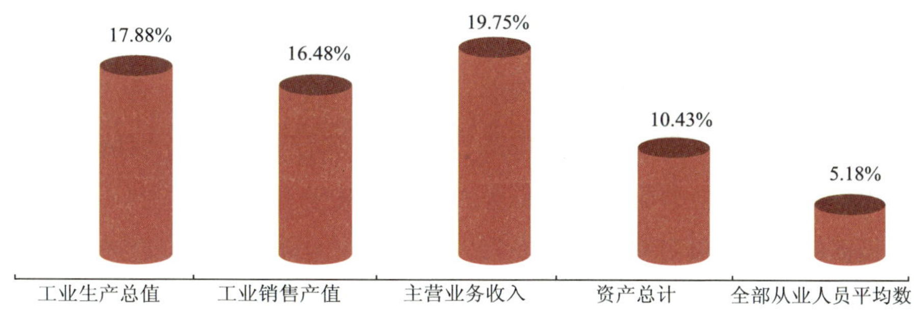

图2-1　2011年我国规模以上缝制机械生产企业主要经济指标增长情况

（数据来源：国家统计局）

然而下半年，尤其是在第三季度末以后，源自2009年末的爆发性需求增长逐渐告一段落，国内外市场需求渐显疲软，行业供求发生较大转变。我国缝制机械行业产销值同比虽仍处于增长趋势，但下半年的增幅比上半年明显减小。据国家统计局数据显示，2011年下半年，我国226家规模以上缝制机械生产企业月产值平均增幅较上年下降至少10个百分点，且产量月同比增长明显高于销量同比增长，行业产销率逐月下滑，市场供大于求，企业库存大幅增长。

从行业综合景气指数来看，2011 年我国缝制机械行业景气指数呈现不断下滑趋势，自 1 月份的 130 逐月下滑至 12 月的 93.44。同时行业各项经济运行指数也呈现不同程度下滑，其中销售景气指数和出口景气指数已低至警戒水平，利润景气指数降至 65.24 的低位，行业发展前景偏“冷”。

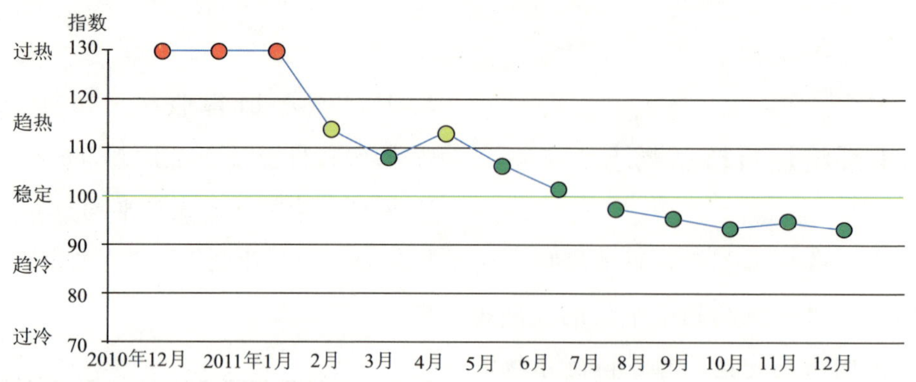

图 2－2　2011 年缝制机械行业综合景气指数变化情况

（数据来源：中国轻工业联合会）

（三）出口量值高速增长，市场呈现“内趋冷、外趋热”局面

不同于 2010 年内销市场的一枝独秀，2011 年，外销市场得到了国内缝制机械企业的更多关注。

一方面，持续红火一年多的国内销售，已将金融危机期间积累下的市场需求消化殆尽，同时随着国际服装市场补库行为结束，这一波不同以往的热销终告一段落。自第二季度开始，行业内销大幅度下滑，国内主要经销商的第二季度订单量同比平均下滑幅度达 40% 以上。

另一方面，随着内销市场的疲软，曾于 2010 年受限于行业产能恢复缓慢而备受冷落的缝机销售海外市场迅速替代内销成为推动行业增长的主力因素。据国家统计局数据显示，我国 226 家规模以上缝制机械生产企业出口额占销售比例，从 2011 年年初的 37%，增长到年末的 39%。另据海关总署数据显示，2011 年我国缝制机械行业出口保持高位运行，累计出口创汇 20.05 亿美元，增长 24.21%，其中 7 月份单月出口额高达 2.05 亿美元，创造历史新高。

（四）市场竞争加剧，高成本吞噬企业利润

2011 年，缝制机械生产企业综合运营成本不断攀升，进一步吞噬着缝制机械生产企业本就微薄的利润。2011 年国内通货膨胀持续走高，不断上涨的原材料和人工成本、持续加剧的人民币升值现状以及银根紧缩政策，使企业运营压力不断加大，资金链隐忧凸显，行业因结构调整而带来的利润增长不断遭受蚕食。

据国家统计局数据显示，2011 年，我国 226 家规模以上缝制机械生产企业销售收入同比增长 19.75%，而利润总额和销售利润率却分别同比下降 1.37% 和 17.63%，行业累计利润总额同比自 9 月开始呈现负增长。226 家企业中亏损企业 19 家，比上年同期增加 6 家，亏损金额 1.4 亿元，同比增长 179.13%。行业亏损面扩大，亏损深度加深。行业产销增长，效益下滑。

（五）行业结构调整成效显著，资源进一步向优势企业集中

随着服装等下游行业产业升级步伐加快，高效、节能、特殊功能类的机电一体化缝制设备需求量大幅上升。2011 年我国各类缝制机械产品中，电脑平车、花样机及其他带电控装置缝纫机产量增长明显高于行业产量平均增速，行业产品结构调整进程加快。据中国缝制机械协会统计数据显示，行业 105 家整机企业生产带电控装置缝纫机近 140 万台，同比增长 40.20%，增幅远超过全行业产量 6.87% 左右的平均增长率。高附加值产品已经逐步成为企业的主打产品和新利润增长点。

在企业结构调整方面，随着近两年行业产销增长拉动因素由内销转向外销，我国缝制机械生产企业也进一步优化自身市场结构，不少曾经以内销为主的企业，都在一步步扩大企业外销的比重，以保障不同行业形势下企业的健康发展。

另一方面，行业资源整合速度进一步加快。以行业前 15 家骨干企业数据为例，2011 年，15 家骨干企业累计完成工业总产值 88.8 亿元，同比增长 23.67%；累计销售收入 89.5 亿元，同比增长 18.71%；累计利润总额 5.3 亿元，同比增长 34.59%，各项指标数据平均增幅均高于行业平均增幅。同时，行业企业间资源整合、战略合作不断提速，强强联手也加快了资源向行业骨干企业集中。

二、2011 年行业各类经济指标完成情况

（一）行业规模

据国家统计局数据显示，2011 年，我国规模以上缝制机械生产企业整体规模不断扩大，但在行业规模增长的大趋势下，行业资产合计、累计产品销售收入、全部从业人口平均数等指标项同比增幅呈月度下滑态势，行业规模扩张趋势逐月变缓。

表 2－1　2011 年我国规模以上缝制机械生产企业规模指标变化情况

月度	统计企业数	全部从业人员平均人数		累计产品销售收入		资产合计	
	（家）	数量（人）	同比增长（%）	数值（万元）	同比增长（%）	数值（万元）	同比增长（%）
2 月	232	57540	13.50	459284	39.07	2460674	14.65
3 月	226	59342	14.03	739258	30.78	2605587	13.10
4 月	225	60052	14.33	1024470	28.47	2650830	13.31
5 月	226	61364	12.28	1296543	28.61	2712051	13.44
6 月	226	61767	10.69	1580500	26.29	2755276	13.19
7 月	226	61932	8.82	1879885	26.88	2757663	12.86
8 月	226	61591	7.15	2091418	21.55	2801933	12.80
9 月	226	61784	6.30	2384696	20.69	2834714	12.78
10 月	226	61691	6.14	2637803	19.13	2851930	12.84
11 月	226	61208	6.76	2929863	17.66	2861531	11.88
12 月	226	60565	5.18	3261870	19.75	2855116	10.43

注　表中数据来源：国家统计局。

（二）生产情况

1. 产值情况

（1）产值月度变化情况：据国家统计局数据显示，2011年我国缝制机械行业226家规模以上生产企业累计完成工业总产值334亿元，同比增长17.88%。行业全年产值保持较高位运行，总体呈现明显增长趋势，但月度产值同比增幅逐月变小，由第一、第二季度20%以上的增长均幅逐渐下滑至第三、第四季度的10%左右。

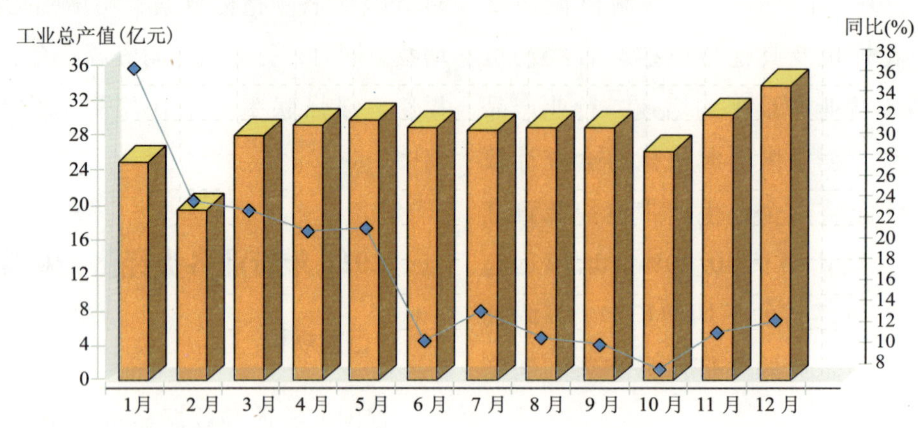

图2-3　2011年我国规模以上缝制机械生产企业月度产值及同比情况

（数据来源：国家统计局）

而从行业产值景气指数来看，2011年我国缝制机械行业产值景气指数5月份之前均保持在110以上，而自6月份以后行业产值景气指数小幅下滑至110以下，持续在105上下徘徊，行业产值趋于平稳发展。

（2）各类型企业产值分布情况及比例：据国家统计局数据显示，2011年，我国缝制机械行业226家规模以上生产企业中，167家内资企业累计完成工业总产值196.2亿元（占58.66%），同比增长26.15%；32家外商投资企业累计完成工业总产值110.44亿元（占33.02%），同比增长9.12%；27家港、澳、台商投资企业累计完成工业总产值27.81亿元（占8.31%），同比增长3.08%。

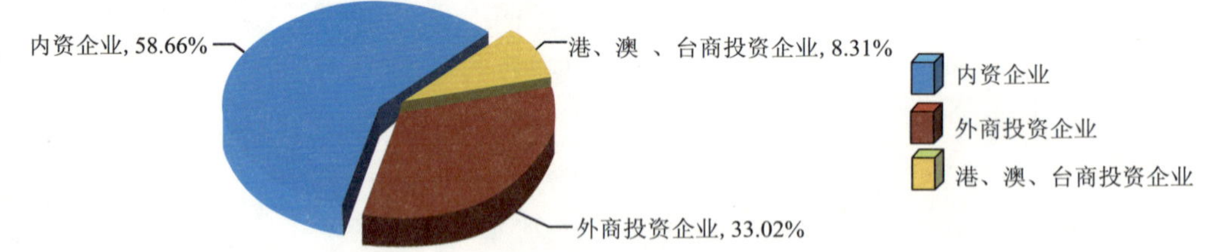

图2-4　2011年我国规模以上缝制机械生产企业累计工业总产值企业注册类型占比情况

（数据来源：国家统计局）

2. 产量情况

（1）产量月度变化情况：2011年，我国缝制机械产品生产依然延续上年的增长态势，保持高位运行，但月度产量同比增幅呈现出明显下滑趋势。据中国缝制机械协会统计数据显示，2011年行业105家整机企业累计生产缝制机械产品768万台，同比增长16.31%，明显低于2010年同期50%左右的幅度。而月度产量同比也由上半年的30%下滑至下半年的 10% 左右。

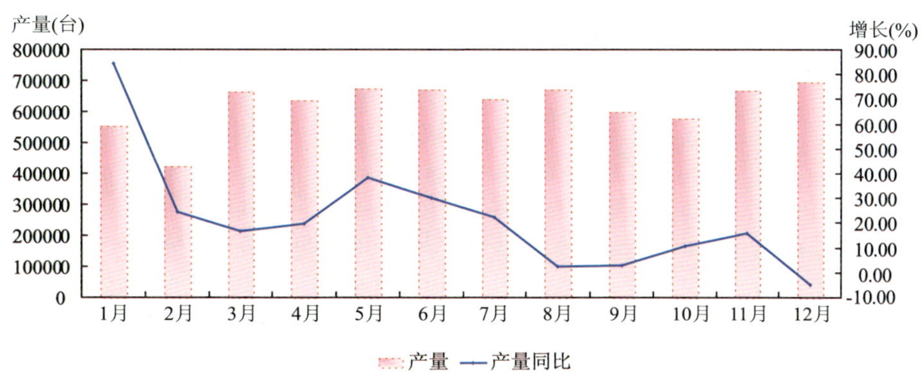

图 2－5　2011 年协会统计 105 家整机企业缝制机械产品月度产量情况

（数据来源：中国缝制机械协会）

（2）分产品产量及同比情况：据中国缝制机械协会统计数据显示，2011 年行业 105 家整机企业生产的各类缝制机械产品，除中速包缝机、暗缝机、单头绣花机等少数机种由于产品结构调整因素而产量有所下滑外，其余各品种均呈现出全面增长态势。

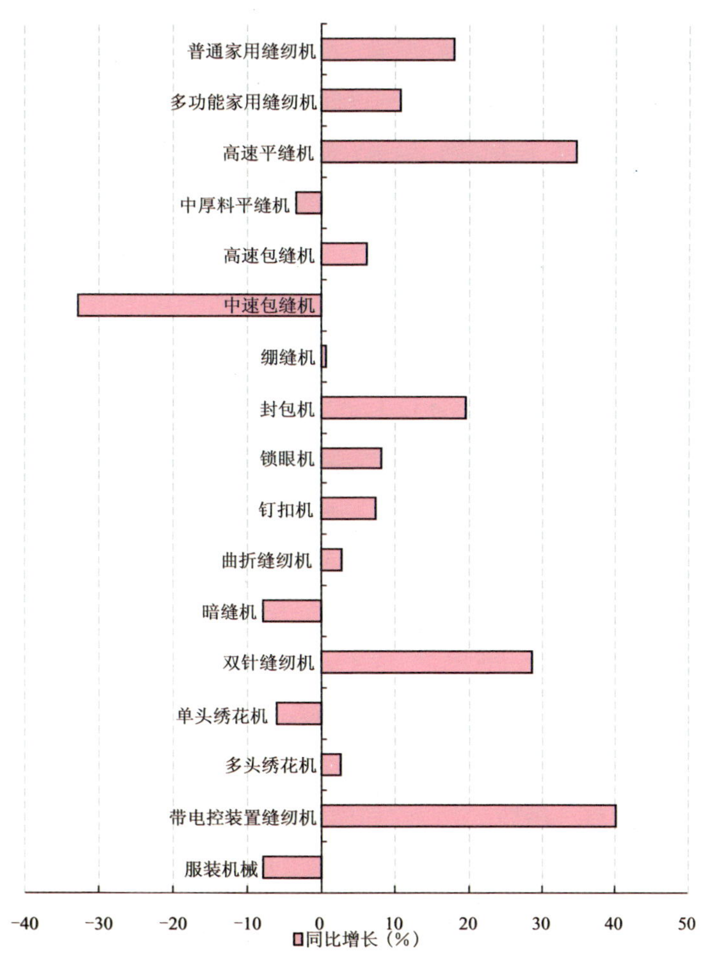

图 2－6　2011 年协会统计 105 家整机企业分产品同比情况

（数据来源：中国缝制机械协会）

表2-2 2011年协会统计105家整机企业分产品、产量及同比情况

产品分类	总产量（台）	同比增长（%）
普通家用缝纫机	838767	17.98
多功能家用缝纫机	1113466	10.73
高速平缝机	1799278	34.57
中厚料平缝机	217455	-3.34
高速包缝机	693847	6.14
中速包缝机	169967	-32.83
绷缝机	268771	0.65
封包机	162101	19.58
锁眼机	20594	8.22
钉扣机	38815	7.45
曲折缝纫机	94507	2.79
暗缝机	83842	-7.90
双针缝纫机	126673	28.55
单头绣花机	1320	-5.93
多头绣花机	20010	2.62
带电控装置缝纫机	1400116	40.20
服装机械	303799	-7.82
产量汇总	7684300	16.31

（三）销售情况

1. 主营业务收入情况

2011年，我国缝制机械行业主营业务收入保持了持续增长的良好态势，据国家统计局数据显示，2011年我国缝制机械行业226家规模以上生产企业累计完成主营业务收入326亿元，同比增长19.75%。

2. 销量及产销率情况

2011年我国缝制机械产品销售总体上依然延续上年的增长趋势，但相比产量增长而言，行业销量增幅明显较小。据中国缝制机械协会统计数据显示，2011年，行业105家整机企业累计销售缝制机械产品732万台，同比增长11.69%，比2010年同期近50%以上的增幅明显回落。从产销率来看，行业105家整机企业全年累计产销率95.3%。从产品类别来看，家用缝纫机全年销大于产，市场需求较为旺盛，而工业缝纫机和服装机械则产大于销，企业留有存货。

表2-3 2011年我国规模以上缝制机械生产企业累计销售收入月度变化情况

月度	主营业务收入	
	本月止累计（万元）	同比增长（%）
2011年2月	459284	39.07
2011年3月	739258	30.78
2011年4月	1024470	28.47
2011年5月	1296543	28.61
2011年6月	1580500	26.29
2011年7月	1879885	26.88
2011年8月	2091418	21.55
2011年9月	2384696	20.69
2011年10月	2637803	19.13
2011年11月	2929863	17.66
2011年12月	3261871	19.75

注 表中数据来源：国家统计局。

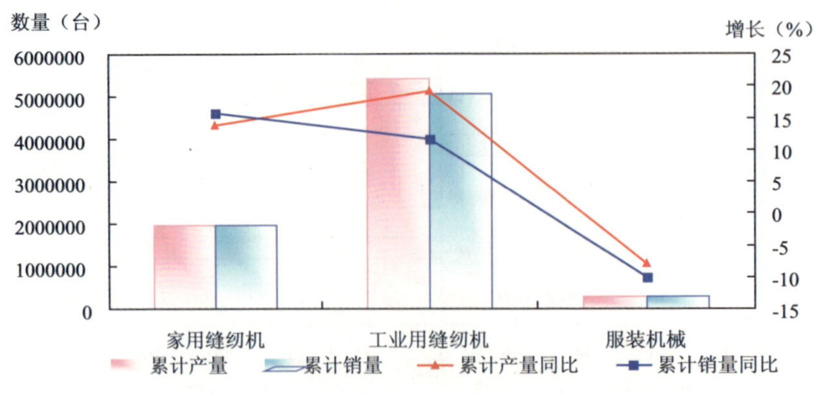

图2-7 2011年协会统计105家整机企业分产品产销情况

（数据来源：中国缝制机械协会）

（四）成本效益情况

1. 成本费用情况

2011 年，我国缝制机械行业成本费用不断提升。据国家统计局数据显示，2011 年我国缝制机械行业 226 家规模以上缝制机械生产企业累计成本费用总额为 310 亿元，同比增长 20.46%，比上年同期增加了 53 亿元。其中产品销售成本、产品销售费用、财务费用等各项成本同比增幅均在 20% 以上，尤其是产品销售费用和财务费用增长明显。成本费用的增长严重制约了行业效益的提升。

表 2－4　2011 年我国规模以上缝制机械生产企业成本费用情况

月度	成本费用总额（万元）	同比增长（%）	产品销售成本（万元）	同比增长（%）	产品销售费用（万元）	同比增长（%）	管理费用（万元）	同比增长（%）	财务费用（万元）	同比增长（%）
1～3 月	6968018	29.25	6283158	29.77	194342	29.41	419094	24.91	71424	12.35
1～6 月	15025001	27.03	13582842	26.83	402284	34.46	882200	28.31	157675	19.31
1～9 月	22710394	22.44	20529105	22.06	604921	27.82	1295506	23.29	280862	37.00
1～12 月	31031127	20.46	27972710	20.18	863192	28.37	1820712	19.30	374513	30.25

注　表中数据来源：国家统计局。

2. 效益情况

（1）行业效益概况：据国家统计局数据显示，2011 年我国 226 家规模以上缝制机械生产企业累计实现利润总额 14 亿元，同比下降 1.37%，行业毛利率 14.24%，同比下降 2.15%；亏损企业 19 家，比上年同期增加 6 家企业；亏损金额 1.4 亿元，同比增长 179.13%。在行业产销量值均增长的情况下，由于成本的快速增长和市场竞争的日益激烈，自第二季度以来行业利润不断下滑，亏损面扩大，亏损深度加深，行业整体效益不断缩减。

（2）各类型企业利润总额分布情况及比例：据国家统计局数据显示，2011 年我国缝制机械行业规模以上生产企业中，167 家内资企业累计完成利润总额 10 亿元（占 70%），同比增长 11.32%；32 家外商投资企业完累计成利润总额 3 亿元（占 23%），同比下降 21.26%；27 家港、澳、台商投资企业累计完成利润总额 1 亿元（占 7%），同比下降 26.87%。

（3）不同企业规模利润总额分布情况：据国家统计局数据显示，2011 年我国缝制机械行业规模以上生产企业中，187 家小型企业累计完成利润总额 8.1 亿元（占 57%），同比增长 13.79%；35 家中型企业累计完成利润总额 3.4 亿元（占 24%），同比下降 33.39%；4 家大型企业累计完成利润总额 2.7 亿元（占 19%），同比增长 24.83%。

（4）人均利润分布情况：据国家统计局数据显示，2011 年，我国缝制机械行业规模以上生产企业人均利润为 2.34 万元/人，同比下降 6.22%。其中，187 家小型企业人均利润 3.06 万元/人，同比增长 6.55%；35 家中型企业人均利润 1.43 万元/人，同比下降 36.72%；4 家大型企业人均利润 2.57 万元/人，同比增长 23.52%。

在行业 226 家规模以上生产企业中，小型企业的人均利润最高，但大型企业的人均利润同比增幅最大，中型企业人均利润仅 1.43 万/人，不足小型企业人均利润一半，指标同比下滑趋势明显。

表 2－5　2011 年我国规模以上缝制机械生产企业效益情况

指标名称	全国总计	同比（%）
企业单位数（家）	226	—
亏损企业单位数（家）	19	46.15
累计亏损额（千元）	142805	179.13
应收账款净额（千元）	4924634	0.62
产成品（千元）	2973388	37.56
流动资产净值平均余额（千元）	18366935	9.30
资产总计（千元）	28551160	10.43
负债合计（千元）	15344749	11.59
产品销售收入（千元）	32618705	19.75
产品销售成本（千元）	27972710	20.18
产品销售税金及附加（千元）	122680	55.02
产品销售费用（千元）	863192	28.37
管理费用（千元）	1820712	19.30
计财务费用（千元）	374513	30.25
利息支出（千元）	312170	52.91
利税总额（千元）	2138581	4.63
利润总额（千元）	1415489	－1.37
应交增值税（千元）	600412	13.37
全部从业人员平均人数（人）	60565	5.18
人均产品销售收入（千元）	539	13.85
人均资产总额（千元）	471	5.00
单位资产总额（千元）	126333	10.43
人均利润（千元）	23.37	－6.22
毛利率（千元）	14.24	－2.15
销售利润率（千元）	4.34	－17.63
成本费用（千元）	31153807	20.56
成本费用利润率（千元）	4.54	－18.19

注　表中数据来源：国家统计局。

（五）进出口情况

1. 出口情况

（1）出口月度走势分析：2011 年受海外需求激增影响，我国缝制机械产品出口全年平稳增长，月出口金额持续在高位徘徊。回顾全年出口额同比增长情况，行业月出口额增速“前高后低”，出口额平均增幅由上半年的30%左右下滑至下半年的不到10%。

（2）出口贸易国分布情况分析：据海关总署统计数据显示，2011 年我国缝制机械行业出口主要集中在印度、美国、巴西、日本、新加坡、越南、巴基斯坦、印度尼西亚、土耳其等地区。2011 年我国出口以上主要贸易国的缝制机械产品年度出口金额均呈现出不同程度的增长。其中，年度出口土耳其缝制机械产品金额增长达72.27%。

（3）出口贸易方式情况分析：据海关总署统计数据显示，2011 年，我国缝制机械行业出口贸易主要为一般贸易，其出口额占行业总出口额的64.55%。而在各类主要出口贸易方式中，进料加工贸易和边境小额贸易的出口额增长都比较快，出口贸易方式越加灵活。

（4）出口商品结构分析：据海关总署统计数据显示，2011 年我国缝制机械行业累计出口整机1285 万台，同比增长7.59%，出口额17.3 亿美

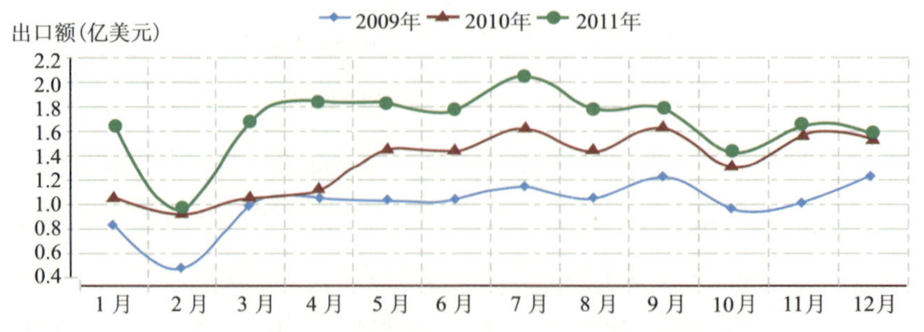

图 2－8　近三年我国缝制机械产品月出口金额情况

（数据来源：海关总署）

表 2-6　2011 我国缝制机械产品年出口额贸情况

出口贸易国	出口额（美元）	出口额同比（%）	出口额所占比例（%）
印度	291，574，008	39.62	14.54
美国	172，925，305	33.16	8.63
巴西	147，286，663	9.08	7.35
日本	146，735，880	29.57	7.32
新加坡	132，581，369	34.75	6.61
越南	81，276，757	33.83	4.05
巴基斯坦	69，032，006	37.27	3.44
印度尼西亚	65，782，561	27.29	3.28
土耳其	56，841，403	72.27	2.84
俄罗斯联邦	50，983，255	0.80	2.54
其他	789，625，084	15.73	39.39
贸易国合计	2，004，644，291	24.21	100.00

注　表中数据来源：海关总署。

表 2-7　2011 年我国缝制机械产品年出口额贸易方式占比情况

出口贸易方式	出口额（美元）	出口额同比（%）	出口额所占比重（%）
一般贸易	1，294，036，876	23.83	64.55
进料加工贸易	680，189，842	26.44	33.93
边境小额贸易	11，273，276	27.42	0.56
保税区仓储转口货物	4，928，964	-48.08	0.25
保税仓库进出境货物	4，005，750	32.26	0.20
来料加工装配贸易	3，317，842	-32.87	0.17
对外承包工程出口货物	261，483	27337.88	0.01
国家间、国际组织无偿援助和赠送的物资	81，608	177.94	0
其他	6，548，650	40.92	0.33
贸易方式合计	2，004，644，291	24.21	100.00

注　表中数据来源：海关总署。

元，同比增长 23.56%。其中，家用缝纫机（除手动缝纫器）出口 698 万台，同比增长 2.47%，出口额 3.7 亿美元，同比增长 12.10%，出口额占行业年出口额比例为 21%；工业缝纫机出口 346 万台，同比增长 18.82%，出口额 8.9 亿美元，同比增长 23.86%，出口额占行业年出口额比例为 46%；刺绣机出口 4.9 万台（含约 1 万台价值 2000 美元以下的非电脑控制绣花机），同比增长 30.97%，出口额 3.8 亿美元，同比增长 28.82%，出口额占行业年出口额比例为 19%。缝纫机零部件出口 6112 万千克，同比增长 7.26%，出口额 2.7 亿美元，同比增长 28.48%，出口额占行业年出口额比例为 14%。

表2-8　2011年我国缝制机械各分类产品出口情况

出口商品名称	出口量（台，千克）	出口量同比（%）	出口额（美元）	出口额同比（%）
汇总	—	—	2，004，644，291	24.21
刺绣机	49，637	30.97	386，809，386	28.86
多功能家用缝纫机	5，158，310	5.30	333，381，269	12.19
手动缝纫器	2，260，396	7.50	42，936，539	28.55
普通家用缝纫机	1，823，578	-4.74	42，080，452	11.52
工业用自动平缝机	528，902	-5.36	169，783，120	12.34
工业用自动包缝机	90，401	12.66	16，316，096	92.07
工业用自动绷缝机	14，248	301.01	17，434，756	313.90
其他工业用自动缝纫机	1，153，149	33.92	307，024，841	36.12
其他工业用缝纫机	1，773，786	19.21	417，145，278	21.06
缝纫机针	1，411，501	-9.88	15，545，953	2.92
缝纫机专用特制家具及零件	30，553，868	0.29	43，436，600	15.47
家用缝纫机旋梭	134，607	79.67	958，412	84.72
其他家用缝纫机零件	5，317，286	2.78	35，345，833	19.55
工业用缝纫机旋梭	383，209	49.30	9，191，054	61.34
其他工业缝纫机零件	23，321，636	19.91	167，254，702	35.99

注　表中数据来源：海关总署。

在各类产品中，家用缝纫机出口的增长主要源自于多功能缝纫机出口的量增价涨。工业缝纫机出口的增长主要源自于带电控类自动缝纫机出口量值的大幅提升，尤其是自动包缝机和自动绷缝机的出口，而自动平缝机出口量同比增长则近三年来首度呈现负值。缝纫机零部件的增长主要源自工业用缝纫机零部件的大幅增长。

2. 进口情况

（1）进口月度走势分析：2011年，我国缝制机械产品进口全年小幅增长。据海关总署统计数据显示，2011年全年行业累计完成进口额41307.86万美元，同比增长4.19%。

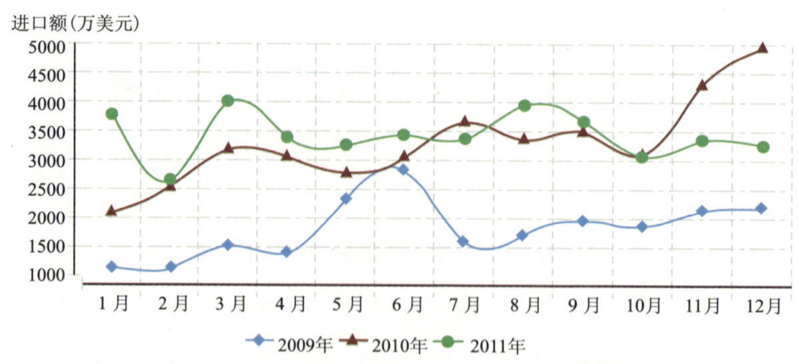

图2-9　近三年我国缝制机械产品月进口金额情况

（数据来源：海关总署）

（2）进口贸易国分布情况分析：据海关总署统计数据显示，2011年我国缝制机械行业进口主要集中在日本、中国台湾、德国、韩国、瑞士、越南、捷克共和国、意大利、瑞典等国家和地区。日本是我国最大的进口贸易国，我国每年从日本进口缝制机械产品额均在2亿元以上，占我国总进口额的60%以上。在进口增幅方面，2011年从日本、中国台湾、德国等我国缝制机械产品主要进口国家和地区的进口均呈现出不同程度的增长趋势。其中，我国从德国年进口缝制机械产品额增幅达40.67%，从越南年进口缝制机械产品额增幅达46.95%。

表2－9　2011我国缝制机械产品年进口额贸易国与地区占比情况

进口贸易国和地区	进口额（美元）	进口额同比（%）	进口额所占比例（%）
日本	269，196，312	2.83	65.17
中国台湾	63，040，873	10.85	15.26
德国	29，034，421	40.67	7.03
中华人民共和国	16，179，288	4.46	3.92
韩国	7，105，538	18.78	1.72
瑞士	7，038，618	－28.41	1.70
越南	6，437，445	46.95	1.56
捷克共和国	5，802，814	31.78	1.40
意大利	4，088，236	－6.59	0.99
瑞典	1，122，245	－79.87	0.27
其他	4，032，773	－43.47	0.98
贸易国合计	413，078，563	4.19	100.00

注　表中数据来源：海关总署。

（3）进口贸易方式情况分析：据海关总署统计数据显示，2011年我国缝制机械行业进口贸易亦主要为一般贸易，其进口额所占行业总进口额比例达59.26%，同比下降3.89%。而各主要进口贸易方式中，进料加工贸易增长较快。

表2－10　2011年我国缝制机械产品年进口额贸易方式占比情况

进口贸方式	进口额（美元）	进口额同比（%）	进口额所占比例（%）
一般贸易	244，795，165	－3.89	59.26
进料加工贸易	132，696，046	33.53	32.12
外商投资企业作为投资进口的设备、物品	18，027，577	6.27	4.36
加工贸易进口设备	7，263，761	－52.35	1.76
保税区仓储转口货物	6，032，900	－27.54	1.46
保税仓库进出境货物	1，382，944	2973.62	0.33
出口加工区进口设备	608，462	10.69	0.15
来料加工装配贸易	307，887	5.20	0.07
其他	1，963，821	106.37	0.48
贸易方式合计	413，078，563	4.19	100.00

注　表中数据来源：海关总署。

(4) 进口商品结构分析：据海关总署统计数据显示，2011 年我国缝制机械行业累计进口整机 10 万台，同比增长 5.36%；进口额 2.2 亿美元，同比下降 7.62%。其中，家用缝纫机（除手动缝纫器）进口 1.8 万台，同比增长 369.66%，进口额 145 万美元，同比增长 185.08%，进口额占行业年进口额比例为不到 1%；工业缝纫机进口 8 万台，同比下降 10.17%，进口额 1.9 亿美元，同比下降 7.30%，进口额占行业年进口额比例为 47%；刺绣机进口 785 台，同比下降 17.54%，进口额 2306 万美元，同比下降 13.82%，进口额占行业年进口额比例为 6%。缝纫机零部件进口 6688 吨，同比增长 42.83%，进口额 1.9 亿美元，同比增长 21.72%，进口额占行业年进口额比例为 47%。

表 2-11　2011 年我国缝制机械各分类产品进口情况

进口商品名称	进口量（台，千克）	进口量同比（%）	进口额（美元）	进口额同比（%）
汇总	—	—	413，078，563	4.22
刺绣机	785	-17.54	23，056，949	-13.82
多功能家用缝纫机	17，363	376.87	1，362，912	181.99
手动缝纫器	79	—	15，080	—
普通家用缝纫机	935	266.67	84，630	246.05
工业用自动平缝机	4，526	-28.30	21，461，398	-0.69
工业用自动包缝机	3，035	-7.10	3，807，957	7.33
工业用自动绷缝机	14，260	43.07	13，669，314	26.76
其他工业用自动缝纫机	49，029	-16.05	142，634，936	-6.76
其他工业用缝纫机	10，443	-16.78	12，343，219	-39.12
缝纫机针	50，935	11.64	5，143，901	3.20
缝纫机专用特制家具及零件	47，799	-68.25	552，833	-61.39
家用缝纫机旋梭	5，489	-78.71	716，595	-53.37
其他家用缝纫机零件	1，244，106	-2.85	39，292，943	3.50
工业用缝纫机旋梭	77，838	72.43	30，839，600	74.89
其他工业缝纫机零件	5，262，063	67.86	118，096，296	22.56

注　表中数据来源：海关总署。

从我国缝制机械产品进口额结构来说，94% 以上的进口额均来自于工业缝纫机和缝纫机零部件，尤其是缝纫机零部件的进口额比例近几年不断提升。而从我国缝制机械产品进口额同比增幅来看，家用缝纫机和零部件进口同比呈现较大幅度增长，工业缝纫机和刺绣机进口同比则整体下滑。

三、2012 年行业经济运行发展趋势及建议

（一）发展趋势

1. 国内外经济形势

从国际形势看，由于金融危机深层影响尚未完全消除，欧洲主权债务危机由边缘国家向核心国家

蔓延，经济增长停滞，并有可能衰退。美国主权债务负担沉重，消费需求偏弱。西亚、北非国家动荡和乱局仍将延续，新兴和发展中经济体面临高通胀压力，经济增长面临持续回落。据近期有关国际机构预测，2012 年全球经济增速将从 2011 年的 3.8%降为 3.4%。其中，美日分别增长 2%，欧元区国家仅增长 0.2%。世界贸易将从 2011 年增长 5.6%降为 3.6%，甚至更低。因此，2012 年世界经济复苏动力明显减弱，经济下行风险加大，预计将继续维持低速增长的格局。随着全球经济和贸易增速放缓，国际贸易保护和汇率争端将加剧，出口形势严峻。

从国内形势看，在国家“十二五”规划的实施带动下，扩大内需、消费结构升级、城镇化和工业化发展加快、区域产业转移将为我国经济增长提供长期动力。但是，我国经济结构不平衡问题还比较突出，人民币持续升值，金融、房地产等领域存在潜在风险，国内要素成本上升压力日增，企业盈利水平下降，出口形势比较严峻，外需持续低迷甚至下滑将不可避免。由于 CPI 温和上涨的压力依然存在，国内需求增长也将出现一定程度的回落。据有关机构预测，2012 年我国经济将保持 8.7%左右的增长，CPI 上涨 4%左右。面对复杂多变的国际国内经济形势，中央明确提出 2012 年经济发展稳中求进的工作方针，将继续采取积极财政政策和稳健的货币政策，加大对实体经济和小微企业的扶持。综合分析来看，由于外需的疲软和内需的不足，2012 年我国经济将面临较大的下行压力。

2. 上下游行业发展趋势

（1）上游原材料行业发展趋势：钢铁方面，2011 年我国钢铁价格从年初的平稳运行到 7 月中旬开始出现大幅下跌，9 月开始的短短一个多月时间，钢材价格就每吨回落 600 多元，目前在低位震荡。2012 年，全球经济形势仍然严峻，经济增长动力不足，国内基础设施建设投资和工业生产的增长速度也将较 2011 年有所放缓，对钢铁需求的增长也将是减缓的趋势。因此，业内专家普遍认为我国钢铁消费已经进入“高消费，低增长”阶段，预计 2012 年我国粗钢产量增速回落至 5%左右，钢铁价格总体弱势，呈先抑后扬的走势。

有色金属方面，2011 年受欧债危机持续恶化、中国紧缩货币政策等因素影响，国内有色金属总体价格水平震荡下行。由于国内 2012 年将继续采取抑制通货膨胀的政策，经济增长放缓以及金融市场动荡将导致铜等有色金属消费增速下滑以及投资需求下降，预计 2012 年国内市场主要有色金属价格走势总体弱于国际市场，价格将在 2011 年的基础上持续走低。

（2）下游服装行业发展趋势：受世界经济增长放缓、人民币升值、棉花等原料价格大幅波动、劳动力和能源成本上涨等诸多不利因素影响，2011 年纺织服装行业产销平稳增长，但增长速度逐月下滑，部分中小企业经营困难，服装行业 2012 年将继续保持低速增长或逐步下行态势。

国际市场方面，由于我国纺织服装行业产业链完整、技术水平较为先进，在国际竞争中优势依然存在，预计 2012 年纺织品服装出口增长将不低于同期国际贸易增长。国内市场方面，中央经济工作会议确定了经济发展稳中求进的总基调，并强调扩大内需、发展实体经济、加快改革创新、保障和改善民生等四方面为重点任务。随着国家改革和宏观调控工作不断深入，国内经济将保持稳定增长，国内纺织品服装消费也将继续保持增长，增速预计与 2011 年基本持平。

3. 缝机行业 2012 年发展形势和趋势

2012 年，受欧美债权危机扩散、西亚北非政局动荡、新兴经济体经济增速放缓、全球性消费疲软等因素影响，行业出口形势面临较大不确定性和下行风险。国内方面，由于服装行业订单转移、招工难导致整体性开工不足，用工成本大幅攀升、人民币持续升值进一步削弱企业盈利水平，2012 年服装行业整体增长乏力，国内缝制设备市场难有起色。由于行业普遍面临成本上涨、库存偏高、市场萎缩等压力，新一轮市场竞争与结构调整将不可避免，提升产品附加值、加快转型升级仍是发展的主调。

零部件生产方面，2012 年成本持续上涨还将在一定限度上拉低企业盈利水平。随着企业生产节奏趋缓和技术改造逐步展开，设备自动化水平和生产效率将进一步提高，自动化加工流水线作业模式应用范围将扩大，用工难问题将基本得到解决。由于市场整体需求疲软，零部件生产与 2011 年相比，产销总量和增速将有明显下滑，订单完成率预计将接近 100%，零部件供求平衡或供过于求状况将会重演。

整机生产方面，受外需逐步回落和国内市场低迷影响，2012 年产销形势较为严峻。由于前期库存较多，为了维持企业正常生产与人员稳定，2012 年第一季度去库存化力度不明显。随着资金压力增大，第二季度市场竞争将加剧，常规产品价格将出现明显下滑。下半年，国内外经济形势逐步改善，整机去库存化基本完成，生产需求有望逐步释放，产销将比上半年有较大幅度增长，机电一体化产品生产比例将进一步提高，预计 2012 整机生产将呈现“先抑后扬”的发展态势。

综合以上情况，2012 年行业经济发展形势不乐观，下行趋势明显。预计行业经济发展呈现“先抑后扬”态势，全年产销量增速将回落至 5% 以内，行业年总产值增速将保持在 10% ~12% 左右。随着机电一体化产品比例提升和产品质量提升工程效果显现，行业量减值增趋势将日趋明显，预计电控平缝机产量仍将保持 30% 以上的增幅。

（二）发展建议

2012 年行业经济增速继续回落已成定势，深入推进产品质量提升工程和加快行业转型升级任务迫切。面对需求疲软和成本上涨的双向挤压，行业发展压力明显增大。企业应正确认识，把握市场经济发展规律，坚定发展信心，积极转变增长方式，加强资金管理和有效调配，提升风险防御意识，按照国家稳中求进的指导方针，保持企业平稳、健康发展。

1. 加快产品结构调整，提升发展水平

各企业应充分认识科技创新在产品结构调整中的作用，加强对市场需求的调研，进一步加大科研投入和资源调配，加快老产品升级换代和新产品研发进度，通过有效的产品结构调整，提升企业盈利水平和发展空间，更好地满足市场发展的需求。

2. 加快产品品质提升，增强市场竞争力

行业应进一步完善标准体系和质量管理体系，加快部分行业基础、方法类及通用技术条件类标准的制订和宣贯实施，积极引进相关先进技术和外部资源，加快行业产品综合检测平台建设，提高行业产品质量整体保证能力；加快行业质量提升与赶超工程的实施，积极开展技术、工艺革新，认真落实各项整改、提升措施，实现产品品质的有效提升。

3. 加强管理创新，提高成本控制能力

积极探讨企业发展新模式，加快转变企业发展方式，加强企业管理人员特别是高级管理人员培训和内外部交流，持续引入管理新思路、新理念，围绕绿色发展、可持续发展，积极开展各类管理创新活动，加强企业成本控制，不断降低产值的资源消耗比率，提高行业整体竞争力。

4. 巩固市场秩序成果，深入推进产业链协作

利用行业已有平台和渠道，加大行业间交流沟通，引导行业自律，维护发展秩序。进一步加强整机企业、零部件、经销商及其他配套协助企业间的协作，通过有效协助，加强全产业链竞争力，构建真正意义上的战略伙伴关系和利益共同体，实现行业共同发展。

5. 做好应对预案，防范调整风险

鉴于2012年行业经济存在较大调整压力和下行风险，全行业应未雨绸缪，集思广益，做好各类应对预案，如原材料价格波动应对预案、市场需求应对预案，企业资金链风险控制预案等，同时积极进行新型经营发展模式的探索，加快各类产业链联盟的组建，积极开展各类资本运作和资源重组整合，加强行业整体抗风险能力，保障行业持续、健康地发展。

2011 年度中国服装电子商务运行分析

上海艾瑞市场咨询有限公司电子商务行业高级分析师

苏会燕

一、中国服装电子商务概述

2011 年，中国电子商务依然保持 33.1% 的年度增长，整体交易规模达 6.4 万亿元。从内部结构来看，企业间电子商务（B2B）占据主体地位，交易规模占比 85.2%，达 5.5 万亿元；个人端电子商务交易规模近万亿元，其中，网络购物市场交易规模达 7666 亿元，占比 12%。预计未来个人消费领域的电子商务应用规模将持续提升。

具体到中国服装电子商务市场（延续之前口径，仅统计面向消费者部分，即 B2C 与 C2C 部分，不包括 B2B 部分），服装类商品已成为中国用户最经常网购的商品品类；2011 年中国服装行业电子商务市场交易规模已达 2049 亿元，占中国网络购物市场交易规模的 26.7%，较 2010 年增长 94.6%，占中国服装零售额的比例为 14.3%。

从交易商品品类来看，首先是女装，网上销售额约 830 亿元，约占 2011 年中国服装电子商务交易规模的四成；其次是男装、鞋类，占比介于 10% ~15%，折算下来，其在 2011 年网上渠道的销售额分别约为 307 亿元、270 亿元；此外，运动装、童装相关品类的网上销售额也超过百亿元。

从交易平台来看，C2C 平台是中国服装网上交易主阵地，交易额约占整体八成；同时 B2C 平台的交易额占比 2010 年有所提升，表明服装类消费者对品质的追求越来越凸显。

（一）用户关注度：服装类成最常网购商品

根据艾瑞咨询 2011 年调研数据，服装、鞋帽、箱包类商品为中国网民最经常在网上购物的商品，用户占比接近 40%，远高于手机话费充值、手机彩票等虚拟产品以及图书、家居、3C、家电类商品。

（二）市场规模：服装网购规模 2049 亿元，增长 94.7%

艾瑞咨询统计数据显示，2011 年，中国服装电子商务市场交易规模达 2049 亿元，较 2010 年的 1052.4 亿元增长 94.7%，预计此后几年仍将保持快速增长，到 2014 年中国服装网购市场规模将达 5195 亿元，届时在整体网购市场中的占比将保持在 27% 左右。服装网购高速增长，一方面由于服装零售业（含线上、线下）近年来保持较快增长；另一方面，网民在人口中的渗透率和网购用户在网民中的渗透率较快上升，促进服装这种生活必需品的网上渠道销售快速增长。

（三）市场渗透：服装电商渗透率达到 14.3%

2011 年，中国服装零售市场规模为 14370 亿元，其中服装网购规模 2049 亿元，渗透率为 14.3%。预计到 2014 年，中国服装网购在服装零售整体市场中的渗透率将达 23.6%。随着网购市场进一步成熟，更多消费者将会选择在线上购买服装，其渗透率将逐年增高。

（四）交易品类：女装为最大交易品类

从细分品类来看，2011 年中国服装网购市场

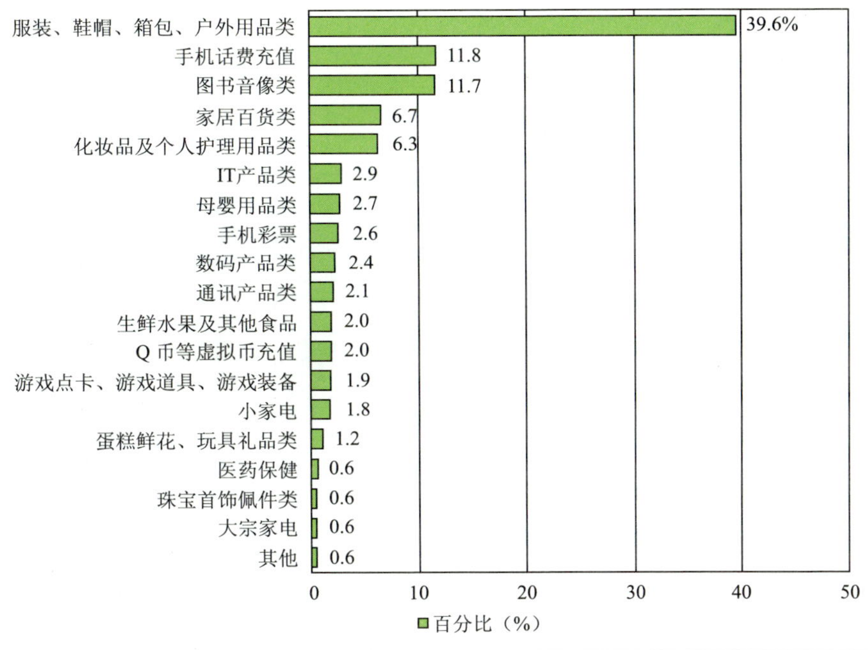

样本描述：*N*=5822；2011年11月-2012年1月iUsersurvey在21家网站上联机调查取得*N*为样本量。

©2012.5 iResearchInc. www.iresearch.com.cn

图2-10 2011年中国用户最常网购商品品类

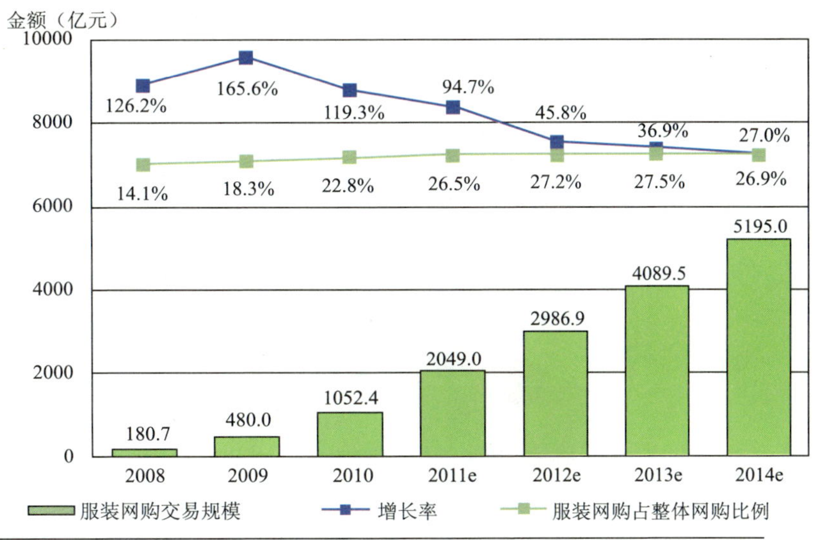

注：① 服装网络购物市场规模为C2C交易额和B2C交易额之和。

② C2C交易规模以成交商品价值总额计算，B2C交易规模以销售额计算。

③综合企业及专家访谈，根据艾瑞统计预测模型核算预估数据。

©2011.11iReseorch Inc. www,ireseorch.com.cn

图2-11 2008~2014年中国服装网络购物市场交易规模

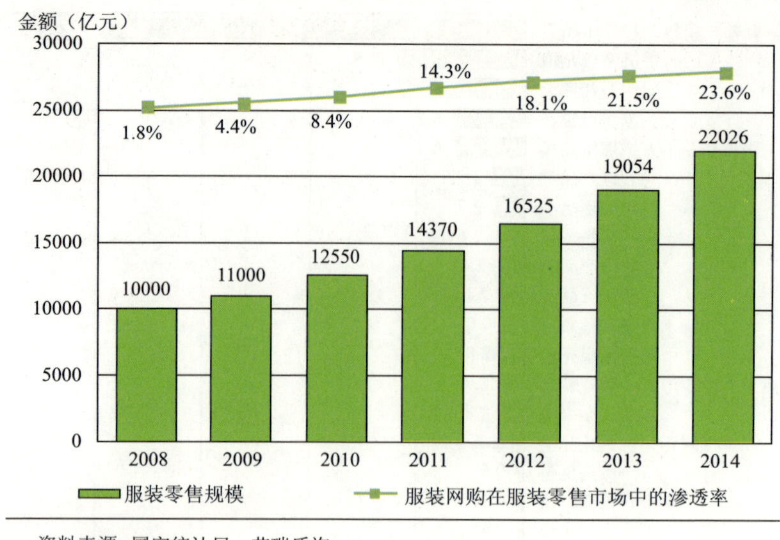

图2－12　2008～2014年中国服装零售市场规模及服装网购渗透率

中，女装份额最大，约占总体的40.8%；其次是男装和鞋类，分别占15.0%和13.2%；运动类服饰占9%；童装、童鞋、孕妇装占5.8%；其他类服装约占16.4%。在较长时间内，服装网购市场将延续这种份额的格局，即女装仍是服装网购市场主体，其余各个细分服装品类如鞋类、运动服饰、童装、童鞋、孕妇装也有一席之地。

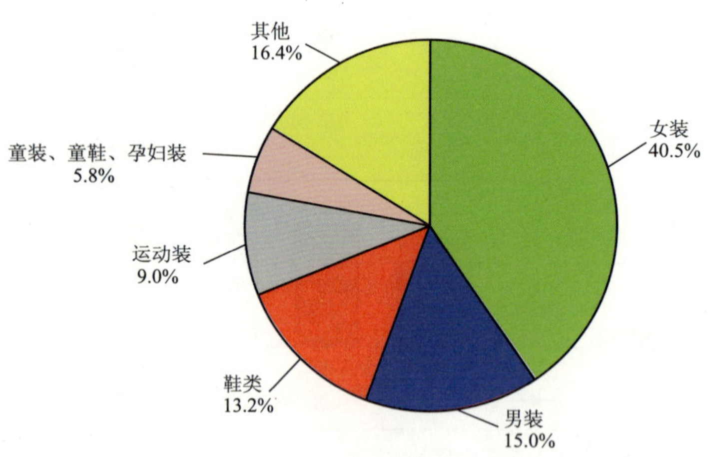

注：① 2011年服装网购市场规模为2049.0亿元。
② 鞋类包括男鞋和女鞋，运动类包括运动鞋和运动服、运动包，其他包括箱包皮具、服饰、内衣等。
③ 综合企业及专家访谈，根据艾瑞统计预测模型核算及预估数据。

©2011.11 iReseprch Inc　　www.ireseorch.com.cn

图2－13　2011年服装网购市场各细分品类市场份额

（五）市场结构：B2C 占比提升，超过两成

从市场结构来看，2011 年 2049 亿元的服装网购市场中，C2C 网购占据绝大份额，占比达到 79.9%，B2C 服装网购占比 20.1%；与 2010 年相比，B2C 服装网购占比增长 4.5%，表明消费者对品质的追求越来越凸显。在网购整体市场中，虽然 C2C 中每位商家规模小、平台中每个品牌量小，但整体而言，其服装的品类丰富，满足了不同层次用户的多方面需求，因此吸引了众多网购用户。而伴随着用户对产品、服务品质追求的加强，B2C 将吸引更多消费者关注。

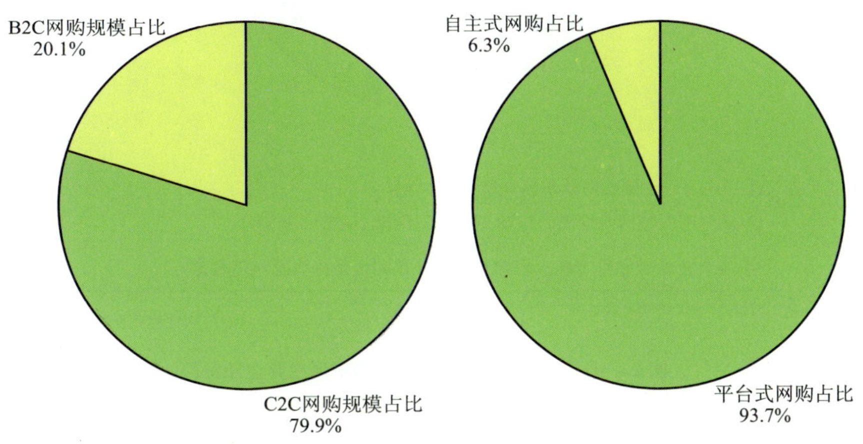

注：① 2011年服装网购市场规模为2049.0亿元。
② C2C服装网购主要企业为淘宝网（不包含淘宝商城）、拍拍网、易趣网。
③ 平台式服装网购经营主体只搭建平台，不直接参与零售的企业，如淘宝商城。
④ 综合企业及专家访谈，根据艾瑞统计预测模型核算及预估数据。

©2011.00 iResearch Inc. www.ireseorch.com.cn

图 2－14　2011 年服装 B2C/C2C、自主/平台的份额

（六）市场份额：淘宝网占据大部分

在 2011 年中国 C2C 服装网购市场中，淘宝网（不包括天猫部分）以 1478.5 亿元的规模，占 C2C 服装网购 90.3% 的份额，拍拍网 9.1% 的份额位居第二。

在 B2C 服装网购市场中，平台式 B2C 网站天猫（淘宝商城）以 281.7 亿元的规模占据了 68.5% 的市场份额，凡客诚品、麦网分别以 9.2%、3.4% 的份额排在第二、第三位，麦包包、京东商城、好乐买等位列其后。

二、中国服装电子商务运行特点

相比以往，2011 年中国服装行业电子商务运行呈现如下特征：市场整体增长迅猛的同时，市场参与主体多样化，综合式网购平台加大招商并开放平台拓展服装商品类目，传统服装企业从幕后走向台前，或入驻天猫、京东商城等平台，或开辟自有的 B2C 官方网站，加大网络渠道建设及品牌宣传。与此同时，网络服装品牌，尤其是“淘品牌”的影响力正逐步呈现。此外，社会化推广成为 2011 年

服装类商品网上营销的重要方式。

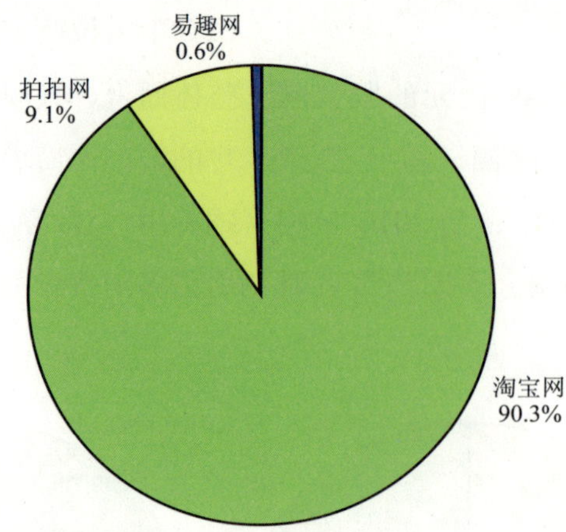

注：① 2011年C2C服装网购市场规模为1637.8亿元。
② 淘宝网服装网购规模为1478.5亿元，不包含淘宝商城部分。
③ 综合企业及专家访谈，根据艾瑞统计预测模型核算及预估数据。

www.iresearch.com.cn

图 2－15　2011 年 C2C 服装网购市场主要企业份额

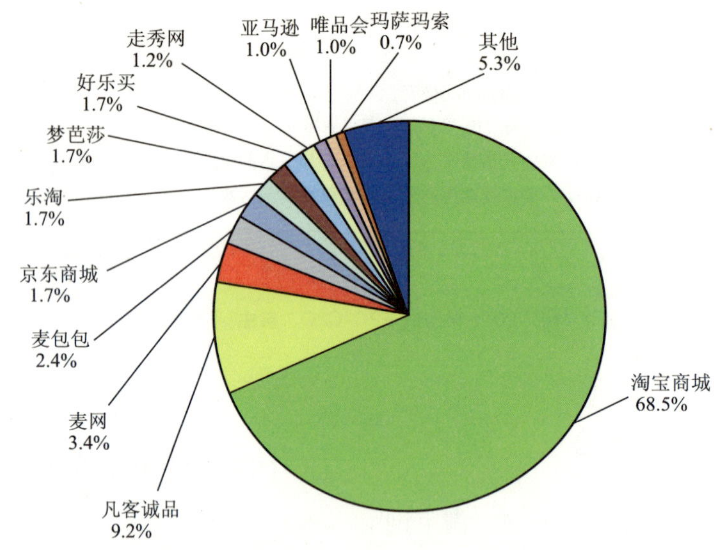

注：① 2011年B2C服装网购市场规模为411.2亿元。
② B2C服装市场既有平台式B2C，也有自主式B2C，既有综合百货类B2C，也有服装垂直类B2C。
③ 综合企业及专家访谈，根据艾瑞统计预测模型核算及预估数据。

www.iresearch.com.cn

图 2－16　2011 年 B2C 服装网购市场主要企业份额

（一）服装市场交易规模迅猛增长

艾瑞咨询的统计数据显示，服装类产品是中国网络购物市场第一大类目。服装网购市场增速迅猛得益于两个强劲动力：一是服装网购在整体网购中的渗透率仍较低，在半标准化产品网购条件正在成熟的环境下，有巨大发展潜力；二是服装不同于其他3C电子产品，其重复购买率更高，需求产生的频率更快。

（二）主体多样且互相融合

参与中国服装网购的企业主体日益多元化，既有互联网品牌服装电子商务企业，也有服装“淘品牌”企业；既有互联网渠道品牌企业，也有传统渠道品牌企业；还有传统服装企业。诞生于互联网的电子商务企业顺应互联网“快”的特点，灵活应用线上推广手段和数据化营销手段，向前整合产业链；而传统渠道商或者品牌商则依托其在渠道上的货源及运营经验，逐渐进行线上销售。

根据艾瑞咨询近期发布的2011年中国B2C在线零售商排名，除了10家专营服装服饰及鞋包配饰的B2C网站外，6家综合百货类网站也经营服装类商品。综合可见，中国领先的B2C企业中，超半数均出售服装类商品。服装网购市场的参与主体正趋于多元化，彼此间合作也逐步加深。

（三）传统企业从幕后走向台前

对于整个服装行业而言，在短期内，销售主体渠道仍在线下。但是传统企业已经觉察到线上渠道的战略意义，已经由前期通过分销渠道将货物批发给B2C、小卖家、小商家到网上销售，演变到在电子商务平台（如淘宝网、拍拍网）成立官方旗舰店进行产品销售，部分企业甚至建立官方B2C商城直接面向消费者，传统服装企业开始从幕后走向台前。2011年11月11日淘宝商城“双十一”促销当天，销售额破4000万的品牌店中，服装类占两家，分别是GXG、骆驼服饰；其他如杰克·琼斯销售额超过3000万元，销售额超过2000万元的4家品牌店中也有两家服装类商家。

互联网对传统经济的最大贡献在于，将“一对多”、“多层渠道”、“单向”的产品和信息流动改造成“多对多”、“扁平化”、“双向”的产品和信息流动模式。在这种模式下，传统企业借助电子商务，能够加深对终端消费者的理解，加快对终端需求的有效响应和满足速度，提升企业竞争力。由此可预见，线上渠道在传统企业整体业务中的分量将不断加大。

（四）“淘品牌”影响力初显

依托淘宝平台快速孵化出来的“淘品牌”，或是由传统代工企业转变而来，对服装设计、生产环节有较深积累，借助网上渠道创建品牌，如麦包包；或是新诞生的服装品牌，通过在淘宝平台的锻炼，深谙线上平台运营之道，通过OEM方式组织生产，如韩都衣舍、七格格等。目前这些“淘品牌”不仅活跃在淘宝平台，而且纷纷扩充其他销售渠道，将产品销往其他网站甚至线下用户群体，部分企业甚至借助电子商务开始涉及国际业务，将有竞争力的产品输出到其他国家和地区，俨然成长为服装电子商务领域颇具影响力的品牌。

“淘品牌”作为服装电子商务市场最初的参与者、前期发展的见证者、中期飞跃的参与者，其最大的优势在于对于网上购物用户的深刻理解以及灵活多变的优势。未来，如果它们能够加强品牌管理、完善供应链建设，将在市场竞争中占据更有利地位。

（五）入驻开放平台成为垂直服装B2C企业的主要运营策略

与2010年相比，2011年中国服装电子商务市场的重要变化之一，是综合类B2C通过开放平台吸引各垂直类目商家入驻，丰富自身网站的商品种类，分摊自身营销及物流运营成本。而凡客诚品、乐淘等垂直服装B2C企业也选择入驻天猫、京东商城等平台，应对媒体营销成本飙升的困境，通过分享大平台的流量优势，提升自身盈利能力。综合

表 2－12　2011 年中国 B2C 在线零售商 Top30

排名	网站名称	创始人/CEO	主营品类	企业类型	2011 年交易额（亿元）	交易额年度增长率（%）
1	天猫*	张勇	综合百货	网上渠道	920	206.7
2	京东商城	刘强东	综合百货	网上渠道	309	202.9
3	亚马逊中国	王汉华	综合百货	网上渠道	60	100.0
	苏宁易购	李斌	数码家电	传统企业	59	490.0
5	QQ 商城	吴宵光	综合百货	网上渠道	53	165.0
6	当当网*	李国庆 & 俞渝	综合西货	网上渠道	35.5	57.1
7	凡客诚品	陈年	服装服饰	网上渠道	35	89.2
8	一号店*	于刚	综台百货	网上渠道	27.2	235.8
9	易迅网	卜广齐	数码家电	网上渠道	23.7	196.3
10	库巴网	王治全/丁东华	数码家电	网上渠道	21	320.0
11	新蛋网	池勇信	数码家电	网上渠道	15	－16.7
12	红孩子*	徐沛欣	母婴用品	网上渠道	15	0.0
13	唯品会*	沈亚 & 洪晓渡	服装服饰	网上渠道	14.3	377.1
14	梦芭莎	李曙东 & 佘欣承	服装服饰	网上渠道	12	380.0
15	国美电器	韩德鹏	数码家电	传统企业	10	300.0
16	麦网*	顾备春	服装服饰	网上渠道	7.5	9.6
17	乐蜂网	王立成	美容保健	网上渠道	6.3	384.6
18	好乐买	李树斌 & 鲁明	鞋类	网上渠道	6	200.0
19	麦包包*	叶海峰	箱包	网上渠道	5	233.3
19	走秀网	纪文泓	服装服饰	网上渠道	5	150.0
21	天翼手机网	N/A	数码家电	传统企业	4.6	143.0
22	乐淘网	毕胜	鞋类	网上渠道	4.6	350.0
23	聚美优品	陈欧	美容保健	网上渠道	4	N/A
23	酒仙网	郝洪峰	酒类	网上渠道	4	N/A
25	天天网	鞠传国	美容保健	网上渠道	3.5	N/A
26	新七天电器网*	左英杰	数码家电	网上渠道	3.4	126.7
27	绿森数码	娄韶山	数码家电	网上渠道	3	100.0
27	V+	陈年	服装服饰	网上渠道	3	100.0
27	ihush 俏物悄语	N/A	服装服饰	网上渠道	3	50.0
27	联想官方商城	杨侠	数码家电	传统企业	3	200.0

注　①传统企业 B2C 交易额，只统计其自有 B2C 官网交易额，不包括其在其他网上渠道的交易额。

②加*企业交易额口径补充说明：

1）天猫，2010 年名为淘宝商城，不包括机票酒店等旅游类产品交易额；

2）苏宁易购，数据来自苏宁财报，为含税值；

3）当当网，数据来自财报，为扣除退货、税收后的数值；

4）一号店，包括企业客户部分；

5）红孩子，包括缤购（binggo）部分，包括电话渠道销售部分；

6）唯品会，数据来自 IPO 文件，为税后值，按照 1 美元＝6.3009 元人民币汇率计算；

7）麦网，只统计网上渠道部分：不包括目录销售部分，数据来自公司财报，为税后值，按照 1 美元＝6.3009 元人民币汇率计算；

8）麦包包，只统计其官网销售额，不包括天猫、淘宝网的销售部分；

9）新七天电器网，只统计其官网销售额，不包括为其他企业供货及 Tmall 销售的部分。

③综合企业财报及专家访谈，根据艾瑞统计模型核算。

平台与服装垂直网站间开放合作、共享流量为2011年中国服装电子商务市场重要特征。预计未来2～3年，借助开放平台发展将成为垂直服装B2C企业重要的运营战略。

（六）社交化推广成为服装网销重要方式

与家电、图书等标准化程度较高的商品相比，服装类商品的特点之一在于颜色款式多样、尺码不一，商品标准化程度较低。由此，消费者在购买此类商品时，通常需要多方对比挑选才会下单。2011年以来，美丽说、蘑菇街等社交化购物网站兴起，特有的图片瀑布流的展示方式，激发消费者间互动分享，使其成为非标准化商品营销的重要方式。据悉，目前国内社交化购物网站推广的商品以服装、化妆品等个性化商品为主。其中，超过九成的商品来自淘宝网。目前，凡客诚品等垂直服装B2C网站均开始尝试与社交化购物网站合作推广。

三、中国服装电子商务存在的问题

从长远来看，电子商务将成为中国服装的重要销售渠道，对于传统行业的渗透率将不断提升。但是，从目前来看，中国服装电子商务市场成长中，还存在以下一些问题。

（一）受限于硬件及用户习惯，难以大规模打开销路

受技术条件限制，消费者在网上购物时，无法体验试穿效果，只能根据图片及用户点评进行挑选，这种情况限制了一批消费者的网购行为，同时也使得消费者更热衷于购买中低价位的服装类商品，对于价位较高、个性化差异较大的服装，仍然选择线下渠道。O2O（Online to Offline）的兴起或许能局部解决该问题。

（二）受库存困扰，网上渠道多用于清仓甩货

传统服装品牌企业近两年加大了电子商务业务拓展力度，入驻各种平台开店。但是，目前传统企业线上渠道仍多以过季商品为主。一方面是解决近期凸显的库存积压问题，另一方面也借此平衡线上、线下利益。毫无疑问，如果线上产品无法实现与线下产品的同步更新，那么网上渠道将无法成长为真正意义上的主流渠道。

（三）线上品牌及渠道建设尚处初级阶段

中国线上服装企业多诞生于2006年后，与线下服装企业相比，品牌成长时间较短，品牌知名度通常仅限于互联网，影响力有限。同时，近几年，这些企业虽然销售额获得快速成长，但多是依靠外部风险资金支持，自身团队运营经验相对缺少，设计水平、供应链管理能力及渠道拓展能力尚处于初级阶段，核心竞争力尚未建立，距离成长为强有力的市场参与者有较大差距。

四、中国服装电子商务发展趋势

综合中国电子商务行业整体发展走势及服装电子商务发展现状，我们认为，未来几年服装仍将是中国电子商务市场交易的重要品类，整个服装电子商务仍将保持快速增长。与此同时，市场还将呈现如下发展趋势。

（一）服装细分品类日渐丰富

如上文所述，目前中国服装电子商务市场首先成规模的是女装、男装、鞋类三个品类，但相对线下市场而言，仍只占较小比例；运动户外、童装类服饰的规模相对更小。预计随着电子商务的渗透，未来更多细分服装品类将转移到互联网上进行销售。

（二）线上与线下渠道将逐渐融合

近两年来，传统线下品牌转移到线上的同时，部分互联网服装品牌也开始铺设线下销售渠道，在核心城市设立体验中心、专卖店，或通过加盟商组建分销体系，用以改善网购用户消费体验，覆盖更广消费人群，以便扩大商品销售，提升品牌知名度。未来，服装企业线上线下渠道并存状况或将日渐普遍。

（三）借助电子商务渠道，中国服装企业或将成海外市场重要参与者

与线下零售店通常只能覆盖特定范围的商圈不同，电子商务渠道突破了时间、地域限制，可以在网络、物流可及的任何范围内实现销售，这也为中国服装企业走出去提供了可能。目前，李宁、梦芭莎等服装品牌开始借助电子商务渠道在美国等市场进行销售。未来，中国服装企业或将借助电子商务，成为海外市场的重要参与者。

综上所述，我们认为，随着电子商务普及程度的提升，互联网将成为各类服装的重要销售渠道，同时也将为服装原创设计品牌创立及成长提供土壤。与此同时，借助中国制造业基础，更多网络服装品牌将与传统品牌企业同台竞技，进而提升中国服装电子商务市场整体发展水平，增强中国服装品牌竞争力。

第三部分　启示录篇

资本：解读四大融资路径

金融是现代经济的核心，是引导经济资源配置的重要动力机制，也是我国经济发展与产业结构优化调整的核心支持机制。对于服装产业而言，资本不仅是提升企业和品牌未来价值的助推器，也是企业赖以生存、发展和壮大的血液。

一、并购

（一）并购发展的形势和特点

并购包括兼并和收购。近两年来，纺织服装业并购市场非常活跃，成为服装产业资本融合的重要方式，并呈现出以下几个典型特征。

（1）增速快。近两年纺织服装行业并购案例呈现爆炸式增长趋势。

（2）单项并购交易规模不大，多数在2亿元以内，部分为5千万~7千万元左右。

（3）从交易角度上看，多数并购交易由PE/VC❶主导。大部分接受投资的公司有上市计划，部分公司在接受投资后已经成功上市。

（4）跨国并购趋势隐现，国内企业收购国际品牌案例时有发生。

（二）并购动因

企业之间并购，比较典型的驱动因素主要有以下几种。

（1）扩大规模，增强竞争能力和面对上下游的谈判能力。企业规模是资本市场的重要衡量指标，也是上市的前提条件。规模因素是近两年服装并购案的主要驱动因素之一。

（2）对于终端的掌控力。在目前市场环境下，国内品牌运营难度较大，大部分国内服装企业仍是渠道属性，竞争的决定性因素是渠道，它直接影响服装市场份额。近两年来，产业链上下游纵向并购案或者以渠道为直接目标的并购案明显增多。

（3）其他驱动因素。除了以上两种以外，还有其他驱动因素，包括丰富产品线、增强研发能力、增强网络营销能力、增厚每股盈利和协同效应等。

（三）并购的交易流程

并购具有一系列比较规范、成熟、复杂的流程。相对买方而言，并购交易流程通常是制订战略—筛选并购目标—进行初步接触—进行调查，估值、谈判、总结—签署交易文件—完成收购。而相对出售方而言，整个流程涵盖内部分析—制订融资战略—推介—确定意向—进行调查—双方谈判等。

在整个流程中，有几个环节需要特别关注。

（1）战略目标的制订和收购目标的选择。并购需要有一个非常清晰的投资战略，在进行投资决策时，需要明确自身需求及所能支付的对价。

（2）交易方式选择，是选择股权交易还是资产交易。两者实质一样，但形式不同，各有利弊。资产交易可以规避目标公司的历史风险，但交易成本较高。由于需要注册一家新公司，资产过户和与员工、供应商、客户重新签订协议过程中将产生许多交易税费。股权交易的利弊，则与资产交易正好相反。

（四）并购注意事项

并购过程中有些事项需要特别注意，才能保证

❶ PE（Private Equity）指私募股权投资，VC（Venture Capital）指风险风险投资。

并购效果。

（1）明确权利划分：明确的权利界限直接关系到并购成败，同时对并购后企业正常运营也会产生重大影响。并购中的权利划分包括公司控制权、财务掌控权等。

（2）充分尽职调查：并购过程当中，买卖双方要完成一些目标，包括战略制订、项目风险评估、谈判、结构设计、方案等，每项都需要进行专业的尽职调查，调查内容通常包括财务、税率、法律、人力资源、环境等。在尽职调查中需要重点关注几个问题：①渠道。首先要了解渠道激励政策，特别是返点数是否会鼓励经销商多提货，从而形成高存货积压，增大企业风险，影响销售收入的真实性。②要关注渠道可控性和运作效率。推行新产品或新服务时，渠道的配合程度、运作效率直接关系企业需要花多少钱才能保证销售战略执行程度。③企业对盈利资金的控制也直接影响企业的价值。企业的新品销售政策、铺货政策、应收账款回款政策、存货控制政策都将直接影响企业资金控制能力。转型中的企业最容易遇到这种典型问题，当其进入一个新市场或者推出一系列新产品的时候，如果存货控制不利，将产生大量存货，收购方需要对此关注，并调整估价模型。另外，以外贸为主的服装企业还需要考虑人民币汇率波动风险对利润的侵蚀。④需处理好利益相关者和社会责任问题。作为劳动密集型企业，服装企业在并购过程中，对企业员工的安置问题影响到并购能否平稳推进，从财务角度而言，需要补充计提此方面的准备金。

（3）估值调整区间：并购的基础是双方各自的企业价值，但由于估值具有不确定性，合并后的企业价值有可能未达到预期，在这种情况下，需要预留估值调整区间。

（4）并购后整合提升：并购整合往往关系到并购是否能达到预期目标，整合首先需要对成本进行控制。国际上常见操作方法是精简产品线，减少成本。此外，整合以后，市场推广、研发以及统一采购的规模效应都能使成本有较大程度节约。其次，并购以后要着力提高门店效率。第三，文化整合至关重要。文化整合时需了解被收购品牌的核心技术、文化和理念，可以采用的做法通常有两种，一是将收购对象的设计室及管理人员一并收购，二是对员工进行培训，对团队输入新思想理念。

（5）品牌收购后培养与增值：特别在跨国并购中，国内品牌收购国际品牌后往往面临客户群体对于被收购后品牌认同度改变的问题。管理理念、销售运营、商业模式、创意设计、质量控制等各方面也都面临着如何延续、复制和改进的问题，收购方需要尽量延续品牌原有定位、风格、运营模式，充分保有其最具价值的文化和历史。

二、上市

（一）综述

截至 2011 年末，我国上市服装类企业共 81 家，其中 A 股上市 28 家，香港上市 46 家，美国上市 4 家，新加坡上市 1 家，韩国上市 1 家，新加坡和韩国同时上市 1 家。2011 年，服装共有 7 支新股在沪深 A 股成功上市，通过首发、增发、配股和债券，共募集资金 291. 97 亿元，其中 IPO 募资 197 亿元，债券募资 86 亿元。服装企业募得资金，主要用于品牌建设、渠道建设和扩大生产规模。生产型企业主要用于扩大生产规模、改进技术，提高劳动生产率；品牌企业上市则倾向于用于渠道拓展、品牌经营和向生产环节扩张。

（二）上市动因

服装企业上市动因比较多样，通常包括以下几种。

（1）融资效益：企业上市不仅可以通过资本市场吸取大量资金，改变资本结构，还可以通过配股增发、可转债等多样化融资工具，进行再融资。

（2）财富效应：通过资本市场定价机制使股东财富得到倍增，使高管分享企业成长的权益。

（3）治理效应：除资金以外，上市给企业带来更重要的治理效应，能够帮助企业明晰产权关系，完善法人治理结构，建立现代企业制度，使财务经营公开透明规范化，有利于家族化企业走向现代企业管理制度。

（4）品牌效应：上市能带来品牌宣传效应，提升品牌知名度和美誉度，有效降低对外交易合作中的交易成本。

（5）激励效应：上市给员工带来荣誉感、责任感，辅之以股权激励手段，有利于企业吸引人才，留住人才。

（6）发展效应：上市有利于企业通过再融资并购、重组资本运作实现翻倍增长。此外，上市能获得较高社会声誉，得到地方政府更多支持。

（7）集聚效应：以上市公司为核心的集聚效应，有利于形成产业集群，完善区域产业链。

（三）上市流程与条件

境内上市流程有四个步骤：第一阶段是改制设立。通过调查，确立中介机构，进行改制，设立股份有限公司，时间通常在6个月以上。第二阶段是上市辅导与材料制作。中介机构进行全面的尽职调查，签订辅导协议，中国证监会辅导验收，同时中介机构制作申报材料。第三个阶段是发行审核阶段。中介机构将上市公司材料送到中国证监会发行部或者创业板部，由这两个部门分别审核，审核时间通常是6~9个月。第四个阶段是发行上市阶段，企业取得证监会批文之后进行公告询价，定价发行，挂牌上市，时间通常用1~2个月。

目前主板和中小板上市条件是三年累计利润3千万元，三年累计营业收入3亿元，或者净现金流超过5千万元；创业板的条件是连续两年盈利，不低于1千万元，或者一年盈利、净利润不少于5百万元，但营业收入增长超过30%。同时，由于境内实行保荐制，需得到两个保荐人推荐，并且保荐人在审核项目未通过前不能签其他项目，而上市公司规模与中介机构承销费用成正比。因此，中介机构更倾向于挑选规模比较大的企业，客观上提高了上市门槛。

（四）服装企业上市应关注的若干问题

服装企业境内上市需要注意三个问题。

（1）资产完整性问题：销售渠道、门店的产权明确性，企业生产经营场所的土地使用权等，都会在一定程度上影响服装企业的资产完整性。审核过程中的基本要求是，重要场所要求有完整的产权，如经营总部、营销总部、研发中心等；而一般销售门店则关注其使用权，即租赁方取得使用权，出租方应拥有合法产权。

（2）关联交易问题：证监会对关联交易的审核要点是不鼓励、不禁止，具体看关联交易的性质、价格、程序和记录，重点关注销售关联交易、采购关联交易和研发关联交易。解决关联交易的方式有两种：一是对关联企业股权结构进行调整，要求其关联性不能高于30%，二是对关联企业予以收购。

（3）财务与会计问题：服装企业店面多，结算方式比较特殊，销售收入真实性容易受到影响。所以证监会审核过程中，对销售收入是否合理、毛利率是否合理、应收账款的账面分析和会计政策是否符合规定较为关注。另外，企业特别需要注意对加盟店和直营店现金管理，审查过程中需要提供原始数据。

三、风险投资

近年来，在服装领域的风险投资（风投）主要集中在电子商务领域。根据中国电子商业研究中心的数据，2011 年中国电子商务 B2C 行业相关领域共发生投融资事件 79 起，投资额 154 亿元。其中品牌服装、时尚服饰 7 家，奢侈品 B2C 网站 9 家，服装、鞋类加上奢侈品占整个 B2C 风投融资的 30% 左右。此外，淘宝、京东商城等综合类 B2C 占比最大达到 17 家，而综合类电子商务平台销售额相当大一部分也是服装时尚类。

从融资金额来看，投资集中度较高。风险投资公司青睐于相对成熟、低风险的电子商务（电商）企业，主要集中在凡客、京东、天猫等，特别是有 IPO 可能性的电商企业。未来几年，随着这些企业可能陆续上市，大量资金将会再次进行重新配置。

对于服装领域的前景，除了电商以外，风投还普遍关注：①消费平台型企业，在平台上选择品牌标的进行投资。②关注子行业市场格局变化，重点关注由进口品牌主导向本土品牌主导市场格局演变的服装子行业。③关注三四线城市中有完善渠道的品牌企业。④关注服装相关的纺织服装机械制造，其中对通用设备的关注优于专用设备，对重型装备的关注优于中型装备。

风投在筛选对象时比较注重企业对技术和商业模式的创新性，如联想投资选择电商品牌麦包包、七格格、斯布迪卡等都具有明显创新商业模式，同时，看重企业的市场增长空间和成熟的商务模式以及是否有 IPO 预期。

四、融资创新：集群融资

2011 年，国家宏观调控政策在一定程度上导致正规金融供给不足，特别是对中、小、微企业。在这种形势下，服装集群中的中小企业由于地理接近、产业关联化，在共同的产业文化和制度背景下，集群融资模式得到较快发展，它在协助集群中小企业渡过资金难关，促进集群发展方面发挥了重要作用，成为正规金融的有效替代者。

1. 集群融资的优势

作为金融、产业、企业结合的一种新型融资模式，集群金融有其特有的优势。

（1）信用优势。基于重复博弈模式下，集群内信息透明度产生的声誉机制有效减少了企业违约的道德风险，使交易主体在交易中倾向选择守信行为。

（2）信贷成本降低。众多小企业贷款形成的规模经济降低了银行贷款的平均交易成本和贷款后的平均监管成本，同时也降低了集群企业的信贷成本，实现企业、产业与金融的“双赢”。

（3）有利于产业集群下中小企业融资延伸合作，有利于产业链和供应链的整体融合发展。

2. 集群金融的主要路径和形式

（1）基于产业集群财务公司的集群融资。这种模式的关键，首先是选择或创建一家群内财务组织。一方面，它通过自身的金融服务职能，发挥“内源融资”的功效，尽最大可能聚集群内资金，利用信贷杠杆，充分协调集群企业单位资金运动的时间差、空间差、生产环节差和行业差，灵活调度资金，合理投放资金，帮助企业进行资本调整和资本置换。集群内企业通过其从事汇集和重新配置企业剩余资金、筹集资金、集中交易、监督管理、咨询、中介、担保等活动，实现资金资本在群内企业之间的低成本、高效率的配置。另一方面，它也以集群整体形象与外部金融市场谈判，吸引外部金融资源流入群内企业各个生产经营项目，缓解由于群内企业“单打独斗”带来的规模劣势。同时，它也担任管理和分配从外部获得的金融资源的角色，能够促进产业资本与金融资本融合，通过提高产业资本的流动性、改进企业资产重组方式和建立有效的“筛选机制”等来保证投资的生产效率。

（2）基于金融市场和产业集群规模优势的集合债券融资模式。随着我国金融市场机制建设的日益完善和准入条件与时俱进，中小企业直接融资渠道也得到了进一步拓展，中小企业产业集群的生产同质化特征，尤其适合运用集合债券方式融资。目前，中小企业集合债券的可操作性已经经受了实践检验。

电子商务：消费时代更迭与未来通路

近年来，电子商务（以下简称“电商”）以其独有的特点在我国取得显著发展，随着传统品牌服装企业陆续进军电子商务领域，其逐渐成为行业内一种重要的营销渠道。

服装电子商务在行业中的发展尤为迅速，但其依然属于新生事物，随着网上用户消费能力的增强，服装电子商务的稳定消费群体也在不断增加，使这一领域的发展空间较为广阔。

一、消费时代的更新

（一）消费群体

消费群体是经营者所经营产品的最终流向，也是研究产品开发、经营模式等问题的基础。尤其对服装企业来说，消费群体的变化是企业经营的风向标。

随着网络更深入的普及，网民的人数在不断增加。截止到2011年底，我国的网民数量已经达到约四亿左右，电商所要面对的就是这样一个大于美国人口总数的消费群体，而这部分群体随着时间的推移也在不停地变化。

最早接受互联网的群体年龄层普遍偏低，同时他们也很快适应了将互联网作为一种生活方式。相较于传统媒体，这部分群体更愿意使用互联网进行交流、发展交际、接受信息。他们用在互联网上的时间要远远大于用在电视等传统媒体上的时间。这部分人群随着年龄的增长正逐渐走向成熟，这意味着他们的消费能力在逐步形成规模并趋于稳定。对于服装这类持续性消费品，这一群体的购买力可以为服装电子商务带来强大的驱动力。

（二）消费心理

时间推动了消费群体的年龄变化，而社会环境推动了消费群体心理变化。过去通过广告和大众传播的推动，消费心理从节俭消费转变至享乐主义，这种转变推动了实体商业的快速发展。如今，民众对消费主义并虽然没有产生新的巨变，但是对于网络群体来说，一方面这部分群体大多数聚集在大城市中，大城市的生活节奏使他们并没有很多的时间和精力去购物，另一方面互联网上更多的虚拟娱乐空间分散了他们的注意力，因此这部分群体已经开始逐渐进入“厌消费”时代。实际上，这种“厌消费”并不是指真的对购物排斥。正是他们所处的社会环境，使这部分群体在时间并不充裕的情况下仍然对时尚有所追求，并乐于在互联网上传播此类信息。而这类群体所能借助的购物渠道，更多的是他们所依赖的互联网。

（三）消费渠道

新的消费群体以及新的消费心理可以促进新消费渠道的发展，这种消费渠道就是电子商务。在服装行业中，电子商务具有区别于传统销售模式的显著特点，正是这种特点恰好应对了新的消费群体以及他们的心理。

降低销售过程中的费用使得产品价格更为实惠，满足了新群体对快时尚的追求，缓解了他们的消费压力。仅用鼠标操作的消费模式解决了他们购物时间不充裕的难点，同时也使消费变得容易、便捷。网络上的社区互动为他们带来及时的信息传递，不同于商家所推出的广告，消费群体对产品的口碑更容易让他们产生信任。

二、电子商务承载媒体的发展

（一）电子商务承载媒体现状

互联网的发展日新月异，正是其作为电子商务的承载媒体，才能赋予这个行业非常明显的优势，因此，互联网的特点，很大部分可以直接作为电子商务的特点。

互联网通过改变人们通信与交往的方式，影响经济领域生产、交换与消费的转变，从而形成新的商业模式，即电子商务。电子商务可以在最短的时间内促使人们对信息的多元化共享以及互动的信息交流，更快捷地使消费群体获得最新的购物信息。这种超越空间的经营方式缩短了贸易流程，省去了从生产商到零售商的多环节投资，降低了销售过程中损耗的费用。

超越时间和空间的限制使消费者的购物行为更为便利，同时也为经营者扩大了经营空间。虽然虚拟的经营空间不能进行面对面的交流，但实际上经营者与消费者的沟通在网络上变得更加容易，消费者的主动性提升，两者之间的互动性加大。

（二）媒体发展趋势

目前所提到的网络群体多指在计算机上进行联网的用户，例如前文所提到的约四亿多的互联网群体。实际上现在的网络早已不局限于固定设备。如今移动网络发展突飞猛进，越来越多的人在无法使用计算机的情况下使用移动设备进行联网，如果电子商务能发展到移动网络上，其带来的商机将会非常广阔。

除了联网设备的发展，社会环境的发展也会推动电子商务的进步。目前我国从东部到西部的经济发展并不平均，间接影响了电子商务的发展。网络群体渗透率呈梯形分布，在其中30个大中城市的电子商务渗透率为58.2%；上海网购消费者的渗透率为68%；北京、杭州均为60%以上；绍兴、嘉兴、天津等地区网购消费者的渗透率为50%以上；成都、重庆、武汉为40%以上。梯形结构意味着电子商务的发展从地域上还有推进的潜力，未来几年，电子商务依然会处在高速发展的阶段。

同时，电子商务跨越空间和时间的障碍，为经营者带来的前景也不容小觑。互联网的联动打破了国界、制度之间的贸易屏障，将整个世界连通起来。电子商务在服装行业中的发展不仅局限于经营者与个体消费者之间的互动。将全球的资源整合起来，进行整个供应链的交互活动，可使企业在未来形成更为有利的竞争力。

三、思维趋势的转变

1998年以IBM为代表的公司提出电子商务后，这种新的商业模式在经济领域、社会领域都得到了拓展。同时也改变了经营者的思维，商品交易从实体转变到虚拟。然而由于服装的商品特性，这种虚拟的商业模式一开始并没有在行业中得到推广。直至阿里巴巴公司提出新商业文明，形成了行业发展的新思路，时至今日，服装行业已经成为电子商务的重要组成部分。

如今，电子商务行业需要第二次转变，推动这种转变的根本，是经营者思维的拓展。

交易是商家和消费者之间展开的一种行为模式，原始阶段的消费是“一次性消费”，商家和消费者进行一次交易之后，就结束了彼此之间的关系，商家之间所产生的博弈也是一次性的。在接下来的阶段，这种博弈会重复产生，商家和消费者之间的关系也经由多次交易而转变，两者之间产生一种信任。这个阶段的商家创收利润的问题最终会转化为选举问题，这种选举的博弈中作为投票方的即是消费者。

至今为止，电子商务多是以交易的形式存在，其优越性也只体现于取消交易中多余的中介环节，使之更快抵达消费者这一层，这仍然是两层法的思维，它始终是生产者生产、消费者消费的单方面行为，不利于应对消费变革中的博弈。若使消费者参与到生产环节中，在创意阶段就有消费者来与生产者共同生产，实现这种方式的根本就是沟通。

网络作为承载媒体记录了大量的电子信息，除去交易信息，非交易信息对经营者来讲也是一种资源。网络用户在互联网上留下了大量的交往记录，这些记录中包含了他们的口味、偏好、习惯等，对于经营者来说，这类记录累积起来就是电子商务的市场导向。

在这些非交易记录之外，消费者在电子商务的交易过程中也不断的留下记录，这些记录更为直观的反馈给经营者。电子商务在这一层上体现的不仅是更快捷地完成交易这个过程的优势，更多的是能跨越空间将经营者和消费者直接联系起来，以最快的方式在两者之间形成交往沟通。未来的移动设备也将为经营者带来更多的信息。

四、营销模式的运用

目前我国电子商务已经成为一种规模，最初国外分析师提出的三大问题（在线支付、物流存储以及物流配送）在国内全部得到解决，电子商务在我国已经形成了一套完整的流程。

B2C 中，服装品类是电子商务品类中最适合发展的品类之一，其优势在于渠道刺激较多、毛利较多，通过网络可以降低渠道的费用，中间步骤所产生的高额毛利转化出来即可支持经营者的营销推广。

服装与电商的融合会产生两种变化，第一种是服装品牌电商化，经营者们开始尝试网络转移。这类企业可以比喻为地面的猛虎，基础实力雄厚，电子商务的迅捷与便利对这类企业来说如虎添翼。第二种是服装电商品牌化，发展较为迅速，投资者也逐渐将目光转向这类品牌。这类企业可以比喻为天空的雄鹰，下一步需要的是充实自己，使自己落地的基础更为稳固。

经营者在进入电子商务领域的时候，应学会多方面发展。实体经营与电子商务之间并非取代的关系，后者是为前者增加更为广阔的利润空间。实体经营作为保底，电子商务作为增值，有前者作为依托，才能使后者的探索成本风险降低。

目前，我国的电子商务已经形成了完整的产品、物流和营销链，但这些不能完全应对新消费形式的转变，应当在新的营销模式包括新技术的应用等方面，进行更多思考、整合。例如互联网跟踪、信息数据的采集、用户群行为特征的数据库采集等，以此赋予电子商务新的模式，来应对更激烈的博弈。

五、未来发展的挑战

（一）需要建立完善的信用制度

在电子商务中，互联网充当的是一种溶剂，其正逐步将实体经济领域中的商品以及与商品有关的各种经济活动，分层分批地融合掉。很多电子商务的品类，例如服装，在最初的电子商务中并没有形成如此大的规模。然而现在，中国网购中份额最高的即是服装类。

这样的交易过程就涉及了信用问题。很多服装类网购网站都设立了评价平台，这类平台使经营者和消费者之间产生了最直接的交往，也留下了消费者的交易记录，同时无形中搭建了一种信用制度。第一次留下留言的消费者是初次博弈的买家，而之后大量消费者看到平台中的内容，才会考虑是否信任商家的商品，是否放心地进行交易。

（二）人才缺乏

无论是有实体经营基础的品牌还是新生的品

牌，在面对网上直销的时候，都是首次直接跟消费者进行互动，这方面的人才的缺乏是电子商务发展的障碍。实体经营中的消费者和网络消费者的特征存在差异，面对这两部分用户群，需要根据特征进行不同的交往。

每一个渠道的形成都会产生特性，不同的渠道也会有不同的消费群体形成。电子商务在我国的迅速发展已经初具规模，产生了一个非常具有吸引力的市场空间，但是电子商务本身还存在着或多或少的问题。这些问题在逐步进化，也会随着政治、经济和人群的变化而演变、解决直至完善。企业在思考自身发展的同时，也应当注意这种演变对自身的影响，适应这种变化，顺势而为，才能在市场中获得一席之地。

产品：与设计管理的融合

在知识经济、全球经济一体化进程不断加快的今天，设计已经不再单纯是设计师创作产品的过程，而是通过合理有效的管理，渗透并深入企业的各个方面，产品逐渐成为设计管理成果的体现。

设计管理正成为企业经营战略中的一个重要组成部分和一门重要学科，甚至在整个制造业和工业产业体系中，也扮演了非常重要的角色。可以说，设计与管理的结合成为企业发展过程中的必然现象。

这一过程涉及产品及产品设计、产品设计管理等几方面要素。

一、产品与设计管理

（一）什么是产品及产品设计

产品是指能够提供给市场、被人们使用和消费并能满足人们某种需求的任何东西，包括有形的物品以及无形的服务、组织、观念或它们的组合。

产品设计是四维化的结构与机制的体现。设计的本质在于催化、引导和调整整个生产关系，通过集成和整合，优秀的、可持续的设计可以生产出符合设计、制造、流通和使用规律的产品。

（二）什么是产品设计管理

设计管理诞生于英国，在英国带动了整个创意产业。此后，设计管理在美国、法国得到了长足的发展。

设计管理是根据使用者的需求，有计划有组织地进行研究与开发管理活动；有效地积极调动设计师的开发创造性思维，把市场与消费者的认识转换到新产品中，以新的、更合理的、更科学的方式影响和改变人们的生活，并为企业最大限度获得利润而进行的一系列设计策略与设计活动的管理活动；是帮助企业以市场和消费者为导向而做出的最佳设计决定和与之相关的设计方法；是一个长远的、多方位的、多层次的综合性商务活动。

设计管理是管理与设计的桥梁，并在企业里扮演着链接工艺技术、设计、设计思维、管理、市场营销等内外平台的角色。

（三）设计管理的目的和意义

在目前包括服装业在内的创意产业中，设计部门作为一个产生企业核心竞争力的重要部门，迫切地需要并渴望设计管理。目前，大多数企业对于设计部门的管理主要针对设计项目的管理，设计师则从属于项目需要。设计部门与其他部门不同，创新是设计部门的主要任务。设计师作为设计部门的构成主体，是创新的源泉。设计也不再是个体行为，而是一个组织性的执行过程，是一个系统。任何一个品牌都需要依靠这个系统来完成设计任务，在设计系统里，设计师、设计总监、设计助理、总设计师所扮演的角色不同，要把设计系统中每个角色串联起来，使之能够充分发挥创造力，让该系统成为不断创新、不断为企业创造价值的组织，就需要切实有效的设计管理。

设计管理不是单纯对于设计师的管理，而是负责协调整个产业链中的矛盾，处理从设计图到产品赚取利润乃至品牌建设的整个关系。设计管理为优秀的设计师与设计作品提供土壤，控制优化各种资源，使之达到合理配置。除此之外，设计管理还肩负着提高设计效率的责任。

在服装企业中，对设计管理也有着巨大的需

求。品牌和产品是服装企业的核心竞争力，设计师是形成核心竞争力的基础，而设计管理是构成核心竞争力的重要方面。

二、中国服装企业设计管理现状

经过几十年高速发展，中国服装企业逐渐意识到：以行业目前的发展规模和程度来看，品牌、市场都已经开始对设计提出新的要求。设计是否需要管理以及如何管理，逐渐受到行业的关注。

（一）设计管理的不足与问题

就中国服装行业现状而言，设计管理在企业仅停留在概念层面，并未在现实操作中形成系统理论。企业对于设计管理的概念，更多运用在新品设计以及为推广这些产品而进行的战略性管理与策划上。也就是说，绝大部分企业对设计管理的概念还处于对具体设计工作部门管理的低层次概念中。

这导致目前国内服装行业设计管理存在以下问题：有设计，但是缺乏管理；有管理，但没有合适的方法；有方法，但尚未有明显效果。

（二）设计管理逐渐受重视

不过中国服装产业和市场与国际的接轨，给设计管理在中国的发展带来新的契机。

根据波士顿咨询公司的调查数据显示，到2015年，中国奢侈品销售将达2.7亿美元，超过日本成为世界上最大的奢侈品消费市场。而到2020年，中国时装业产值将达1.3万亿人民币；而由于近几年，亚洲特别是中国的消费市场逐步扩大，世界奢侈品牌不断在经营过程中加入东方元素，比如在Swarovski Elements的最新广告中，就把东方面孔和西方面孔融合起来展现出两种不同的美与审美观，意大利Tod’s集团旗下品牌Hogan的广告中，也出现越来越多的亚洲面孔，其中不乏中国模特。

与此同时，中国设计师与设计人才也正在崛起。有预测认为，未来一段时间，香港将会成为中国大陆设计理念通向世界的窗口。而在2011年，*VOGUE*美国版曾以“向东走”为题，专门介绍中国制造。在其主编安娜·温托（Anna Wintour）看来，中国制造的含义不再仅限于加工，而是逐步展现出中国的设计能力以及产品的质量和创新。

世界服装市场和时尚产业对中国的重视，让中国服装行业重新审视自己。近年来，随着对设计管理理论研究的深入和对设计管理运用的增多，中国服装企业也逐渐意识到设计管理的重要性。已经有企业开始从企业经营角度对设计进行管理，以企业理念和经营方针为依据，使设计更好地为企业战略目标服务。另外，针对服装企业的设计管理顾问公司也已成立，如中国著名设计师武学凯就在上海成立了设计管理公司。此类设计管理公司帮助服装企业进行主题策划、考察样板、产品研发等，同时服装企业中的设计师也会参与合理的设计管理流程。

设计管理在企业中逐渐受到重视，产品的力量也日见凸显，更多、更好的产品作为现代设计管理的成果显现出来，企业同时也成为设计管理最优化的利益实现实体，并能够更好地将各种资源运用到设计管理中，推动产品进一步繁荣和发展。

三、中国服装企业设计管理发展方向

设计管理的发展需要满足多方面要求，在执行层面，设计管理包括人才管理、品牌管理、产品管理、质量管理、文化客户、财务管理等；在思想层面，由于每个处于设计管理体系中的个体思维方式不同，需要协调不同个体，以把握团队整体未来的脉络。

良好的设计管理将在执行管理和思想理念两个层面整合所有资源，让产品在企业的发展过程中与其关系达到最优。

（一）人才是设计管理的核心

设计师、设计团队、品牌和企业之间的关系是从个体到组织、再从组织到社会的递进关系。整个系统由个体构建，以创意为核心。设计师是企业的宝贵财富，但设计师又是一个比较特殊的群体，他们大都富有独特的创造力与创新性，富有活力，喜欢冒险，喜爱新奇，同时具有独特的个性与处事方式。因此企业对设计师的人性化管理方式就显得尤为重要。

北京爱慕内衣有限公司即十分注重设计师团队的管理与培养。在国内大部分服装企业中，设计师和板型师是分开的，而爱慕通过对设计师的良好培训，公司的设计师大都精通从设计到打板、制作的整个流程。

爱慕认为，在服装这一人才流动性较大的行业里，要使核心人才具有较好的稳定性，需要公司对于人才、对于核心部门的关注。爱慕在设计管理上进行了梯队型培养，把设计师按照不同阶段进行划分，在帮助设计师实现不同阶段理想的同时，公司本身也因设计师的成长而实现发展。

（二）创新是设计管理的源泉

在设计管理中，创新对设计师的影响巨大。设计师需要创新和新鲜事物来刺激源源不绝的灵感。因此，设计管理创新性人才培养十分重要。设计师要打开壁垒，更多地观察和感受。在服装企业，设计师不仅要关注服装设计，同时也需要关注工业设计、建筑设计、环境艺术以及美学等多个方面，因为设计是一个包容且宽泛的概念。

创新性不单来源于服装行业本身，也来源于对世界的了解以及视野的宽度。因此，设计师要开阔视野才能找准定位。把宽泛的概念聚焦到产品上，设计的延展性则会加宽，设计师也会获取更多灵感。设计管理为设计师提供的，即能产生良好创新的氛围和环境。

但同时，创新也意味着风险。在美国，只有10%的设计可以转化为生产力，而其余的90%都以失败告终。所以在设计管理中，针对创新需要进行风险控制，让设计师释放能量的同时也要进行规范，从品牌定位出发，在合理范围内给设计师相对自由的发挥空间。

（三）寻找适合的设计管理方式

不论国内还是国外，都不存在可供一个品牌或设计师完全照搬套用的经验。设计与管理其实是一对相辅相成的矛盾体。每个品牌都需要根据自己合适的方式和背景处理好设计和管理之间的关系。最合适的方式一定是企业自己创造的，是前人没有使用过、后人无法效仿的。在这样的情况下，每个企业要根据自己的具体情况，按照企业不同的发展阶段不断改变完善设计管理策略与方式。

在国外，管理者与设计者的权限是两条平行线，两者之间不停争夺话语权，在双方达到平衡的时候，企业才能健康发展。

而很多中国企业，品牌发言权掌握在总裁手中，设计师的设计能否通过，由总裁最终决定。设计师和管理者争夺话语权的情况，在中国企业中是不多见的。中国企业现有的设计管理方式，也许是最适合现阶段中国服装行业和企业发展阶段特点的方式。但对比国外的先进理念，中国设计管理显然还有很长一段路要走，这需要国内企业更多吸取国外先进设计管理理念，将中国传统管理理念加以更新运用，以增强竞争力。

（四）设计管理模式需要不断转变

在整个设计管理过程中，存在着以市场调研为核心、以技术创新为核心等多种模式。而目前，随着设计管理不断发展，出现了一种新设计管理模式值得企业关注，即把以市场导向为核心的模式与以技术导向为核心的模式相结合，形成以设计利益为核心的模式。

以设计利益为核心的模式，不过多考虑消费者需要什么样的产品，而是把企业认为最有价值的产品呈现给消费者，向消费者进行提案。这种模式让企业将创新与效用、价格与成本整合一体，不是跟其他企业比产量，而是跟其他企业比创新；不是瞄准现有市场的“高端”或“低端”顾客，而是面向潜在需求的消费大众；不是一味细分市场满足顾客偏好，而是合并细分市场，整合需求。

中国设计师品牌例外即为该种模式倡导者。公司认为，时装消费者每6个月就会对自身需求进行一次“清洗”，而传统以市场调研等为核心的模式，从获取调研结果到设入设计生产并产生产品，时间跨度较大，不能完全反映和满足消费者的需求。

而公司认为，在以设计利益为核心的模式中，设计师可以用设计向消费者进行提案，从而把设计由被动转向主动。在这种模式下，例外逐渐为消费者认可，成为国内著名服装品牌。

事实上，无论何种模式，在设计管理过程中，企业、品牌、设计团队和产品等几方面要素之间的关系都是密不可分的，它们之间是从个体到组织、从组织到社会的关系链条。所谓设计管理，即不断协调和处理这几方面要素的关系。也就是说，一个充满个性的设计师如何和谐统一在设计团队里；一个设计团队如何通过产品设计来树立品牌风格；品牌风格如何体现企业文化；服装企业如何共同促进行业发展；行业大环境的影响下又会涌现出怎样的设计师？这是一个从设计师到行业、再从行业回归设计师的环形链条。当这个运转顺利得当时，环形链条将螺旋上升，从而推动整个服装产业的发展。

整合：供应链协同方略

供应链作为一个环环相扣、首尾相连的链条，每个节点上都有供、需双方的协作和博弈，完善供应链就是要利用各种手段、方式，通过供应链高度协作，使链条上每个环节中供需双方的价值和利益得以共同实现，进而产生价值的叠加效应。双方甚至多方的价值体现构成了整条链的价值体现，再通过价值的实现和提升，进一步完善供应链，使之产生更高的效率和效益，最终形成供应链的良性循环。

一、供应链的目标

供应链节点上供需双方的价值取向应该是基本一致的，例如一个服装采购商的基本诉求是商品的高品质，而服装供应商的基本诉求是尽量降低成本以谋求更高利润，那么供应链这个节点出现问题的可能性就会较大。

尽管不同供应链所产生的价值有所不同，但基本目标和价值观具有共性，即质量、快速反应、服务、成本控制和价值创造五个方面。

（一）质量

质量是生产价值的基本体现。产业链管理的最根本追求就是质量控制，并在成本相对固定的情况下，尽可能提升产品品质。对于供应链的供应方来说，质量是叩开客户大门的敲门砖，或者说是最低门槛；对于需求方来说，质量也是选择合作伙伴的基本条件。

质量产生的价值是可持续的，其价值在于“信赖”和“信誉”造就了反复购买甚至高度的客户忠诚和品牌忠诚。日本平价服装/家居品牌 Uniqlo、无印良品等都是主要依靠消费者心目中的品质信赖创造了销售神话。

（二）快速反应

在当今这个“快时代”，时间的价值创造力不可小视，Zara 等众多快时尚品牌正是利用其对市场的高度快速反应来源源不断地产生新价值。

体现在终端的“快”实际上是整条供应链反应速度的体现，任何一个环节的短板都可能拖滞供应链的反应速度。快速反应与成本之间存在博弈，很多情况下为了提高供应链的反应速度，就需要较高的存货成本、采购成本、技术成本、人力成本、物流成本等去支撑，但同时，快速反应也在通过产品周转率、库存周转率、资金周转率的提高而产生流动性收益，只要收益大于成本投入，则对于提升快速反应的高投入就十分值得。

（三）服务

好的供应链服务提供方提供比客户更前瞻的开发和“省心、放心、安心”的一站式服务。好的供应商能够做到“提供客户想要的”，真正的供应商则是“告诉客户他们想要什么”，不论是中间产品供应商还是终端供应商，服务都是在与竞争对手技术水平相似、价格成本相仿情况下的制胜法宝。

服务也有增值效果，良好的、系统的、持续的、不断创新的、偶有创意的服务，长期来看能够抵消客户对成本的计较，服务能够有效提高一个企业、一个品牌、一个产品的性价比。

（四）成本控制

成本控制并非一味压低成本，而是用价值链的思维方式衡量成本和收益的关系。通过在整个供应链中合理分配成本和收益，使整个供应链总成本下降，总收益提高，通俗地说就是“算小账”和“算总账”的区别。

一个企业如果一味压低本企业成本，甚至为此挤占上下游合作伙伴利益，那么最终结果只能是链条上下游企业的损失滞后地反应到本企业身上。完善供应链的一个重要途径就是完善供应链利益分配，合理的、局部的“让利”已经被众多优势企业当作谋求长期利益的重要手段，通过高度高效协作，供应链各方在降低不必要浪费、提高有效供给、提高周转速度、提高市场活力等方面，能够大大降低除原料、劳动力等的非物化成本，甚至大大降低库存等物化成本，这部分成本往往被企业所忽视。

（五）价值创造

供应链的价值创造力高于单个企业的价值创造力，这一点毋庸置疑，例如“研发”在供应链的协同下能够发挥出更大的创造力。目前很多海外面料供应商与其服务的服装品牌商共同设计开发面料，或在提供特色面料的同时提供能够发挥面料优良特性的服装设计建议，面辅料供应商甚至更加关注服装流行趋势，并积极参与服装流行趋势、色彩流行趋势研究和发布。此外，供应链“快速反应”所带来的流动性价值、供应链协同服务带来的附加服务价值、稳定价格带来的货币价值等都十分可观。

二、完善供应链的手段

要做到质量、快速反应、服务、成本控制和价值创造，唯有从供应链内部挖掘潜力。打造一条高效、稳定、节约、可靠的供应链，可以从研发、技术、沟通等多重角度进行改造提升。

（一）研发

研发是供应链中重要的一环，没有研发的供应链是没有价值的，终将被模仿所替代。研发能力是一条供应链软实力的体现，企业的研发能力不仅是其科技水平、管理水平的象征，更是对市场研究能力和掌控能力的体现。未来的研发必然是供应链的协同研发，特别是一个企业与其紧密联系的上下游和外延服务企业之间的协同研发。目前我国服装企业与面料企业之间存在一条鸿沟，服装企业总是抱怨找不到理想面料，而面料企业则埋怨服装企业对其开发的得意新品置之不理，可见，不基于协同研发的企业，其研发效率十分低下，这也是我国纺织行业科技成果转化率难以提高的主要原因之一。

（二）原料

原料是产品品质的基本保证。为保证相应的品质，好的供应链应该在全世界找合适的原料，甚至到全世界投资和控制原料产业。雅戈尔、鲁泰、鄂尔多斯等我国诸多服装龙头企业都已涉足棉花种植、麻种植、畜牧业等原料供给产业。

把握源头不仅为保障品质，也为控制成本。我国发展深加工业，但对原料的控制权却相对忽视，造成加工业发展得再好仍要受制于人的现实。2009～2011年，搅动得整个纺织服装行业地动山摇的正是位于产业链最前端的棉花。我国存在巨大棉花缺口，且自产棉质量不能完全满足终端生产需求，使得我国偌大的纺织服装产业在原料供应国面前十分被动，甚至话语权缺失。

（三）技术

供应链广泛运用技术手段的目的多种多样，包括提高研发能力、提高快速反应能力、提高劳动生产率以降低单位成本、提高产品质量、提高管理水平、制造较高的竞争壁垒等。技术可以说是其他完善供应链手段的基础，企业供应链管理本身就是对企业技术水平、技术能力、技术人才配备、技术跟进、技术创新的考验，技术在供应链管理中无处不在，并且作为供应链管理的基础必须要不断演进、不断创新、不断提升。

（四）物流

对于一个企业乃至一条供应链来说，物流黑洞吞噬的成本费用相当可观，再加上由于物流不畅造成的终端调控失灵，损失更加巨大。建立高效的供应链物流体系，尽管投资相对较高，但作为供应链中最基本的“物”的传递，完善的供应链必须拥有较低成本、较高效率和较高安全性的物流通路。企业可根据自身情况采取自建物流体系、运用第三方、第四方物流等多种物流模式相结合的方式，降低各级产品在流动过程中的时间、费用、错误率，提高物流体系的灵活性、便捷性和可靠性。

（五）标准

供应链的标准既包括技术标准、产品标准、质量标准、检验标准、工艺标准等生产管理、质量管理相关的标准，也包括操作规范、运作流程规范、数据统一格式标准等企业管理、供应链产销存管理等标准和规范。标准和规范既是产品品质的保证，又是企业的技术壁垒手段，既是供应链企业间责权明晰的保障，又是选择合作伙伴的底线。特别是实行供应链一体化管理的企业，标准和规范即为核心企业的工作要素。

（六）沟通

商品的生产和营销全过程中极易出现浪费和损失，要优化供应链流程和提高供应链效率，就需要各个过程的无缝衔接和沟通，需要专业团队来实现供应链的一体化管理。其中最主要的就是运用现代网络和信息技术。通过信息技术，能够做到客户从网络上随时跟踪订单整个流程，做到供应链各个节点产销存数据的实时跟踪和共享，做到企业与企业之间、部门与部门之间、地域与地域之间的随时直接对话。通过提高信息的对称性、流动性，提高信息价值，通过一体化管理，塑造供应链趋同的企业文化和行为风格，使供应链中不同企业能够基本做到无障碍沟通和步调一致。

（七）节能、环保和社会责任

环保、节能、社会责任等既是企业应承担的责任，也是企业的附加价值，是企业在供应链管理中不可忽视的一环。未来社会对企业与社会、企业与人、企业与自然的关系越来越重视。企业发展要兼顾经济效益和社会效益，要兼顾本企业与供应链关联企业。注重节能、环保、社会责任的企业，不仅能够塑造一个良好的企业形象、打造良好的企业文化，还能够通过节约和高效降低成本，更能够通过与社会、消费者、员工的良好关系和互动创造价值。

（八）诚信

供应链的诚信体系是供应链可持续运转和发展的保障。当诚信覆盖到供应链的各个环节，这条供应链可以说是安全的、有效率的。企业在经营运作过程中或多或少有因合作伙伴诚信问题造成的损失，因企业缺乏诚信风险防范意识造成损失的经历，更大的损失来自于供应链的不诚信行为（如提供不合格产品等）造成了终端消费者对品牌不信任。诚信问题会极大降低供应链的效率，且造成的后果往往不限于经济利益损失。

三、供应链发展趋势

我国服装行业在“十一五”期间登临国际制造业高峰，一条主要利器和支撑就是涵盖由种植、畜牧到纺织制造、印染整理，再到成衣加工的完整产业链。然而，粗放型、大而全的发展模式已经不能完全满足中国服装“十二五”期间产业升级的需要。大到产业链，小到供应链，我国纺织服装行业面临着深刻的质的转变诉求，其发展方向可以用“全、专、细、精”四个字概括。

（一）“全”

全，即覆盖全领域。目前我国服装供应链条上实际仍存在不少“弱环”，最突出的是高档面料和特色、个性化面料以及工艺要求高或有特殊加工要求的特色服装加工制造，另外在棉、化纤等纺织原料供给方面也存在明显缺口和不足，这些短板都会通过供应链条的传导效应制约服装企业乃至影响服装行业竞争力的提升。要做到“全”，就要充分掌握、分配和利用好所有可用的产业资源，甚至通过国际化手段弥补不足。

（二）“专”

专，即高度专业化分工。专业化是未来产业发展特别是加工业发展的必然趋势，也是中国服装产业集群发展的必然趋势，专业化已经成为大多数加工型企业打造核心竞争力以及塑造企业个性和文化的基础。未来，中小企业的一个重要发展方向就是专业加工制造业，一个优秀的企业不再是内衣、外衣、上衣、裤子样样会做，而是要精专于一个专业领域。要围绕其核心业务，利用技术、信息、研发、金融、商业模式等各种手段提升自身素质和创新能力，使企业在专业领域中始终保持领先。

（三）“细”

细，即领域、品类、业务的高度细分。细分程度是一个产业成熟度的衡量标准之一，目前我国服装行业从品类到业务细分不够，有大量空间有待发掘，未来几年，我国服装产业将步入细分时代。从产品看，以运动类服装为例，目前已经从运动装细分出运动休闲服装、职业运动装、户外运动装、专业运动装等细分类别，各个类别仍有待进一步切分，比如户外运动装已经根据中国人的生活方式细分出户外休闲服、户外运动防护服等。但由于细分不足，市场上仍然呈现出同质化和有效供给不足局面。业务细分则是将企业分工进一步明确，使不同类型的企业能够集中精力主攻各自强项。细分来自于市场需求，反过来也能够帮助市场需求增长。

（四）“精”

精，即业务精细化、管理精细化、服务精细化等。很多中国服装企业在三十年粗放型发展道路上养成了不注重细节的毛病。如果不转向精细化发展，将很容易被越南、柬埔寨、土耳其等竞争国超越、替代。精细化能够带来内涵式核心竞争力，日本企业在精细化方面非常值得中国企业学习。通过精细化管理，日本企业在本国资源成本远远高于其他大多数国家的情况下，最大限度地减少管理所占用的资源和降低管理成本，并提供一贯的、优质的、精致的产品和服务，从而确立了日本企业、品牌、产品在各自领域中的全球领军地位。

四、企业构建完善供应链的发展趋势

我国服装供应链管理理念尚未发展成熟，拥有完善供应链的企业更是凤毛麟角，随着我国由服装大国向服装强国迈进，越来越多的企业必须要打造适应时代发展要求的供应链。接下来五年，我国服装企业构建完善供应链的过程中将会出现三个明显趋势：首先是由以本企业运营成本为核心价值思维模式，向价值链的思维模式转变；第二是供应链国际化；第三是为真正实现供应链价值创造能力而进行的商业模式和企业运作模式的改革和创新。

（一）价值链的思维方式

从工业发展起步的中国服装行业，思维模式或多或少会受到成本论的束缚。成本论的思维方式往往在企业战略中得到节约、压低购进价格、抬高售出价格等结论，但这些只能够“省”出、“挤”出利润，却不能产生价值。价值论的思维方式是以市场和客户为原点，科学地考量一项投入所产生的附加价值，进而用数理科学等方法衡量其投入产出比。在这个过程中，专业合作无处不在，一个服装企业的任何非核心业务都有可能外包出去，合作中的利益分配也必须基于价值链思维去制订和调整。

（二）供应链国际化

国际化的供应链是一个企业供应链发展的必然趋势和必然选择，是国际经济一体化发展的必然选择；是国际产业分工发展的必然趋势；是国内资源局限和产业发展诉求矛盾的唯一解决方法。

国际供应链完善的服装企业，无不在全球整合资源。某意大利百年袜业企业为从原料源头获得品质优势，在埃及圈地种植长绒棉；Nike 等轻资产品牌企业均在全球进行产品采购和组合；快时尚典范 Zara 更是在全球进行产供销存的全盘布局。

部分中国服装企业已经着手打造国际化供应链，特别是将研发、生产环节放到更适合的国家和地区的尝试已经初见成效。

（三）创新的商业和运营模式

要将供应链作用发挥出来，就必须创新企业运营模式和商业模式，使供应链真正成为一个整体。开放的数据、协同的研发，乃至一致的物流编码、合作方式、物流方式、营销方式等，都要进行基于供应链效率和效益最大化的重置。企业要摆脱运营模式局限于单一企业的思维，将整个供应链作为资源，甚至资源基础加以通盘思考。企业要透过供应链掌握整个商品进程，要掌握从纱线甚至更前端原料开始的整个商品进程。

对于未来的企业来说，商业模式创新尤为重要。品牌附加价值很大程度上来源于企业新的市场营销模式，服装企业要围绕市场营销进行构思，再将创新的营销模式与供应商、生产商等各个环节相结合，并以此刺激市场，完成从产品导向到市场导向的转变。

文化：品牌发展与文化创新

文化是人类文明发展历史中所创造的宝贵精神财富，它始终承担着丰富人类心智的责任。其珍贵之处在于，文化凝聚了不同时代、不同民族的智慧与审美能力以及对于真善美的不懈追求；其价值在于让人们的心灵找到最终归宿。文化的表现形式包括文学、建筑、服装等艺术形式。

党的十七届六中全会提出建设“文化强国”的重要战略思想，充分体现了党和政府对于文化及我国文化事业发展前所未有的高度重视。我们应该在理论探求与具体实践中，继承和发扬传统文化，改造新文化，发展先进文化，并以之作为实现文化创新的基本方略。

而在服装这个创意产业中，更需要用创新的思维将文化与品牌理念相结合，以使中国服装品牌屹立于世界时尚之林。

一、中国服装“文化创新”与“品牌发展”

（一）文化创新的定义

文化在交流的过程中传播，在继承的基础上发展，都包含着文化创新的意义。人类发展离不开创新，创新是一个民族进步的灵魂，是一个国家兴旺发达的不竭动力。文化创新，是社会实践发展的必然要求，是文化自身发展的内在动力。

在任何行业，文化创新都是企业进步的源泉，其根基是企业日常生产经营活动的实践过程，对企业发展有着重要的指引作用。

（二）文化创新对于品牌发展的意义

品牌是一种文化现象，其中蕴含着丰富的文化内涵，优秀的品牌和文化有着不解之缘，比如“可口可乐”代表了美国自由、自我的国家文化，“Sony”代表了日本自强不息、不断创新的企业文化，“Adidas”代表了欧洲悠久的足球文化和严谨的德国文化等，文化是支撑品牌经营的强大支柱。

品牌和文化之间有着密不可分的联系。品牌是文化的载体，展现文化的独特魅力；文化是品牌的灵魂，支撑品牌的丰富内涵，是凝结在品牌上的企业精神。

品牌是参与市场竞争强有力的手段，同时也是一种文化现象。在塑造品牌形象的过程中，文化起着催化剂的作用，使品牌更具韵味，让消费者回味无穷，牢记品牌，从而提高品牌的认知度、知名度、美誉度，最终提高品牌的市场占有率。

1. 文化创新推动品牌发展

品牌发展的实质在于文化创新。品牌源于文化，文化推动品牌发展。

文化创新是塑造品牌文化的需要，是品牌发展的需要，也是企业发展的需要，服装品牌的可持续发展离不开创新。法国前文化部长弗朗索瓦兹·吉德鲁曾说过：“每一种时装的死去，都是因为它不再让人着迷；而每一种时装的诞生，都是因为它代表一种新的欲望。”这正说明品牌是文化的载体，文化是凝结在品牌上的企业精华，也是对渗透在品牌经营全过程中的理念、意志、行为规范和团队风格的体现。因此，对于服装企业来说，当产品同质化程度越来越高，企业在产品、价格、渠道上越来越难以通过制造差异来获得竞争优势的时候，品牌文化正好提供了一种解决之道。

2. 文化创新促进品牌繁荣

文化是一个企业、一个品牌永葆生命力和富有凝聚力的重要保证。服装品牌的繁荣是服装品牌在发展过程中将企业经营理念、意志、行为规范和团队风格体现最优化的表现。只有在实践中不断创新，企业文化和品牌文化才能充满活力、日益丰富，企业和品牌也才能焕发生机。

北京爱慕内衣有限公司在企业发展中坚持“创造美、传递爱”的品牌理念和“精致、时尚、优雅”的品牌定位，将品牌文化与企业文化创新结合，在风格上追求东方元素与国际流行的有机融合，打造具有中国风格的国际化品牌形象。

文化为本，创新为魂。对于企业文化和品牌两者之间的关系，爱慕公司认为，离开企业文化仅仅谈品牌文化是片面的，品牌文化不可能脱离企业文化而存在。这其中的原因是：企业文化面向的是员工，针对的是整个公司组织；品牌文化面对的是顾客，针对的是产品和市场的，一个向内，一个向外，两者相辅相成，构成整体。品牌发展离不开文化，品牌繁荣更离不开文化创新。

二、中国服装品牌文化创新现状

目前，中国已经是世界第一服装制造大国，然而这个大国地位，很大程度上还局限于低端、常规的服装产品生产，行业内也以低价位竞争为主。可以说，以文化创新为切入点的高附加值产品生产模式和品牌经营模式，尚未在行业内普遍启动，中国服装业的文化创新明显不足。

（一）尚未形成品牌文化创新意识

中国企业善于复制或备份潮流文化，而忽视了创新。或者说，由于复制和备份操作简单、成本低廉；而自主创新投入巨大、产出周期长，在功利主义的驱动下，中国企业往往选择前者。

正如在中国服装产业中，国内高档服装在文化设计理念、文化与品牌结合，板型和面料使用上，多数依然依靠或模仿国外，而尚未形成品牌文化的创新意识，也就难以在文化创新上投入更多的精力。如果不改变现状，长此以往，中国服装将无法摆脱目前量高价低的现状，只能是国外品牌的附庸，难以走上服装强国之路。

（二）尚未与先进科技相结合

人类文明的演进是文化创新与科技创新相互结合、相互推动的结果。历史经验表明，文化影响着科技的生成、发展与传播，影响着创新的进程和结果。文化的进步必然包容当时的科技发展和创新成果，乔布斯与苹果公司的成功正是文化创新与科技创新结合的体现。文化与科技创新的互动是近代文明演进的主旋律，当代的科技创新在与文化、经济和社会的互动中，扮演着越来越重要和主动的角色。

企业针对先进科技手段的运用，科技投入，特别是研发和文化创新投入以及在技术引进基础上的学习和再创新投入，是衡量企业是否具有文化创新能力的标准。

国外服装品牌尤其是体育品牌，早已深刻理解科技与文化创新结合的重要性，并以此为出现点，开发创新产品。例如耐克与苹果于 2006 年推出了创新的“Nike + iPod”系列产品，首款产品为一套可以让耐克运动鞋与 iPod nano 进行“对话”的无线系统。这一运动组件包括内置于鞋中的传感器和与 iPod 连接的接收器，这样，iPod 就可以存储并显示使用者运动的时间、距离、热量消耗值和步幅等数据，使用者也可以通过耳机了解这些实时数据。通过文化与科技相互结合，使两个品牌价值形成为一个融合品牌，吸引更多的市场关注度，刺激消费者的购买欲望。

（三）忽略人才资源

人才，特别是高层次人才是企业文化创新最宝贵的资源。目前中国服装企业中高层次人才规模、质量、结构都有待于进一步优化，企业创新人才不足正成为中国服装企业文化创新中最突出的矛盾，制约着企业创新能力的进一步提升。这就需要企业在文化创新与品牌的建立发展过程中，进一步加强对人才资源的重视。

三、文化创新与品牌发展的未来

随着中国经济发展，文化日益丰富，文化创新与品牌的关系也更加密切。在未来市场竞争中，国际品牌将大踏步进入中国市场，中国服装品牌如何在品牌竞争中完成文化创新，并以此赢得与国际品牌竞争的机会？开始走向国际的本土服装品牌，又将如何甩掉低价、低质的品牌形象，实现品牌的文化振兴？

（一）文化创新需要与管理经营模式创新结合

增强文化创新意识，实现品牌文化振兴，首先需要从全球竞争模式下思考，将经营理念、管理模式、赢利模式的创新速度加快，促使企业整体向注重价值经营与核心竞争力的现代企业管理、经营模式转变。

"例外"品牌的成功正是企业文化创新与品牌的经营和管理紧密结合的例子。例外的文化创新主要体现在营销模式上，这种模式来源于营销与文化的组合，通过控制规模、轻资产运营，辅以另类营销模式，将美学和艺术融入商业运作，提高产品的附加值。

而支撑这种模式的，是例外的品牌文化和营销模式：作为国内现存时间最长的设计师品牌之一，其创新、品味独特的国际化设计理念，获得广大客户和专业人士的好评。例外将文化与营销很好地结合，采用特许加盟的模式，除北京、上海、广州外，其他区域均交给合作代理商，由其负责店面审批和协调事宜，并根据每个店铺的发展阶段和情况设计销售指标，根据指标进行考核和跟踪管理，加强其终端控制力。例如通过这种终端控制力将企业文化与代理商思想很好地统一，并采取统一品牌形象推广、媒体宣传和艺术与店面装饰的结合等手段，为消费者提供了一个全新的购物环境。

（二）文化创新需要与先进传播方式相结合

在企业品牌发展中，文化创新也包含着文化传播手段的创新。传播决定影响，因此要依靠文化创新带动品牌创新，就必须积极推动文化创新传播手段的更新。

作为时尚类产业，服装产业的品牌建设和文化创新道路需要紧跟着现代化传播方式的步伐。具体到现阶段，以数字化、网络化为代表的现代信息技术，推动了传播方式的巨大变革，数字卫星电视、IPTV、移动电视、手机电视，电子商务、微博营销的模式迅猛发展。互联网已成为覆盖广泛、快捷高效、影响巨大、发展势头强劲的大众传媒，深刻影响着人们的生产方式、生活方式、思维方式和思想观念。

以新浪微博为例，作为注册用户增长速度最快的互联网工具，其在中国发展两亿微博用户，仅用14个月的时间。微博每天发博量达八千万条的海量，从信息传播来说，其具有成本低、覆盖广、速度快、针对性强以及多样化、人性化的特点，可以说，是传播品牌文化和品牌知名度的有力方式。

事实上，在中国服装品牌中，运用此方式提升品牌影响、支撑文化创新的案例不在少数。

比如Adidas集团就在品牌塑造过程中利用了这一传播方式，取得了良好的品牌宣传效果。作为最新测试新浪微博的用户之一，Adidas在新浪微博中拥有众多官方账号，特点为基本按照子品牌线进行划分。分为“阿迪达斯训练”、“阿迪达斯跑步”、“阿迪达斯篮球”、“阿迪达斯足球”、“Adidas - NEO - label”等子品牌账号。

通过总账号的发布和子品牌账号的转发模式，提升了阿迪达斯微博的人气及品牌知名度。Adidas 系企业的微博非常重视信息在子品牌账号间的传播，将信息有策略的进行扩散。Adidas 集团账号之间的协作模式是比较清晰的。

可以说，微博营销加强了品牌与消费者之间的沟通，让销售服务更加人性化，让客户与员工能更方便地了解 Adidas 的动态，通过企业与销售终端互动的方式，使整个销售氛围显得轻松而活跃。

随着微博营销优势的逐渐明显，各个企业均加大微博营销力量，让微博成为企业品牌结构中一个不可或缺的有效营销途径。微博的介入，让准客户更容易寻找到用户的评论、建议、意见。相对于其他之前的网络载体，微博是一个更真实的工具。

（三）文化创新需要与品牌内涵结合

品牌内涵的创新是文化创新的核心，也是文化发展的根本。

劲霸男装即为一个较好例子：公司在专注夹克的产品研究、品牌传播的同时，也注意文化发展创新。在品牌内涵塑造、继承的基础上，把品牌与男人永不言败的时代文化精神相结合。劲霸男装广告词“混不好我就不回来了”，引起拼搏在外的男性消费者共鸣，使劲霸的品牌文化深入人心。

（四）文化创新需要与人力资源发展结合

企业文化创新来自于人才，如何鉴别和甄选与企业文化具有共识的员工以及在企业文化创新目标下进行员工关系管理，建立公平健康的企业文化创新激励机制，来引导企业人才创新，是众多企业追寻的目标，这就需要文化创新与人力资源发展紧密结合。

用企业文化来启发员工创新，用人力资源的管理方法来引导员工创新，在两者的相互配合下，在企业中逐渐形成创新环境与新风气。当企业把文化创新完全融入到自己的文化中时，员工的创新意识也会到达一个新高度。

当企业积极营造良好的文化氛围，所有员工为一个共同目标同心同德时，消费者则会对它所提供的产品和服务有更高的期待。

（五）文化创新需要与企业社会责任结合

很多企业利用“标新立异”的广告树立品牌，这种情况在房地产业中比较多见，如广告语“房产证要写我的名字”、“如果你不能给她一个名分，那就送她一套房子”。这些广告虽然反映了当前一些社会现状，但是却在调侃道德。当企业忽视了文化、忽视了文化和品牌的关系，只是依靠触及社会敏感神经的广告来搏人眼球时，也就难以树立起品牌。

事实上，企业树立品牌首先应该建立在对文化负责、对社会负责的基础上，品牌文化的塑造、创新与传播，立意应该是较为崇高、积极和正面的。当企业将自律、求知、负责任融入到文化创新的血液中，品牌的感召力将自然而然直抵消费者内心，从而形成一个真诚、创新、有力量的品牌文化。

模式：与品牌崛起的时代对接

改革开放至今30年间，中国服装行业生产经营从粗放到集约，从简单加工到创立品牌，走过了一条高速发展之路。

中国第一代服装品牌的成功，建立在需求大于供给的市场上，在物质匮乏的年代里，企业只要具备强大的生产能力，就有机会发展壮大。

第二代服装品牌所处的时代，是中国消费者正由生存型向小康型转变，并开始追求品牌的时代。一些企业抓住了这一契机，得以建立中国服装行业的优秀品牌，也是目前中国服装业的中坚力量和主流品牌。

现阶段，第三代服装品牌正在迅速成长，这一代的企业对时尚和未来的理解非常深刻，它们对市场和流行趋势有更深刻的洞察力，并且了解更加新生代消费者的价值观、人生观、品牌观。

可以看到，30年来，在不同的社会和市场环境下，中国服装企业采用的模式虽不尽相同，但都很好地顺应了当时的市场，使企业得以发展壮大。而现在，中国服装业正迎来一个新的时代。

一、本土品牌崛起时代

改革开放以来，中国经济依靠低人民币汇率、低劳动力成本和低环境成本，取得了高速发展。不过简单粗放的模式赢得了速度，却输掉了品牌，不但没有建立起中国的品牌自信度，“中国制造”反而成为廉价的代名词。

而现阶段，简单制造的粗放型模式正在向品牌经营的精细型模式转型，逐渐成为包括服装在内的中国制造业未来发展的需要。

（一）本土品牌将迎来崛起时代

随着世界经济格局的变化以及中国经济的发展，无论从内部环境还是从外部环境来看，中国本土制造业品牌，都正在迎来崛起的最好时代。

1. 从纵向看

近年来，人民币不断升值、劳动力因人口政策不断减少、环境成本大幅提高，过去的发展模式已经不适应当前的环境，变革、升级的需求已经箭在弦上。而服装产业在资本、营销模式、设计与技术方面的雄厚积累，将助力品牌的这一腾飞时代；

2. 从横向看

2011年，中国已经超越日本而成为世界第二大经济体。但对比20世纪80年代日本超越德国成为全球第二大经济体时，日本品牌已经在世界范围内拥有较大影响力，当下处于相同发展阶段的中国，能在国际市场上有所建树的品牌并不多。在经济的强力支撑下，中国品牌面临飞速发展的美好未来。

3. 从市场环境上看

品牌的产生源于消费者对国家品牌、区域品牌的认同。根据麦肯锡公司的调查，在中国，信赖本土品牌的消费者比例逐年上升，到北京奥运会开幕的2008年时，已经上升到空前的53%，逐渐增强的消费信任为本土品牌的扩张奠定了坚实的基础。

4. 从全社会环境上看

经过30年快速发展，中国社会精神面貌和经济发展都呈现巨大改观，党的十七届六中全会提出建设社会主义文化强国战略目标，努力在全球范围内营造有利于中国文化的形象，这将给中国时尚领域带来巨大变化，并成为中国时尚品牌崛起的契机。

（二）品牌崛起时代的中国市场特征

对比过去30年，这个即将到来时代所孕育的市场，有着与以往截然不同的特征。

1. 中产阶级正在形成

中产阶级是时尚消费永恒的中坚力量。从现在到2050年，中国中产阶级将进入快速形成和成长期，并成为整个中国时尚产业崛起的关键力量，以此为依托的中国时尚产业将进入快速发展的下一个30年。

2. 消费快速升级

中国消费形态进入跨越式发展阶段，时尚消费的核心是心理上的满足而非物理上的需求。这种消费升级将为服装产业带来巨大变化。

3. 核心消费群体低龄化

“60后”、“70后”是目前主导中国经济的核心力量，而在消费领域，低龄化趋势则非常明显，“80后”、“90后”成为中国最具消费潜能的阶层。18~25岁人群占全部网络消费的65%以上，这部分消费者的行为将改变整个中国时尚产业的定义，消费者的成长将推动中国产生新的时尚企业。

4. 中国意识空前崛起

消费者的中国意识开始觉醒，寻找除“洋气”之外新的价值观。身着旗袍出席国际电影节的中国女星，充满整个北京奥运会开幕式的中国元素和符号……都体现了中国意识的觉醒。

5. 小众市场开始形成

现阶段，某一款服装适合大部分消费者的情况越来越少，任何一个品牌都要为自己的目标人群定义其所需要的产品。随着市场碎片化和细分化的加剧，大众品牌会越来越少，针对小众人群的品牌创新会成为持续趋势。

6. 商品更加注重个人感受

消费者需要个人感受，以实用为价值的产品越来越远离这个时代。

7. 促销必不可少

在这个时代，价格竞争会给品牌忠诚度带来困扰，这也是网络销售尤其是团购模式在过去一两年快速成长的原因。只有极少数高端奢侈品牌从不打折但消费者依然趋之若鹜，而其他大部分品牌，促销性因素都会与其持续相伴。如何做到有技巧地促销、有技巧地推广，是中国服装品牌必须思考的问题。

8. 消费者更加主动获取信息

长时间以来，消费者与品牌商的交流都是单向的，在品牌传播中，品牌商占据主导地位。而现在，互联网的发展使消费者有更多渠道主动获取信息，这使品牌商在与消费者的交流互动中，必须改变原有方式。

9. 渠道更加多元化

电子商务是近年来服装零售渠道多元化的一个明显例子，在未来10年，更多新型通路渠道将不断涌现。

二、三种模式对接品牌崛起时代

在目前的中国，经济环境、市场环境、消费者理念都为本土意识和本土品牌成长奠定了良好的基础，这对中国企业而言，是难得的历史机遇。可以说，中国服装产业再一次站在了关键历史节点的面前。中国服装企业需要用怎样的模式迎合和顺应这个时代和市场。

（一）形成零售市场核心竞争力

马斯洛需求层次理论把人类需求分成生理、安全、社交、尊重和自我实现五类，依次由较低层次到较高层次。现阶段，中国居民已经摆脱了较为初级的生存阶段，对服装的需求也从上升为更高级的对个性的展示、自我的追求和生活方式的体现，结合服装零售来看，即提出了如何在营销模式上帮助消费者实现服装高级功能的需求。企业强调市场与消费者定位、选址策略、店铺布局、产品结构、价格策略、促销策略以及员工管理，借此形成自己的核心竞争力，这是中国服装企业在品牌崛起时代所必须掌握的生存模式。

1. 市场与消费者定位

定位理论的奠基人艾·里斯与杰克·特劳特提出："定位"是指为"确定品牌在消费者心中的位置"，营销和商业战争并不发生在任何的街道和商店，而是发生在消费者的心中，这里是品牌的终极战场。定位的基本原则不是去创造某种新奇的或与众不同的东西，而是去操纵人们心中原本的想法，在顾客心目中占据有利的地位。推而广之，市场定位就是指企业或其产品在市场上所处的位置以及在消费者心中的位置，确定企业或产品某些特征或属性的不同印象和重视程度，并将这种形象生动地传递给消费者。那么，消费者定位就可以简单地理解为：企业或产品需要在哪些消费者的心中确定位置。

2. 选址策略

国际经营大师们认为，零售成功的关键是"Place－Place－Place"，即"选址决定命运"。选址策略主要包括：消费者的便利策略、同类店铺的聚合策略以及人气分析策略等。另外，选址过程中还要注意一些问题，比如商业环境和条件、城市规划、场地条件、法律条件等。

3. 店铺布局

店铺布局是营业设备如货架、柜台、陈列橱等在店铺内的摆设。合理的店铺布局，可以减少非营业性空间，扩大营业空间范围；促使来往顾客流动到每个角落，依靠来往顾客最大限度的流动，向其展现全部商品；激起顾客的购买欲；为顾客提供对商品间的选择和比较。店铺布局通常有线条式、岛屿式、陈列式等几种。店铺布局应遵循以下原则：方便顾客、便于操作；研究消费心理、注意顾客习惯；立足现代管理、掌握消费信息；美化商店外观、协调店内布局。

4. 产品结构

产品结构是店铺中按一定标准将商品划分成若干类别和项目，并确定各类别和项目在商品总构成中的比例。合理的商品结构是实现零售经营目标，满足消费需求的基础，一般包括主力产品、辅助产品和关联产品，其中主力产品周转率高、销售量大，决定着店铺业绩。

5. 价格策略

虽然现阶段，消费者购买行为中的非价格因素所占比例逐渐加大，但在历史上的多数情况下，价格都是消费者做出购买选择的主要决定因素之一。

企业在产品价格确定后，由于客观环境和市场情况的变化，往往会对价格进行修改和调整。一般来说，有三种较为简单易用的定价模型：赫尔曼·西蒙模型、拉奥—夏昆模型和多兰—朱兰德模型。

6. 促销策略

促销策略是市场营销组合的基本策略之一，是企业通过人员推销、广告、公共关系和营业推广等各种促销方式，向消费者或用户传递产品信息，引起他们的注意和兴趣，激发他们的购买欲望和购买行为，以达到扩大销售的目的。企业将合适的产品，在适当地点、以适当的价格出售的信息传递到目标市场，一般通过两种方式：一是人员推销，即推销员和顾客面对面地进行推销；另一种是非人员推销，即通过大众传播媒介向顾客传递信息，两种推销方式各有利弊，相互补充。

（二）形成新时代消费市场洞察力

更高层次的模式，是中国服装品牌以崛起时代的市场特征为出发点，根据对消费者的研究，站在市场的角度形成洞察力，并以此为依据进行适应、变革和创新。

1. 更加深入洞察中国消费者

分销拓展能力和推广能力，是企业两大核心能力。赢得消费者的前提是更加了解他们的所思所想，洞察到消费者现有行为之下的深层次理由。

2. 学会适应性改变

中国服装品牌要学会适应新生代消费者，满足他们的消费需求。

3. 开创小众市场

未来中国服装市场将演变为以几个超级品牌为中心，周围环绕有价值小品牌的格局。成为有竞争力的品牌，并非只限于成为中心的超级品牌，选择细分领域的小品牌，开创小众市场，同样可以成为优秀品牌。

4. 把握不同阶层消费者的购买驱动因素

对不同消费人群进行分析，只有符合目标消费群的预期，才能打造品牌。

5. 开创新通路

对于很多新企业而言，把握住新通路是创造新品牌的机遇，渠道变革将会带动品牌革命，依托新渠道才能创造出新品牌。

6. 提升设计能力，创造美的价值

服装产业是对“美”进行营销，服装品牌要在对消费者需求广泛深入研究的基础上，对其进行创造和把握。

7. 打动“关键性少数”

以往服装营销是大众化的营销，而时尚产业的天然属性决定品牌应该从“金字塔顶端”的人群开始，逐渐向下展开营销。服装品牌要提升公关能力，融合优质媒体力量，与意见领袖进行关键性沟通。

8. 对成功关键因素实施过程控制

一个品牌的成功取决于若干关键要素的构成和形成，而绝非企业家的拍脑袋。在服装行业，关键性因素是在掌握潮流趋势的基础上迅速推出产品。

9. 为品牌建立健康的档案

未来的品牌创建和品牌维护是系统性极强的工程，需要企业整合供应链、系统进行整体变革和全面的提升。

（三）形成全产业链整合力

以整个产业链为出发点，整合产业内甚至产业内的资源，打造包括资本、人才、渠道、科技等要素在内的全产业链体系，这是在新时代下，中国服装企业和品牌如何发展、向何处发展的决定力量。

1. 融合产业链

对欲在市场上谋求更高地位的服装品牌来说，首先考虑的应该是如何整合资源，对产业链资源的融合将降低企业的短期成本。

2. 整合生态圈

整合生态圈对企业中期发展的支撑作用巨大。比如与另一个子行业的龙头企业进行资本上的整合，利用其在所属子行业的地位，为自己的企业带来更有利的中期发展机会。

3. 跨行业整合

从长期角度来看，企业可以考虑和跨行业龙头企业进行整合。尤其是当这些跨行业龙头企业涉足到服装业上下游行业时，将对与之整合合作的服装品牌带来巨大帮助。比如家电零售业巨头国美涉足服装零售，如果与之结成联盟，那么服装企业所得到的长期支撑是显而易见的。

目前，中国服装行业“大象”和“蚂蚁”并存，但无论是哪种量级的企业，在新时代中的发展，都需要找到可持续发展的原动力，比如资本、团队和以专业技术为依托的核心竞争力，缺一不可。

跨国：全球资源谋划与运作

对于中国服装行业，“国际化”即与国际融合，关键在于“融合”。接单加工等单纯的国际业务参与，并非真正意义上的国际化，而唯有对国际资源形成一定程度“占有、支配、互动、增值”关系的时候，才能称为“国际化”。国际化不受领土、领域限制，也可涉及企业、产业运行中的方方面面，人、财、物、技术、渠道、标准、服务、文化等各个领域，均可进行国际化运作。

一、国际化的内涵

（一）发生在本土的国际化

中国市场是世界市场的一部分，在中国市场上进行国际化是中国品牌和中国企业“国际化”发展的重要组成部分。在本土市场的国际化运作有两个主要模式，一是市场在中国，研发、供应链等业务环节“走出去”的国际化；二是在本土以紧密合作的方式，运作真正的国际品牌。

中国市场之大，为本土企业和品牌的国际化提供了广阔空间，利用国际资源做好中国市场，是走向国际化的开端。

（二）走出国门的国际化

打开国际市场大门是很多中国企业的追求目标。产品行销海外有两种主要途径，一是产品供销国际化；二是品牌渠道国际化。

产品供销国际化，是企业以“国际采购商”身份，作为国际品牌与国际加工商、供应商之间的“供需桥梁”，将国际各方资源加以整合、匹配、组合，并引导其流动，最终使一个国家合适的产品在其他国家合适的市场上实现销售。香港有很多国际“买手”和国际采购公司，其中享誉全球的利丰行便是这一领域中的佼佼者。这类企业需要对全球纺织和服装产业格局了如指掌，善于沟通、善于组织、善于发现新资源和新需求、善于成本和质量控制，其掌握着订单商品的整个进程——协助品牌企业设计创意，再将设计所表达的抽象创意落实到具体生产中，最后将合格的成品按时运抵目的地。在这个过程中，从纺纱、织布、印染乃至成衣制造的各个环节都有可能在不同国家地区完成。供应链国际化在这个几乎“全流程”的领域中能够被发挥得淋漓尽致。

品牌渠道国际化即品牌服装行销海外。随着中国经济发展、文化影响力提升，中国品牌“走出去”已经开始成为现实。比如以纯十年前已经在东南亚开设加盟店；江南布衣2008年进入欧洲市场，目前在法国、俄罗斯等地开设形象店；李宁通过多年努力在羽毛球等专业领域和国际专业运动品牌平起平坐；美特斯邦威与eBay合作，打开一个面向国际的窗口等。不断提高中国品牌国际影响力是中国由服装大国向服装强国转变的目标和考核标准之一，在这一方向上，中国服装企业还有很长的路要走。

（三）内外融合的国际化

所谓“内外融合”是指一个企业在内部体制上实现了国际化，即营运模式国际化、员工构成国际化、资本结构国际化、企业文化国际化等，总之已经从业务模块国际化通过内外资源的“联姻”升级为一个国界模糊的跨国企业。很多成功的跨国集团在保持自身文化特色的基础上，又在一个国家和地区通过人才互补、文化借鉴等实现了本土化。这些企业有民族化的核心灵魂，不论分支在任何国家和地区，都保持战略统一、步调一致、风格鲜明的整体，而表象的“形”则灵活多变，适应性很强。这些拥有国际化内核的跨国企业，利用全球资源的调配整合，作为自身发展战略的组成部分。成就真正意义的国际化企业，是中国服装行业国际化的重要目标和方向。

二、国际化的基础

（一）国际经济一体化发展的必然选择

国际经济一体化进程加速，全球以自由贸易区、关税同盟、共同市场以及经济联盟为载体的跨国经济往来越来越活跃和密切，科隆、北美、中国—东盟等自由贸易区，东南非、南美等共同市场，欧盟等经济联盟所覆盖的国家范围越来越广，使“国界”在贸易活动中一定限度上模糊化。国际经济一体化大环境、大趋势是中国走向国际化的前提和条件。

中国经济越来越开放，与外界合作越来越深入，中国已与东盟、新加坡、新西兰等国家和地区签署了自由贸易区协议，并进一步与澳大利亚、瑞士等国家和地区开展自由贸易区谈判，与韩国、日本、印度的自由贸易区建设不断推进，这都使中国与世界的距离越来越近，对国际资源和国际市场的可利用性越来越强。

（二）国际产业分工发展的必然

随着国际经济往来通路越来越广阔和通畅，国际资源流动性越来越强，国际大分工不可避免。每一个国家都力求充分发挥各自优势，在国际大分工中占得一席之地。各国根据自身发展状况、发展战略和发展诉求不断调整自己在国际大分工中的定位。中国在“十二五”期间必然要完成从国际分工中“被选择”的角色向“主动参与、主动国际化”的转变。

国际服装产业对中国的身份转型也有需求。国际品牌纷纷谋求于中国的合作，特别希望得到中国资本的参与，足见中国在国际服装产业中已不再是单纯的“工厂”，而是能够也应该承担起更重要作用的产业组织者的角色。从中国产业自身状况来看，经过改革开放三十年国际贸易经验积累和原始资本积累，中国服装产业已经初步具备这一身份转型的基础能力。

（三）内部资源局限和产业发展诉求的矛盾

随着一个产业的发展完善，或多或少都会出现内部产业资源局限的问题，特别是产业链比较长、覆盖领域比较广的产业，资源供需矛盾会更加突出。我国服装产业链的源头可以追溯到农作物种植业、畜牧业、原油开集加工业等领域，中间涉及原料初加工、纺纱、制造、印染等纺织工业各个部门。除工业外，设计研发、物流、技术、装备等辅助产业也环环相扣。由于这条产业链是连贯的串联关系，每个环节几乎都是独立的、不可替代的，任何环节的问题都有可能波及辅助产业，因此任何一个环节的内部资源局限都有可能影响服装产业的顺利发展。比如棉花作为目前最主要的服装面料原料，我国国内供给在数量、质量和价格方面都无法满足服装生产需求，这就产生了“国际化”的可能性。而为阿玛尼等国际顶级服装品牌配套生产袜子的一家意大利袜业公司，其一项主要原料也是棉，该公司在埃及投资棉花种植业，改良品种，专供本企业使用，确保了该袜业公司在国际的高端、高品质形象和不可复制性。

三、国际化的途径

（一）供应链国际化

供应链国际化或许是多数中国企业走向国际化的第一步。在金融危机来袭、中国市场疲软、内部成本和价格压力不断攀升的情况下，Zara、H&M

等国际品牌并没有出现很多在中国品牌中蔓延的哄抬价格、销售萎缩等现象。其中一个原因就是国际品牌运用覆盖全球的供应链，完成了由成本到利润的外部循环，即通过不同国家和地区的不同特点优势，进行成本和盈利的互补，降低了营运成本和风险。例如在价格更低的国家和地区采购产品、将一个国家或地区的滞销品拿到另一个更适合的国家或地区销售等。

中国服装企业承受的国内成本刚性上涨压力越来越大，同时，终端竞争日益加剧，企业已经不得不将供应链国际化作为解决手段之一提上日程。福建、浙江、江苏均有大企业牵头到东南亚建立工业园区的尝试，美特斯邦威等大企业也相继宣布考虑将部分生产外发到东南亚等国家和地区加工。除了上述原因，另一个供应链国际化现象也开始在业内蔓延，即部分走高端路线的品牌正在将部分产品的生产移师日本、欧洲等国家和地区，一方面谋求更专业的技术和更高的品质，另一方面也为开拓国际渠道先遣探路。

（二）设计研发等业务环节国际化

中国已经有部分服装企业开始尝试设计研发等业务环节“走出去”，以在海外建设全资或控股的研发中心、营销公司、仓储物流库等各种形式，逐步打开国际市场大门。一些企业与国际设计公司、营销企业合作，买断对方的设计稿或将部分货品交由对方销售，这种做法并未真正实现国际化，只有当这些国际业务资源为己所有、为己所控、为己所用的时候，企业才真正实现了这些业务环节的国际化。

家纺企业众望布艺在美国开设销售公司，聘任美国资深从业者，利用其营销关系和网络，逐步打开美国市场，建立了一定的国际品牌声誉。在国际化道路上，与外方企业合作将是大多数企业的必由之路，但是最终目标必须是将国际资源的所有权、控制权、决策权真正地掌握在自己手中。

（三）人才国际化

国际化的人才结构是一个企业实现国际化的重要基础之一。除了到其他国家和地区开展业务要使用当地人才以外，中国国内企业也需要建设国际化人才结构。

我国人力资源比较匮乏，纺织服装基础教育比较落后，产业纵深发展又急切需要大量人才进入，从而产生了极大供需缺口。国际上众多有历史、有经验、有建树的国际纺织服装院校，培养的人才在本国比较成熟且缺乏成长性的产业环境中往往难有用武之地，这正是我国纺织服装行业进行人才国际化建设的良好契机。人才国际化不限于人才聘用、人才流动、人才机构的国际化，还包括自身人才教育培训的国际化、人才素质的国际化以及人才管理评价体制的国际化。总之，人才战略是企业发展战略的重要组成部分，需与企业国际化战略相匹配相适应，避免盲目引进国际人才、炒高人才价格。

（四）渠道国际化

中国企业通常比较注重分销渠道建设，让本土品牌享誉世界也是其共同梦想，但是海外渠道拓展对中国品牌来说尚有难度。首先，目前中国文化和信誉在全球的认知度和认可度相对较低，中国品牌在国际上的知名度、影响力较低，且声誉积累相对发达国家有难度；其次，中国企业对国际商业环境和运作模式不熟悉、掌握资源少；第三是多数品牌企业从产品设计、开发到技术、管理等内部素质方面，还不能完全适应国际市场要求。

然而，中国服装行业的渠道国际化探索从未停步，一些企业通过开拓发展中国家和地区市场积累经验；一些企业利用网上营销跨越国界；一些企业在某些专业领域深耕细作获得局部市场认可；一些企业加盟国际连锁商业渠道；一些企业投资收购、参股海外商业企业；一些企业通过海外参展引起国际市场关注和采购等。未来几年，国际渠道建设必然成为中国服装行业发展的热点和亮点。

（五）品牌国际化

品牌集团已经在中国服装行业内兴起，中国企业收购国际品牌的步伐在加速，其中不乏令人振奋的案例。在中国市场成功运作国际品牌，甚至在海外成功运作非中国品牌，也是一条实现国际化的有效通路。当前中国服装行业面临在国际服装业的重新定位，一方面，中国大市场被誉为下一个十年推动全球服装产业发展的主要动力之一；另一方面，越来越多的海外品牌吸纳中国资本的意愿越来越强烈。尽管我国服装行业在国际品牌运作方面缺乏经验，也受到政治、文化、技术、人才、观念等因素约束，磨合必将伴随着强烈的摩擦，中国服装企业在与海外品牌合作的过程中也势必遇到很多始料未及的问题，但国际大分工的趋势告诉我们，资本积累到一定程度，拥有 14 亿人口大市场的中国服装行业必然要向品牌国际化迈出一大步。

（六）资本国际化

吸纳国际资本，不仅能够改善企业的资本结构，更能利用外部资本带来的外部资源改造企业内部结构和运营模式。资本国际化具体表现为货币资本、生产资本和商品资本三大职能资本的国际化。一些企业吸纳海外投资，一些企业谋求境外上市，一个主要目的就是以改变货币资本结构为突破口，进一步实现生产资本国家化，最终达到商品资本国际化的目的。资本国际化是产业资本真正跳出中国国境，实现外部循环、国际范围的大循环的根本所在。要做到全面的资本国际化，需要站在价值链的角度上，用全球化的视野，在先进的技术工具协助下，以资本占有、控制、运用为核心手段，进行全供应链乃至全产业链的全面国际化重塑。实现了资本国际化，企业才有可能从业务国际化的中国企业转变成为真正的“跨国企业”。

四、国际化的考验

（一）从狭隘的价值观到开放的价值观的转变

实现国际化的前提是从理念上解决由“唯我独尊”的狭隘的价值观向“为我所用”的开放的价值观转变。从“害怕别人发展”，到“利用别人发展”，再到“控制别人发展”，从而在国际资源运筹和国际竞争竞合中达到共赢。在一个国家或地区内发展企业和产业，往往产生担心“肥水流入外人田”的区域保护主义和担心被拷贝的自我封闭主义问题。然而当企业进入全球化体系当中，如果依然顾虑资源和经验被窃取，那么结果只能是拒资源和经验于千里之外。在国际大范畴内，只有在观念上保持开放心态，并在行动上保持时刻领先，才能放开手脚充分利用并控制国际资源，且难以被追赶、复制，从而在国际竞争中保持优势和进步。

（二）不同文化的尊重和交融

企业文化的根本目的之一，就是要打造“好企业”形象，然而在不同文化中，“好企业”标准不尽相同。文化从相互理解到相互包容、再到相互借鉴、最终到相互融合是一个非常艰难的过程，纵览跨国企业的失败案例，或多或少都存在文化冲突因素。从历史文化、人文个性、价值取向、行为处事到企业文化的强烈差异也是异国企业间合作、合并中遇到的最大难题之一，同时也是企业国际化过程中需要磨合时间最长的一个方面，甚至始终伴随跨国企业的成长发展过程。打造一个统一的、适合全球的“好企业”形象，需要对全球的文化加以了解和剖析，本着求同存异、尊重借鉴的原则加以吸收、融合。

（三）营运模式的改变和创新

合适的营运模式是国际化发挥效用的技术依

托，覆盖管理模式、生产模式、营销模式、激励模式等在内的企业营运模式的优劣和与企业发展阶段的匹配，直接导致企业的成败。恰当的营运模式往往让企业事半功倍，反之不仅制约国际化发展，还有可能将国际化的劣势体现出来。合适的营运模式必须建立在企业统一的发展战略基础上，对细分市场具有高度针对性的有效战略和战术方针，充分发挥全球资源的优势，保证各种资源的国际流动性，科学测算和控制成本及库存，确保质量、时间、服务、价格的可靠性和稳定性，维护渠道的稳定性和成长性，提高商业模式和营销手段的适应性和先进性，并根据内、外部环境状态的改变不断改善不断创新，从而达到独特性和难以复制性，即达到在某领域的时刻领先。

创新：全球化下的服装制造发展方向

科技创新能力主要指科技创新支撑经济社会科学发展的能力。人类社会发展证明，科技创新是一个企业、行业甚至国家进步和发展最重要因素之一。

科技创新能力强盛的企业在行业和世界范围内发挥着主导作用，重大科技创新及其引发的技术进步，成为产业革命的源头。综观当今世界创新型企业，它们共同的理念和特征，是把科技创新作为促进发展的主导战略，科技贡献率高、对外技术依存度低，真正实现了可持续发展。

在中国服装产业，科技创新也是行业迈向强国道路的重要基石。提高科技贡献率，以科技创造市场先机，以科技创造价格效应，以此逐步使中国服装行业登上全球服装领域的制高点。

同时，随着知识经济时代的到来和经济全球化的加速，国内国际竞争更加激烈，为了在竞争中赢得主动，必须依靠科技创新提高核心竞争力，建立创新体系。

在这个时候，是否用创新的思维把握全球化机遇、在科技创新中完成新一轮产业提升，就关系到作为传统制造业的中国服装能否在全球经济一体化进程不断深化的形势下，真正实现与国际接轨，成为世界服装强国。

一、“创新”与“全球化”

在目前世界范围内，创新全球化发展正在成为推动社会发展的动力。经过数百年不断探索与融合，人类社会全球化已经发展到一个全新的阶段，并且，这个新阶段和创新紧密联系。

（一）全球化的三个阶段

全球化是一种人类社会发展的现象过程，目前有诸多定义，通常意义上的全球化是指全球联系不断增强，人类生活在全球范围内以及全球意识的崛起；同时，国与国之间在政治、经济贸易上互相依存。它可以分为以下三个阶段。

1. 第一个阶段是贸易全球化

在中国，贸易全球化可以追溯到600年前郑和下西洋的时。当时，郑和的船队将中国产品带出国门，最远行至非洲好望角，和当地进行贸易，交换产品。

2. 第二个阶段是在20世纪

跨国生产开始出现在发达国家之间，并在二次世界大战之后普及全球。

3. 第三个阶段是在20世纪80年代以后

20世纪末，“知识创造财富”的观念逐渐得到广泛认可。知识即创新活动，所谓创新，就是新知识产生，创造物质财富的过程。这一阶段的特征，即整合全球资源，把创新活动呈现在全球化构架下，是以创新引领全球化的新阶段，成为推动社会发展进步的动力。

（二）创新的全球化思维

基于全球化的创新，首先必须具备全球化的思维。创新全球化思维概括起来，可总结为“三跳”、“三在”、“五流”三个方面。

1. “三跳”

（1）跳出纯技术因素的创新，在创新中加入非技术因素。企业的创新过程，即将技术转化为利润的过程。这个过程不应通过单纯意义上的技术而应通过加强管理，也就是所谓的商业模式来实现。技术可以实现产品的生产，而管理实现的则是产品的最终销售。

（2）跳出科技管理。创新不是单纯的科技，特别是在服装行业中，创新必须和文化相结合。

（3）跳出地域局限，融入世界。现阶段的创新活动是跨地域、跨地区、跨行业的，企业要得到更大的发展，就必须跳出地域范围。

2. “三在”

现阶段，全球思维不再注重依赖本地的资源、环境和结构，一切资源都可以通过整合配置，即：在全球范围内获取资源、在全球组织生产、在全球市场销售。

比如中国服装行业和消费者都非常熟悉的西班牙品牌 Zara，即整合了全球的时尚、设计、生产资源，来保证自己的核心竞争力：把最新流行与消费趋势，以最快的速度生产成成衣，再在最短时间内送达世界 70 多个国家的数千家门店。

3. “五流”

“五流”即人流、物流、资本流、信息流、知识流，这五个方面涉及企业人、财、物、信息等各个方面，是现代企业在创新全球化框架下发展的要素。在流动中创造价值，是全球化思维的体现。

值得一提的是，这其中的人才流动经常被中国企业忽视。目前，跨国公司通常是“无边界办公室”，职员来自世界各地，这些公司的理念是，了解全世界才能驾驭全世界；另有调查显示，85% 的美国员工在职业生涯中更换过公司，这些从不同企业、不同领域、不同文化中吸收到不同智慧的人，为企业创造了更大的价值。而中国企业在这方面的意识还比较欠缺，“从一而终”是它们对员工的普遍要求，运用全球化思维去看待人才流动，是中国企业亟待解决的问题。

（三）创新全球化的主要力量

在全球化的新构架下，企业尤其是跨国企业将成为创新的主要力量。

目前，全球有 65000 多家跨国公司，这些跨国公司在全世界有 70 多万家分公司。根据联合国的统计数据，其拥有的知识产权占全球企业的 93%，经济总量占 71%，贸易占 73%，控制着全球的主要经济活动。

需要注意的是，强大的跨国公司基本来自发达国家，因为只有它们拥有可以支撑不断创新的大量资金和技术，这也是全球化推进过程中的一个棘手问题。有观点认为，跨国公司会导致国家无所作为和发展中国家因此反对全球化。

而事实上，随着世界经济、技术的发展，对于发展中国家来说，由技术创新和全球化演进所带来的改变和创造的机遇，比过去任何时候都更好。

二、创新全球化下的中国机遇

中国同样面对创新全球化带来的机遇。科技创新能力是国家实力的体现，也是产业升级的基础。具体到中国服装产业，科技创新能力则是建设服装强国的抓手和重要推动力。

（一）全球科技、创新发展为中国带来深刻革命

创新全球化新框架带给中国的改变十分明显。比如 1992 年，中国外汇储备仅 100 亿美元，现在则达到 3 万亿美元。同时，中国在全球制造体系中也占据了重要地位，被称为“世界工厂”。具体到中国服装产业，在创新全球化的推进下，中国已经成为全球最大的服装生产国和出口国。

未来，随着全球信息技术、生物技术、材料技术、环境技术等高新科技的演变，将给包括服装在内中国传统制造业带来更深刻的变革，推动其走向高科技、高品质、高附加值的发展之路。同时，全球竞争加剧，经营理念、管理模式、盈利模式的创新速度加快，促使中国企业整体向注重价值经营与核心竞争力的现代企业管理、经营模式转变，进一步缩小与世界先进企业的差距。在这一过程中，企业所倚仗的将不再是工业规模，而是全球资源的整合和重新配置。

（二）中国企业在创新过程中的困难和问题

改革开放以来，中国在几十年的发展过程中，遇到了很多问题，导致在包括服装企业在内的中国企业中，由科技带给产业价值提升的贡献明显不足。

1. 企业自身因素

改革开放以来，中国企业从忽视创新到重视创新，很多新兴产业和创新产业也由此而生。但同时，科研人员虽然走出了学术殿堂，但他们的心态和定位还不能及时由学术调整到商业，企业依然在学术环境下成长，难以以真正的商业模式推动。

2. 政策因素

对于已经创业的科技创新型企业，需要政策的扶持做大做强。目前中国还缺乏相关科技发展的奖励办法、优惠政策以及科技发展纲要、重点项目指南等有关行业科技发展指导性文件的制订、修订和落实。另外，从财税、金融、产业等多方面优化科技发展的政策环境，引导和激励行业、企业科技创新的力度也尚显不足。

3. 环境因素

企业发展壮大需要相应的配套环境，否则发展将非常困难。比如北京虽是中国的政治中心、教育中心和科研文化中心，学术气息浓厚，但相比一些南方城市，则商业氛围欠缺，所以北京的企业成长较为缓慢。

（三）中国服装产业科技创新战略

在这个机遇与困难并存的时代，科技创新是大势所趋。中央把科技进步和科技创新放在未来五年发展的突出位置，强调加快经济发展方式转变，最根本的是要靠科技的力量，最关键的是大幅度提高自主创新能力，这也为中国服装产业的发展指明了以下方向。

在未来五年，中国服装产业以“兴业、惠民”为目标，在建设大而强的现代服装产业体系的同时，更好地满足人民对美好生活的期待和要求；以企业为核心，突出企业在研发投入、科技创新活动、科技创新成果应用和知识产权建设中的主体地位；以发展需求为导向，推动服装行业以科技创新驱动、内生增长的经济发展方式，提高服装企业运营效率和质量；以信息化建设为重点，促进服装行业的工业化与信息化深度融合，提高服装企业快速反应能力和产品质量；以科技硬实力为支撑，注重科技创新与文化创意的结合，着力提高文化软实力，以人才建设为保障；扎实推进科技创新发展战略，提高服装行业发展的科技贡献率，提高服装企业核心竞争力。

三、创新全球化格局下中国服装制造模式的发展方向

可以看到，在现阶段，创新和全球化已经深入到全球经济框架下的方方面面。对于制造业来说，产品生产环节已经形成全球化布局，产业链、价值链、创新链实现全球分布；同时，新技术、新科技不断推出，这些都使得新兴制造模式得以发展。

在这样的大背景下，具体到同为传统制造产业

的中国服装产业，应该在制造模式上实现科技创新突破，不断创新产品和技术；建立较为完善的覆盖全产业链的科技创新体系；推广先进制造技术；力争在节能环保、信息化、网络技术等高新科技应用领域达到较高水平。其中，“两化”融合，追求可持续发展模式，仍是服装产业科技创新的重大主题。

（一）中国服装制造业发展现状和不足

目前，中国已经是世界第一服装制造大国，这个大国地位，主要是在改革开放以后通过 OEM 形式形成和发展的。和当今先进生产制造技术相比，中国服装制造尚存在诸多不足。

1. 完整的服装制造系统尚未形成

到目前为止，中国服装制造只完成了整个制作周期的前三分之一，即前期部分，包括论证、设计、生产加工和经营。而制造的中期（维护、维修、保养、运行管理）和后期（报废、拆解、回收、再生），还基本没有涉及。

2. 服装企业制造模式发展不配套

任何一个国家的服装制造业发展都应该由三个组成部分，即以低成本、高效率、低附加值、大批量生产、个性服务差为特征的大批量标准生产方式；以低成本、高效率、高附加值、单件批量生产、个性服务好为特征的大批量定制生产方式；和以较高成本、低效率、极高附加值、单件制作、个性服务好为特征的高级成衣定制模式。

在制造模式发展比较均衡的国家，大批量标准生产和大批量定制生产占服装生产的大部分，且两者比例相当，此外则是少量的高级成衣定制。而在中国，这种组合的服装制造模式极不配套，大批量标准生产占据了中国服装生产制造的绝大部分。

3. 服装制造多网融合运用水平低

中国服装企业基本依赖于本地网集成，尚未充分利用互联网、物联网、视联网、无线网等多网交叉融合的发展技术为服装制造集成服务。

现代集成服务是以 RFID 为核心技术与互联网、物联网技术相结合的集成，包括 RFID 智能衣片零部件作业系统、RFID 智能吊挂缝制中心、RFID 智能吊挂整烫中心、RFID 仓储分拣配箱与物流系统以及 RFID 信息数据处理与 ERP 无缝连接等。

随着电子信息技术和互联网技术的不断发展，以 RFID 为核心技术的集成系统发展迅速，并且已经在服装制造设备行业取得了成功。在这个背景下，中国服装制造企业有必要进行集成制造。

4. 忽视利用全球网络整合资源

整个服装制造由订单处理、产品设计、原料采购、生产制造、仓储运输、批发经营、终端零售等环节组成，过去这些环节都是由 OEM 方式逐渐发展起来的。而在未来，服装生产制造环节是“扁平”的，并且有各自的核心技术。服装制造的未来发展方向，就是要求企业必须利用全球网络整合资源，实现网络联盟制造。

（二）中国服装制造的未来：云制造与云服务

服装制造过程本身非常复杂，数据庞大。在未来，这个复杂的制造方式，可以依赖云制造或者云服务完成。

1. 未来服装制造的组成部分

在服装制造过程中，海量数据不断产生，企业对其的依赖程度也日益加深；同时，云计算的应用日渐广泛，也为服装云制造和云服务的推进提供了基础。未来的服装制造将由三部分组成。

（1）制造云。

将制造服装生产所需的所有资源云端化，比如服装软件资源的云端化、硬件资源的云端化以及信息和知识的云端化等。云计算服务可以为不同类型和发展阶段的服装制造企业提供设计、加工、纺织、经营等方面服务。

（2）云制造商。

云制造商提供服装制造所需资源云端化的服务，提供各类制造资源的整合与共享。

（3）服装制造商。

服装制造商利用网络技术，向云制造商、运营商、服务商取得制造资源，完成服装产品的制造和服务。

2. 向制造的中期延伸，逐步完善服装制造系统

引入先进的大规模定制模式的服务理念，由“制造产品”向“制造服务”延伸。服装制造业要学会以服务为主导的 MRO（Maintenance Repair and Operation）管理，即维护保养、维修和运行管理。MRO 是制造中期的服务。

3. 以交叉融合的网络实现现代服装制造

以 RFID 为核心技术的物联网、互联网和无线网等的交叉融合应用于服装制造，并借助网络通信技术实现网络联盟制造，在广泛的网络资源环境下，为服装企业提供高附加值、低成本和全球化的产品制造服务。

第四部分　附件篇

杰克·第八届中国服装品牌年度大奖名单

奖项 / 品牌	风格大奖	创新大奖	潜力大奖	品质大奖	策划大奖	营销大奖	公众大奖
大奖品牌	速写 CROQUIS	SHOW LONG 舒朗 女装	Raidy Boer 雷迪波尔	ROMON 罗蒙	GOELIA 歌莉娅	ELEGANT PROSPER	LILANZ 利郎
提名奖品牌	EIN	比音勒芬	金苑	领秀·梦舒雅	才子	玖姿	爱登堡
	可可尼	拉夏贝尔	左岸	圣得西	十月妈咪	朗姿	柒牌

奖项 / 品牌	价值大奖	成就大奖	推动大奖	支持大奖	制造大奖	商业大奖	服饰大奖
大奖品牌	PEACEBIRD 太平鸟	Aimer 爱慕	海宁中国皮革城股份有限公司	浙江伟星实业发展股份有限公司	晨风集团股份有限公司	大连万达商业地产股份有限公司	广州天创鞋业有限公司
提名奖品牌	博士蛙	安踏					
	鄂尔多斯	森马					

2011 年服装行业百强名单

销售收入百强企业

1 雅戈尔集团股份有限公司
2 红豆集团有限公司
3 海澜集团有限公司
4 杉杉控股有限公司
5 波司登股份有限公司
6 江苏阳光集团有限公司
7 山东如意科技集团有限公司
8 安踏（中国）有限公司
9 青岛即发集团控股有限公司
10 新郎希努尔集团股份有限公司
11 浙江森马服饰股份有限公司
12 太平鸟集团有限公司
13 巴龙集团有限公司
14 鲁泰纺织股份有限公司
15 伟星集团有限公司
16 青岛红领集团有限公司
17 迪尚集团有限公司
18 真维斯国际（香港）有限公司
19 罗蒙集团股份有限公司
20 衣念（上海）时装贸易有限公司
21 江苏虎豹集团有限公司
22 庄吉集团
23 烟台南山服饰有限公司
24 报喜鸟集团有限公司
25 万事利集团有限公司
26 鸭鸭股份公司
27 恒柏集团有限公司
28 山东省标志服装股份有限公司
29 山东岱银纺织集团股份有限公司
30 宁波狮丹努集团有限公司
31 山东桑莎制衣集团
32 超越服饰（中国）有限公司
33 法派集团有限公司
34 雅鹿集团股份有限公司
35 江苏华瑞国际实业集团有限公司
36 诸城市昊宝服饰有限公司
37 九牧王股份有限公司
38 湖南金鹰服饰集团有限公司
39 常州华利达服装集团有限公司
40 际华三五零二职业装有限公司
41 山东傲饰集团有限公司
42 浙江乔治白服饰股份有限公司
43 浙江巴贝领带有限公司
44 石狮市大帝集团有限公司
45 山东舒朗服装服饰股份有限公司
46 湖北美尔雅集团有限公司
47 浙江神鹰集团有限公司
48 洛兹集团有限公司
49 山东省仙霞服装有限公司
50 江西回圆服饰有限公司
51 拜丽德集团有限公司
52 淄博兰雁集团有限责任公司

53 宁波培罗成集团有限公司
54 福建财茂集团有限公司
55 步森集团有限公司
56 石狮市好田服饰实业有限公司
57 江西深傲服装有限公司
58 江苏亨威实业集团有限公司
59 浙江金三发集团有限公司
60 汇孚集团有限公司
61 北京爱慕内衣有限公司
62 浙江华联集团有限公司
63 浙江朗莎尔维迪制衣有限公司
64 深圳影儿时尚集团有限公司
65 宁波博洋服饰有限公司
66 耶莉娅集团
67 青岛雪达集团有限公司
68 晋江柒牌服饰有限公司
69 浙江开尔制衣有限公司
70 江苏悦达纺织集团有限公司
71 湖南东方时装有限公司
72 虎都（中国）男装有限公司
73 武汉红人实业集团股份有限公司
74 红黄蓝集团有限公司
75 江苏三友集团
76 海魄控股集团有限公司
77 富绅集团有限公司
78 福建格林集团有限公司
79 江苏南通帝奥控股集团股份有限公司
80 东莞市搜于特服装股份有限公司
81 达利（中国）有限公司
82 深圳华丝企业股份有限公司
83 北京铜牛集团有限公司
84 河北大羽制衣集团有限公司
85 汉帛（中国）有限公司
86 湖南省忘不了服饰有限公司
87 江苏箭鹿毛纺股份有限公司
88 斯舒郎（中国）服饰有限公司
89 国人西服有限公司
90 浙江华诚实业投资集团有限公司
91 宇旭时装（上海）有限公司
92 江苏玉人服装有限公司
93 江苏雷诺时装有限公司
94 宜禾股份有限公司
95 艾莱依集团有限公司
96 威兰西（中国）服饰有限公司
97 浙江达成凯悦纺织服装有限公司
98 上海斯尔丽服饰有限公司
99 爱伊美集团有限公司
100 福建泉州匹克体育用品有限公司

利润总额百强企业

1 雅戈尔集团股份有限公司
2 安踏（中国）有限公司
3 海澜集团有限公司
4 波司登股份有限公司
5 江苏阳光集团有限公司
6 浙江森马服饰股份有限公司
7 红豆集团有限公司
8 衣念（上海）时装贸易有限公司
9 鲁泰纺织股份有限公司
10 新郎希努尔集团股份有限公司
11 巴龙集团有限公司
12 杉杉控股有限公司

13 青岛红领集团有限公司
14 烟台南山服饰有限公司
15 伟星集团有限公司
16 九牧王股份有限公司
17 报喜鸟集团有限公司
18 欣贺（厦门）服饰有限公司
19 山东如意科技集团有限公司
20 江苏虎豹集团有限公司
21 罗蒙集团股份有限公司
22 庄吉集团
23 山东舒朗服装服饰股份有限公司
24 青岛即发集团控股有限公司
25 太平鸟集团有限公司
26 北京爱慕内衣有限公司
27 超越服饰（中国）有限公司
28 雅鹿集团股份有限公司
29 晋江柒牌服饰有限公司
30 宁波狮丹努集团有限公司
31 安正时尚集团股份有限公司
32 山东省标志服装股份有限公司
33 斯舒郎（中国）服饰有限公司
34 鸭鸭股份公司
35 法派集团有限公司
36 山东桑莎制衣集团
37 东莞市搜于特服装股份有限公司
38 恒柏集团有限公司
39 常州华利达服装集团有限公司
40 浙江印象实业股份有限公司
41 江西回圆服饰有限公司
42 青岛雪达集团有限公司
43 国人西服有限公司
44 湖南金鹰服饰集团有限公司
45 浙江乔治白服饰股份有限公司
46 江苏南通帝奥控股集团股份有限公司
47 浙江敦奴联合实业股份有限公司
48 宇旭时装（上海）有限公司
49 湖南东方时装有限公司
50 迪尚集团有限公司
51 江苏亨威实业集团有限公司
52 宁波合和杰斯卡服饰有限公司
53 深圳影儿时尚集团有限公司
54 虎都（中国）男装有限公司
55 诸城市昊宝服饰有限公司
56 耶莉娅集团
57 浙江朗莎尔维迪制衣有限公司
58 依文服饰股份有限公司
59 维格娜丝时装股份有限公司
60 红黄蓝集团有限公司
61 万事利集团有限公司
62 深圳市卡尔丹顿服饰股份有限公司
63 郑州领秀服饰有限公司
64 安莉芳（上海）有限公司
65 上海地素商贸有限公司
66 洛兹集团有限公司
67 山东省仙霞服装有限公司
68 雷迪波尔时尚服饰有限公司
69 北京威克多制衣中心
70 福建格林集团有限公司
71 江苏三友集团
72 宁波培罗成集团有限公司
73 浙江巴贝领带有限公司
74 际华三五零二职业装有限公司
75 湖北美尔雅集团有限公司
76 湖南省忘不了服饰有限公司
77 山东傲饰集团有限公司
78 武汉红人实业集团股份有限公司
79 拜丽德集团有限公司
80 江苏玉人服装有限公司
81 吉林省温馨鸟集团有限公司
82 浙江开尔制衣有限公司

83 步森集团有限公司
84 榆林市七只羊服饰有限责任公司
85 海魄控股集团有限公司
86 凯撒（中国）股份有限公司
87 浙江达成凯悦纺织服装有限公司
88 江西深傲服装有限公司
89 嘉兴市悦莱春羊绒衫时装有限公司
90 浙江华诚实业投资集团有限公司
91 珠海威丝曼服饰股份有限公司
92 上海斯尔丽服饰有限公司
93 深圳华丝企业股份有限公司
94 福建诺奇股份有限公司
95 衣恋时装（上海）有限公司
96 金苑（国际）服饰有限公司
97 威兰西（中国）服饰有限公司
98 浙江能达利集团有限公司
99 富绅集团有限公司
100 浙江神鹰集团有限公司

利润率百强企业

1 依文服饰股份有限公司
2 安正时尚集团股份有限公司
3 宁波合和杰斯卡服饰有限公司
4 九牧王股份有限公司
5 浙江敦奴联合实业股份有限公司
6 衣念（上海）时装贸易有限公司
7 北京爱慕内衣有限公司
8 斯舒郎（中国）服饰有限公司
9 维格娜丝时装股份有限公司
10 晋江柒牌服饰有限公司
11 安踏（中国）有限公司
12 太子龙控股集团有限公司
13 浙江印象实业股份有限公司
14 上海地素商贸有限公司
15 山东舒朗服装服饰股份有限公司
16 浙江森马服饰股份有限公司
17 金苑（国际）服饰有限公司
18 东莞市搜于特服装股份有限公司
19 雷迪波尔时尚服饰有限公司
20 凯撒（中国）股份有限公司
21 广东名鼠股份有限公司
22 深圳市卡尔丹顿服饰股份有限公司
23 榆林市七只羊服饰有限责任公司
24 郑州领秀服饰有限公司
25 烟台南山服饰有限公司
26 鲁泰纺织股份有限公司
27 安莉芳（上海）有限公司
28 吉林省温馨鸟集团有限公司
29 国人西服有限公司
30 福建诺奇股份有限公司
31 宇旭时装（上海）有限公司
32 巴龙集团有限公司
33 北京威克多制衣中心
34 报喜鸟集团有限公司
35 江苏南通帝奥控股集团股份有限公司
36 嘉兴市悦莱春羊绒衫时装有限公司
37 重庆叶森服饰有限公司
38 雅鹿集团股份有限公司
39 安徽武鹰制衣有限公司
40 青岛雪达集团有限公司
41 超越服饰（中国）有限公司
42 珠海威丝曼服饰股份有限公司

43 新郎希努尔集团股份有限公司
44 项城市松鑫服饰有限公司
45 湖南东方时装有限公司
46 海安县联发制衣有限公司
47 青岛红领集团有限公司
48 江苏虎豹集团有限公司
49 虎都（中国）男装有限公司
50 波司登股份有限公司
51 庄吉集团
52 伟星集团有限公司
53 红黄蓝集团有限公司
54 江西回圆服饰有限公司
55 深圳影儿时尚集团有限公司
56 耶莉娅集团
57 宁波狮丹努集团有限公司
58 湖南派意特服饰有限公司
59 江苏阳光集团有限公司
60 河南省隆庆祥服饰有限公司
61 福建格林集团有限公司
62 法派集团有限公司
63 江苏玉人服装有限公司
64 浙江朗莎尔维迪制衣有限公司
65 浙江达成凯悦纺织服装有限公司
66 雅戈尔集团股份有限公司
67 江苏亨威实业集团有限公司
68 湖南省忘不了服饰有限公司
69 衣恋时装（上海）有限公司
70 苏州市青田企业发展有限公司
71 益兴（福建）实业有限公司
72 江苏三友集团
73 浙江能达利集团有限公司
74 山东省标志服装股份有限公司
75 罗蒙集团股份有限公司
76 山东桑莎制衣集团
77 浙江加佳领带服装有限公司
78 上海斯尔丽服饰有限公司
79 常州华利达服装集团有限公司
80 浙江乔治白服饰股份有限公司
81 浙江华诚实业投资集团有限公司
82 武汉元田制衣有限公司
83 陕西伟志集团股份有限公司
84 浙江好运来集团有限公司
85 鸭鸭股份公司
86 威兰西（中国）服饰有限公司
87 恒柏集团有限公司
88 武汉红人实业集团股份有限公司
89 云南奥斯迪实业有限公司
90 湖南金鹰服饰集团有限公司
91 盖奇（中国）织染服饰有限公司
92 南通泰慕士服装有限公司
93 海魄控股集团有限公司
94 深圳华丝企业股份有限公司
95 宜禾股份有限公司
96 浙江开尔制衣有限公司
97 洛兹集团有限公司
98 山东省仙霞服装有限公司
99 杭州江宁丝绸制衣有限公司
100 富绅集团有限公司

2011 年中国服装行业十大供应商

颖新钮扣

2011 年行业经济运行数据汇总

2011 年 1 ~12 月纺织工业经济指标完成情况汇总（规模以上企业）

序号	指标（万元）	1 ~12 月止累计	去年同期累计	同比增长（%）
1	企业单位数（家）	35891	—	—
2	亏损企业数（家）	3504	2535	38.22
3	亏损面（%）	9.76	—	—
4	主营业务收入	533973872	421736305	26.61
5	主营业务成本	465639117	368266819	26.44
6	主营业务税金及附加	2591532	1969603	31.58
7	营业费用	9896414	8264298	19.75
8	管理费用	15083358	12457250	21.08
9	财务费用	6094731	4604679	32.36
10	其中：利息支出	5094041	3797383	34.15
11	利润总额	29564209	23474632	25.94
12	亏损企业亏损额	1344701	699240	92.31
13	应交增值税	12563853	10234658	22.76
14	资产合计	329888480	281093565	17.36
15	其中：流动资产合计	185362384	155084722	19.52
16	其中：应收账款	34881397	28588007	22.01
17	存货	52417891	43876990	19.47
18	其中：产成品	24036648	19081052	25.97
19	负债合计	184767548	158102906	16.87
20	工业总产值（当年价）	547865028	431938165	26.84
21	工业销售产值（当年价）	536017328	422535533	26.86
22	出口交货值	91600681	79442136	15.30
23	全部从业人员平均人数（人）	10263897	9724500	5.55

2011年1~12月服装行业经济指标完成情况汇总
（规模以上企业）

序号	指标（万元）	1~12月止累计	去年同期累计	同比增长（%）
1	企业单位数（家）	11168	—	—
2	亏损企业数（家）	1080	—	—
3	亏损面（%）	9.67	—	—
4	主营业务收入	132437140.00	103776807.00	27.62
5	主营业务成本	111014134.00	87460825.60	26.93
6	主营业务税金及附加	688285.40	509234.40	35.16
7	营业费用	4443976.20	3721403.60	19.42
8	管理费用	5001792.40	4157177.30	20.32
9	财务费用	977918.60	719330.50	35.95
10	其中：利息支出	701280.40	502079.60	39.68
11	利润总额	8107280.00	6087241.40	2020039
12	亏损企业亏损金额	233605.10	177637.10	31.51
13	应交增值税	3373275.80	2778884.20	21.39
14	资产合计	73697147.20	59789023.80	23.26
15	其中：流动资产合计	46290060.30	36736702.70	26.00
16	其中：应收账款	10268196.10	8017488.00	28.07
17	存货	12925481.00	10360537.00	24.76
18	其中：产成品	6642663.00	5232490.40	26.95
19	负债合计	38108815.00	31318832.90	21.68
20	工业总产值（当年价）	138237703.00	108439329.00	27.48
21	工业销售产值（当年价）	134572599.00	105456755.00	27.61
22	出口交货值	34800302.30	29844778.80	16.60
23	全部从业人员平均人数（人）	3734628.00	3543836.00	5.38

2011 年 1 ~12 月服装行业分地区经济指标完成情况（一）（规模以上企业）

地区	企业数（家）	销售毛利率（%）	销售利润率（%）	销售收入增长（%）	产值增长（%）	出口交货值增长（%）	利润增长（%）	资产负债率（%）	出口占比（%）
合　计	10451	16. 30	6. 17	27. 33	27. 19	15. 68	32. 92	51. 93	24. 90
北　京	129	26. 80	5. 97	19. 29	14. 96	－1. 87	47. 61	64. 57	22. 24
天　津	153	28. 97	6. 89	38. 19	42. 73	17. 66	68. 29	75. 09	30. 91
河　北	192	10. 61	6. 08	32. 06	36. 04	46. 82	27. 12	46. 75	17. 26
山　西	9	12. 49	6. 89	44. 87	63. 52	－100. 00	99. 00	51. 94	0
内蒙古	37	16. 45	4. 48	16. 28	12. 85	－1. 44	111. 32	61. 10	3. 42
辽　宁	459	13. 08	4. 34	28. 19	38. 57	13. 20	51. 86	39. 69	26. 20
吉　林	48	8. 73	2. 58	42. 10	33. 48	17. 66	－11. 31	55. 12	26. 62
黑龙江	9	10. 31	5. 88	10. 93	21. 27	－7. 16	81. 44	13. 23	45. 37
上　海	389	29. 52	10. 22	11. 72	7. 47	－2. 79	17. 69	55. 03	23. 42
江　苏	1973	13. 77	6. 77	18. 24	19. 14	9. 74	33. 90	56. 50	23. 64
浙　江	1364	18. 77	7. 07	12. 83	15. 90	8. 95	11. 89	57. 03	40. 55
安　徽	449	12. 45	4. 47	86. 85	81. 50	50. 24	123. 42	52. 23	16. 54
福　建	763	19. 48	8. 43	26. 05	24. 95	14. 58	38. 69	38. 81	27. 22
江　西	264	14. 27	6. 78	53. 34	54. 10	46. 21	86. 91	40. 97	21. 89
山　东	882	16. 71	6. 65	22. 16	22. 27	24. 64	21. 66	46. 87	23. 23
河　南	325	15. 65	9. 59	47. 77	49. 17	39. 69	56. 69	33. 26	2. 52
湖　北	380	15. 35	5. 76	62. 38	56. 86	25. 95	92. 33	55. 87	18. 22
湖　南	134	19. 66	4. 61	31. 42	32. 66	92. 90	18. 70	46. 92	4. 19
广　东	2261	13. 95	2. 99	32. 01	26. 05	17. 25	12. 40	49. 12	27. 81
广　西	50	26. 36	16. 54	37. 72	48. 51	155. 57	67. 72	33. 81	20. 97
海　南	1	41. 00	7. 60	9. 44	44. 97	7. 30	2. 28	38. 72	34. 68
重　庆	52	20. 46	7. 55	60. 77	56. 38	68. 77	51. 34	45. 07	11. 56
四　川	90	18. 60	7. 94	51. 84	55. 40	24. 14	98. 41	44. 98	8. 53
贵　州	4	12. 48	5. 49	29. 63	40. 40	－19. 01	10. 03	35. 52	3. 84
云　南	3	26. 62	10. 21	7. 17	4. 06	－18. 49	36. 98	64. 58	13. 98
陕　西	21	24. 79	10. 98	23. 37	21. 21	130. 32	78. 91	53. 63	7. 95
甘　肃	6	17. 70	6. 40	74. 14	61. 53	287. 57	97. 74	67. 57	21. 45
青　海	2	39. 68	9. 63	－2. 22	－14. 04	0	－7. 49	23. 54	0
宁　夏	1	25. 50	5. 27	19. 64	4. 43	45. 77	14. 15	67. 39	15. 05
新　疆	1	7. 84	1. 83	64. 04	180. 90	－19. 77	－50. 02	69. 26	2. 18

2011 年 1 ~12 月服装行业分地区经济指标完成情况（二）
（规模以上企业）

地区	工业总产值（万元）	销售收入（万元）	利润总额（万元）	工业总产值占比（%）	销售收入占比（%）	利润占比（%）	产销率（%）	亏损面（%）	亏损率（%）
合　计	130267403	124764965	7692867	100.00	100.00	100.00	97.29	9.88	0.17
北　京	1026591	1120234	66919	0.79	0.90	0.87	94.28	23.26	1.05
天　津	2205721	2136483	147108	1.69	1.71	1.91	98.49	13.07	0.26
河　北	2615692	2584783	157072	2.01	2.07	2.04	94.84	5.21	0.10
山　西	224329	223201	15379	0.17	0.18	0.20	98.71	0.00	0.00
内蒙古	405803	414807	18583	0.31	0.33	0.24	98.12	8.11	0.43
辽　宁	6252349	5273846	228693	4.80	4.23	2.97	94.87	7.84	0.11
吉　林	707511	699369	18058	0.54	0.56	0.23	100.74	6.25	0.01
黑龙江	112223	111518	6557	0.09	0.09	0.09	97.56	0	0
上　海	4096105	4353417	444878	3.14	3.49	5.78	97.60	25.45	0.56
江　苏	26158852	25586892	1730955	20.08	20.51	22.50	98.59	9.12	0.15
浙　江	14232284	13745623	971603	10.93	11.02	12.63	96.61	14.66	0.29
安　徽	3966642	3619162	161730	3.04	2.90	2.10	98.09	9.35	0.11
福　建	10666082	10360951	873843	8.19	8.30	11.36	95.98	6.03	0.03
江　西	3923622	3838193	260300	3.01	3.08	3.38	98.20	1.14	0.01
山　东	13025363	12565126	835993	10.00	10.07	10.87	98.12	6.01	0.11
河　南	3966696	3914487	375567	3.05	3.14	4.88	98.75	1.23	0.01
湖　北	5296189	4970592	286251	4.07	3.98	3.72	96.18	6.32	0.10
湖　南	2048430	2006370	92396	1.57	1.61	1.20	97.95	2.99	0.04
广　东	26261752	24344334	726881	20.16	19.51	9.45	96.98	11.54	0.21
广　西	552371	497639	82299	0.42	0.40	1.07	98.76	8.00	0.36
海　南	71280	60365	4586	0.05	0.05	0.06	84.69	0	0
重　庆	625946	541255	40848	0.48	0.43	0.53	89.77	7.69	0.02
四　川	1465925	1399845	111195	1.13	1.12	1.45	98.28	5.56	0.14
贵　州	37671	47096	2587	0.03	0.04	0.03	97.96	0	0
云　南	13426	14962	1528	0.01	0.01	0.02	104.35	33.33	0.29
陕　西	233377	243763	26768	0.18	0.20	0.35	98.06	0	0
甘　肃	30507	31846	2039	0.02	0.03	0.03	98.99	16.67	0.22
青　海	9426	10048	967	0.01	0.01	0.01	102.84	0	0
宁　夏	10560	11486	605	0.01	0.01	0.01	108.14	0	0
新　疆	24679	37274	680	0.02	0.03	0.01	86.55	0	0

2011 年 1 ~12 月纺织分行业固定资产投资情况（不含农户）

行　业	实际完成投资（万元）	施工项目数（个）	新开工项目数（个）	竣工项目数（个）	实际完成投资比去年同期增长（%）	施工项目数比去年同期增长（%）	新开工项目数比去年同期增长（%）	竣工项目数比去年同期增长（%）
合计	67990626	19041	13715	13267	36.33	5.25	2.27	14.48
纺织业	36688085	10493	7551	7350	30.91	2.13	-0.05	10.18
棉、化纤纺织及印染精加工	18742806	4909	3475	3435	35.57	3.30	-0.32	14.42
棉、化纤纺织加工	16777821	4380	3096	3087	39.89	4.89	1.01	16.84
棉、化纤印染精加工	1964985	529	379	348	7.27	-8.16	-9.98	-3.33
毛纺织和染整精加工	1813830	477	363	334	18.55	-6.47	-3.20	-5.65
毛条加工	318941	87	68	59	-23.74	-26.89	-20.00	-26.25
毛纺织	1170880	323	246	227	35.33	2.22	3.80	2.25
毛染整精加工	324009	67	49	48	31.43	-10.67	-7.55	-7.69
麻纺织	547675	142	108	99	52.60	17.36	17.39	17.86
丝绢纺织及精加工	1652029	759	506	578	47.72	25.66	12.44	81.19
缫丝加工	509585	184	127	127	47.75	5.14	4.96	20.95
绢纺和丝织加工	1020798	515	339	407	62.12	40.71	16.90	129.94
丝印染精加工	121646	60	40	44	-15.39	-4.76	2.56	18.92
纺织制成品制造	8103183	2091	1522	1454	29.52	0.00	-0.26	5.67
棉及化纤制品制造	3234555	855	599	612	32.42	-4.26	-7.99	6.43
毛制品制造	296897	94	75	69	13.72	-11.32	0.00	-11.54
麻制品制造	171273	50	37	34	16.87	-3.85	-7.50	-2.86
丝制品制造	225849	86	54	49	0.18	-11.34	-21.74	-7.55
绳、索、缆的制造	319170	89	66	68	56.10	-11.88	-2.94	-6.85
纺织带和帘子布制造	644225	103	76	71	1.39	-6.36	-10.59	-1.39
无纺布制造	1456976	405	316	278	16.77	2.02	6.40	-3.47
其他纺织制成品制造	1754238	409	299	273	60.51	22.09	24.07	35.15
针织品、编织品及其制品制造	5828562	2115	1577	1450	18.05	-3.69	-3.01	-5.60
棉、化纤针织品及编织品制造	2992702	1180	880	786	7.41	-4.84	-8.43	-6.98
毛针织品及编织品制造	1381381	507	384	359	12.27	-15.64	-3.27	-21.27
丝针织品及编织品制造	412587	139	103	99	69.86	13.01	14.44	22.22
其他针织品及编织品制造	1041892	289	210	206	53.71	24.57	17.98	33.77
纺织服装、鞋、帽制造业	22665662	7281	5312	5145	42.96	9.14	5.33	20.15
纺织服装制造	20728004	6753	4917	4779	41.63	10.58	7.05	22.85
纺织面料鞋的制造	1669338	424	317	288	61.68	-5.57	-10.20	-5.26
制帽	268320	104	78	78	43.41	-9.57	-19.59	-11.36
化学纤维制造业	7340782	882	596	549	47.87	9.84	2.76	22.27

续表

行业	实际完成投资（万元）	施工项目数（个）	新开工项目数（个）	竣工项目数（个）	实际完成投资比去年同期增长（%）	施工项目数比去年同期增长（%）	新开工项目数比去年同期增长（%）	竣工项目数比去年同期增长（%）
纤维素纤维原料及纤维制造	1679068	238	166	158	39.82	14.98	9.93	30.58
化纤浆粕制造	327413	61	48	47	64.75	12.96	2.13	27.03
人造纤维（纤维素纤维）制造	1351655	177	118	111	34.88	15.69	13.46	32.14
合成纤维制造	5661714	644	430	391	50.44	8.05	0.23	19.21
锦纶纤维制造	522561	71	47	37	46.00	14.52	4.44	8.82
涤纶纤维制造	2754670	238	152	150	46.54	10.70	10.14	35.14
腈纶纤维制造	82658	13	5	6	211.06	18.18	-50.00	50.00
维纶纤维制造	264466	29	17	22	21.30	-17.14	-26.09	37.50
其他合成纤维制造	2037359	293	209	176	59.03	7.33	-1.88	7.98
纺织专用设备制造业	1296097	385	256	223	26.26	11.92	9.87	19.25

注 本表统计范围：500万元及以上固定资产投资项目。

2011 年 1 ~12 月纺织服装、鞋、帽制造业分地区固定资产投资情况

地　区	实际完成投资（万元）	施工项目数（个）	新开工项目数（个）	竣工项目数（个）	实际完成投资比去年同期增长（%）	施工项目数比去年同期增长（%）	新开工项目数比去年同期增长（%）	竣工项目数比去年同期增长（%）
合　计	22665662	7281	5312	5145	42. 96	9. 14	5. 33	20. 15
北　京	26137	12	5	4	-12. 84	-29. 41	-28. 57	-50. 00
天　津	242260	71	66	58	72. 01	108. 82	164. 00	123. 08
河　北	806365	198	148	134	59. 68	-7. 04	-8. 64	-17. 28
山　西	50753	19	15	10	53. 84	111. 11	114. 29	100. 00
内蒙古	82836	19	17	11	294. 03	90. 00	70. 00	57. 14
辽　宁	767389	208	162	150	5. 99	51. 82	31. 71	35. 14
吉　林	167415	47	45	36	57. 90	17. 50	45. 16	5. 88
黑龙江	72605	24	23	14	152. 71	242. 86	228. 57	180. 00
上　海	151978	58	38	20	56. 19	16. 00	26. 67	42. 86
江　苏	2548642	870	692	682	3. 13	-20. 18	-21. 00	-22. 32
浙　江	1083381	608	313	307	-10. 55	-13. 39	-18. 28	-4. 66
安　徽	2305998	961	756	691	76. 57	69. 19	77. 88	95. 75
福　建	1194415	380	270	199	37. 03	9. 20	10. 20	42. 14
江　西	2884845	677	500	531	46. 42	15. 92	7. 30	22. 63
山　东	2257710	650	445	523	30. 66	12. 65	8. 80	57. 53
河　南	2758235	637	405	388	111. 43	-8. 08	-29. 57	-15. 65
	1649178	468	414	384	101. 40	33. 71	42. 27	42. 75
湖　南	636878	239	207	163	34. 95	—	-16. 53	46. 85
广　东	1818484	654	458	518	42. 11	13. 94	2. 46	38. 13
广　西	362674	216	175	157	42. 51	41. 18	25. 90	37. 72
海　南	0	0	0	0	—	—	—	—
重　庆	371155	126	65	82	105. 24	13. 51	10. 17	49. 09
四　川	258626	83	56	53	46. 96	12. 16	14. 29	15. 22
贵　州	2840	2	2	0	-61. 99	-77. 78	-60. 00	-100. 00
云　南	29251	12	8	6	138. 53	71. 43	60. 00	200. 00
西　藏	84	1	0	1	-97. 30	0	-100. 00	—
陕　西	77764	19	13	11	11. 92	46. 15	85. 71	120. 00
甘　肃	29036	11	8	7	85. 65	83. 33	60. 00	133. 33
青　海	11563	5	4	1	32. 91	25. 00	33. 33	-66. 67
宁　夏	5340	2	0	1	36. 78	0	-100. 00	0
新　疆	11825	4	2	3	265. 08	33. 33	100. 00	—

注　本表统计范围：500 万元及以上固定资产投资项目。

2011年12月服装行业产量汇总
（规模以上企业）

序号	种　类	12月产量（万件）	1～12月累计产量（万件）	累计同比±（%）
1	服装	244248	2542035	8.14
2	1. 针织服装	115285	1210896	6.13
3	2. 机织服装	128963	1331139	10.03
4	其中：羽绒服	3072	26407	12.02
5	西服套装	5357	59192	10.03
6	衬衫	8895	97930	8.55

2011 年 1～12 月服装行业产量各省市情况（规模以上企业）

地 区	服装（万件）			针织服装（万件）			机织服装（万件）		
	1～12 月累计	同比（%）	占比（%）	1～12 月累计	同比（%）	占比（%）	1～12 月累计	同比（%）	占比（%）
合 计	2542035	8.14	100.00	1210896	6.13	100.00	1331139	10.03	100.00
北 京	13101	0.43	0.52	5653	-0.16	0.47	7448	0.89	0.56
天 津	14130	2.74	0.56	1005	-14.43	0.08	13125	4.34	0.99
河 北	64221	-1.58	2.53	11837	49.71	0.98	52385	-8.65	3.94
山 西	1411	33.98	0.06	326	5.42	0.03	1085	45.86	0.08
内蒙古	4173	18.00	0.16	1686	15.58	0.14	2487	19.70	0.19
辽 宁	42850	26.28	1.69	7828	7.34	0.65	35022	31.47	2.63
吉 林	21583	14.74	0.85	18912	15.36	1.56	2671	10.57	0.20
黑龙江	2969	70.10	0.12	—	—	—	2969	70.10	0.22
上 海	50569	-8.40	1.99	30564	-7.71	2.52	20004	-9.44	1.50
江 苏	379717	1.55	14.94	121145	-10.86	10.00	258572	8.63	19.42
浙 江	363325	1.54	14.29	177633	1.03	14.67	185692	2.03	13.95
安 徽	54974	36.44	2.16	23337	30.46	1.93	31637	41.22	2.38
福 建	299059	9.81	11.76	181739	15.87	15.01	117321	1.59	8.81
江 西	114900	24.81	4.52	74233	24.89	6.13	40667	24.66	3.06
山 东	311834	11.29	12.27	206801	14.33	17.08	105033	5.75	7.89
河 南	64922	35.18	2.55	33013	23.20	2.73	31909	50.30	2.40
湖 北	74780	53.65	2.94	13946	5.51	1.15	60833	71.60	4.57
湖 南	28449	-0.24	1.12	11488	15.97	0.95	16961	-8.87	1.27
广 东	597982	4.44	23.52	278737	-1.64	23.02	319245	10.39	23.98
广 西	11265	-6.78	0.44	2681	0.30	0.22	8584	-8.79	0.64
海 南	996	-13.02	0.04	44	-55.36	0	952	-9.07	0.07
重 庆	8637	56.98	0.34	4544	83.09	0.38	4093	35.53	0.31
四 川	11937	53.51	0.47	2569	103.70	0.21	9368	43.79	0.70
贵 州	485	54.93	0.02	10	0	0	475	51.78	0.04
云 南	415	-9.92	0.02	223	-14.89	0.02	192	-3.36	0.01
西 藏	—	—	—	—	—	—	—	—	—
陕 西	1557	23.44	0.06	4	37.32	0	1553	23.40	0.12
甘 肃	120	21.27	0	—	—	0	120	21.27	0.01
青 海	342	5.33	0.01	0	—	0	342	5.33	0.03
宁 夏	412	14.02	0.02	339	13.53	0.03	73	16.37	0.01
新 疆	924	62.65	0.04	600	44.56	0.05	324	111.81	0.02

2011 年 1 ~ 12 月服装行业分产品类别各省市情况（规模以上企业）

地 区	羽绒服（万件）			西服套装（万件）			衬衫（万件）		
	1 ~ 12 月累计	同比（%）	占比（%）	1 ~ 12 月累计	同比（%）	占比（%）	1 ~ 12 月累计	同比（%）	占比（%）
合 计	26407	12.02	100.00	59192	10.03	100.00	97930	8.55	100.00
北 京	289	3.74	1.09	1330	-2.31	2.25	1244	-14.47	1.27
天 津	922	53.38	3.49	273	-10.29	0.46	781	2.77	0.80
河 北	313	-0.89	1.18	550	18.43	0.93	4729	17.63	4.83
山 西	—	—	—	606	16.31	1.02	225	109.91	0.23
内蒙古	—	—	—	149	-33.82	0.25	18	-55.90	0.02
辽 宁	280	15.65	1.06	1838	1.98	3.11	1802	36.16	1.84
吉 林	—	—	—	447	1.36	0.76	136	47.58	0.14
黑龙江	59	2.15	0.22	—	—	—	2718	77.42	2.78
上 海	310	-21.55	1.18	1626	-8.31	2.75	3637	0.54	3.71
江 苏	8889	-10.53	33.66	14345	3.56	24.23	21672	8.76	22.13
浙 江	3492	7.84	13.22	6418	4.54	10.84	26540	2.97	27.10
安 徽	623	72.05	2.36	577	83.81	0.97	394	3.58	0.40
福 建	1098	39.37	4.16	1791	-53.47	3.03	1175	29.50	1.20
江 西	5302	45.64	20.08	4156	92.21	7.02	1547	-7.15	1.58
山 东	2390	-0.33	9.05	5255	14.32	8.88	5104	-2.46	5.21
河 南	500	35.68	1.89	2789	105.69	4.71	854	29.77	0.87
湖 北	877	550.90	3.32	2160	47.44	3.65	800	-19.44	0.82
湖 南	43	230.77	0.16	5040	-19.01	8.51	355	-48.74	0.36
广 东	714	18.34	2.70	8248	42.46	13.93	22080	12.48	22.55
广 西	—	—	—	9	41.94	0.01	544	44.67	0.56
海 南	—	—	—	—	—	—	—	—	—
重 庆	44	7.13	0.17	292	49.69	0.49	924	42.71	0.94
四 川	64	74.27	0.24	812	66.95	1.37	472	73.02	0.48
贵 州	79	1062.79	0.30	—	—	—	—	—	—
云 南	—	—	—	69	15.00	0.12	—	—	—
西 藏	—	—	—	—	—	—	—	—	—
陕 西	118	1.95	0.45	72	-2.64	0.12	—	—	—
甘 肃	—	—	—	6	-55.86	0.01	97	30.77	0.10
青 海	—	—	—	253	-3.99	0.43	21	94.53	0.02
宁 夏	—	—	—	55	26.47	0.09	18	-6.92	0.02
新 疆	—	—	—	26	79.86	0.04	44	268.47	0.05

2005 ~2011 年全国服装进出口贸易总值

年度	项目	进出口（万美元）	出口（万美元）	进口（万美元）	贸易差额（万美元）	累计同比（%）		
						进出口	出口	进口
2005 年	服装	7517479	7356593	160886	7195707	19. 05	19. 40	5. 08
	机织服装	3584672	3503162	81510	3421652	20. 39	20. 87	2. 84
	针织服装	3156764	3087249	69515	3017734	19. 38	19. 65	8. 27
2006 年	服装	9652780	9483048	169732	9313316	28. 40	28. 91	5. 50
	机织服装	4459202	4372353	86849	4285504	24. 40	24. 81	6. 55
	针织服装	4561751	4490076	71675	4418401	44. 51	45. 44	3. 11
2007 年	服装	11704282	11507380	196902	11310478	21. 25	20. 89	14. 71
	机织服装	4834351	4732114	102237	4629877	8. 41	8. 23	17. 72
	针织服装	6212063	6133129	78934	6054195	36. 18	36. 59	10. 13
2008 年	服装	12206496	11979032	227464	11751568	4. 29	4. 10	15. 52
	机织服装	5363510	5241598	121912	5119686	10. 95	10. 77	19. 24
	针织服装	6143696	6058346	85350	5972996	-1. 10	-1. 22	8. 13
2009 年	服装	10889444	10705101	184343	10520758	-10. 79	-10. 63	-18. 96
	机织服装	4773489	4671632	101857	4569775	-11. 00	-10. 87	-16. 45
	针织服装	5439614	5376297	63317	5312980	-11. 46	-11. 26	-25. 81
2010 年	服装	13199331	12947832	251499	12696333	21. 21	20. 95	36. 43
	机织服装	5578571	5436727	141844	5294883	16. 87	16. 38	39. 26
	针织服装	6752982	6671430	81552	6589878	24. 14	24. 09	28. 80
2011 年	服装	15722998	15322009	400989	14921020	19. 12	18. 34	59. 44
	机织服装	6546278	6307678	238600	6069078	17. 35	16. 02	68. 21
	针织服装	8135546	8016844	118702	7898142	20. 47	20. 17	45. 55

2011 年服装行业出口总值

类别	2011 年出口数量（万件）	2011 年出口金额（万美元）	2011 年平均单价（美元/件）	2010 年出口数量（万件）	2010 年出口金额（万美元）	2010 年平均单价（美元/件）	数量同比（%）	金额同比（%）	单价同比（%）
服装及衣着附件	/	15322009	/	/	12947832	/	/	18.34	/
1. 丝制	/	157976	/	/	146911	/	/	7.53	/
2. 毛制	/	451207	/	/	398252	/	/	13.30	/
3. 棉制	/	6126010	/	/	5443859	/	/	12.53	/
4. 化纤制	/	5969893	/	/	4791155	/	/	24.6	/
5. 未列名其他制	/	2616924	/	/	2167654	/	/	20.73	/
服装合计	2922333	12558852	4.30	2954744	10575242	3.58	-1.10	18.76	20.11
1. 丝制	31250	120970	3.87	7812	111206	14.24	300	8.78	-72.8
2. 毛制	20384	420655	20.64	20590	371510	18.04	-1.00	13.23	14.41
3. 棉制	1377952	5603276	4.07	1484389	4963976	3.34	-7.17	12.88	21.86
4. 化纤制	1264199	5262357	4.16	1229580	4205160	3.42	2.82	25.14	21.64
（A）针织服装及附件	/	8016844	/	/	6671430	/	/	20.17	/
1. 毛针织服装及附件	/	195004	/	/	164387	/	/	18.63	/
2. 棉针织服装及附件	/	3797962	/	/	3258477	/	/	16.56	/
3. 化纤针织服装及附件	/	3291526	/	/	2650018	/	/	24.21	/
（1）针织服装	2076148	6903212	3.33	2085026	5736819	2.75	-0.43	20.33	21.09
1. 棉针织服装	1037221	3342590	3.22	1098052	2847296	2.59	-5.54	17.40	24.32
2. 化纤针织服装	855015	2823123	3.30	838354	2272823	2.71	1.99	24.21	21.77
3. 毛针织服装	12912	185300	14.35	12314	153519	12.47	4.85	20.70	15.08
（B）机织服装及附件	/	6307678	/	/	5436727	/	/	16.02	/
1. 丝绢机织服装及附件	/	114547	/	/	115820	/	/	-1.1	/
2. 毛机织服装及附件	/	256203	/	/	233865	/	/	9.55	/
3. 棉机织服装及附件	/	2328048	/	/	2185382	/	/	6.53	/
4. 化纤机织服装及附件	/	2704908	/	/	2162727	/	/	25.07	/
（2）机织服装	846185	5655640	6.68	869718	4838423	5.56	-2.71	16.89	20.14
1. 棉机织服装	340731	2260686	6.63	386337	2116681	5.48	-11.8	6.80	20.99
2. 化纤机织服装	409183	2439234	5.96	391225	1932337	4.94	4.59	26.23	20.65
3. 毛机织服装	7472	235354	31.50	8276	217991	26.34	-9.71	7.96	19.59
4. 丝绢机织服装	3887	77541	19.95	5114	80115	15.67	-23.99	-3.21	27.31

2011 年服装行业各省市出口情况

名次	国家/地区	出口金额（万美元）	金额同比（%）	出口数量（万件）	数量同比（%）	平均单价（美元/件）	单价同比（%）
1	广 东	3143365	13. 59	924142	-1. 16	2. 90	14. 99
2	浙 江	2913941	17. 04	436856	-0. 23	5. 20	16. 67
3	江 苏	2309495	19. 89	363996	3. 82	5. 29	15. 06
4	上 海	1458011	13. 90	180312	-4. 70	6. 54	18. 17
5	福 建	1232303	41. 42	310482	5. 75	3. 60	36. 49
6	山 东	1072790	22. 75	211588	-0. 46	4. 15	22. 03
7	新 疆	541136	14. 44	59579	10. 39	8. 07	4. 28
8	辽 宁	384008	19. 64	38504	-3. 30	8. 66	25. 08
9	河 北	342107	19. 26	21697	19. 82	6. 84	2. 92
10	黑龙江	283693	-7. 30	62170	-39. 26	3. 84	52. 59
11	江 西	228443	40. 33	63030	2. 93	2. 85	34. 22
12	北 京	195604	10. 27	18475	-7. 02	9. 03	20. 61
13	广 西	177533	36. 34	23743	-1. 93	5. 28	81. 28
14	安 徽	154992	30. 40	28705	3. 78	4. 47	20. 86
15	天 津	152247	22. 06	19888	-7. 15	6. 73	29. 02
16	湖 北	145962	21. 03	72632	-2. 72	1. 70	27. 53
17	四 川	125856	-39. 74	16184	-53. 99	6. 21	54. 75
18	重 庆	95059	284. 85	13449	253. 95	3. 71	-27. 86
19	河 南	68056	42. 39	13809	5. 90	3. 60	43. 61
20	内蒙古	59594	41. 32	2534	58. 02	18. 03	-4. 46
21	西 藏	58293	112. 51	10119	21. 03	4. 99	80. 42
22	吉 林	56026	7. 17	10048	24. 27	5. 34	-7. 64
23	湖 南	35029	-5. 33	8001	-18. 87	3. 78	20. 51
24	云 南	34971	-2. 01	4918	-39. 66	4. 95	132. 20
25	海 南	14864	37. 07	1733	18. 47	6. 47	30. 52
26	甘 肃	10607	22. 37	3058	44. 25	1. 53	-2. 42
27	宁 夏	10031	33. 95	559	12. 63	17. 28	19. 53
28	陕 西	8187	8. 39	1223	-6. 22	4. 55	3. 68
29	青 海	5900	-11. 95	352	-43. 63	12. 63	36. 98
30	山 西	2787	14. 50	454	-10. 58	4. 88	11. 27
31	贵 州	1119	71. 85	94	-28. 31	10. 07	142. 04

2011年服装行业各国家和地区出口情况（前50名）

名次	国家和地区	出口金额（万美元）	金额同比（%）	出口数量（万件）	数量同比（%）	平均单价（美元/件）	单价同比（%）
1	美　国	2521195	26.38	532284	23.78	3.69	2.29
2	日　本	1845073	5.77	329023	-0.77	4.81	6.11
3	德　国	819323	32.19	165603	27.20	4.10	4.51
4	中国香港	706803	0.18	202196	-4.57	3.02	2.64
5	俄罗斯	468341	55.13	50393	31.84	6.21	8.91
6	法　国	435071	24.99	80129	19.61	4.28	3.73
7	英　国	535245	16.83	112904	16.46	3.83	0.86
8	意大利	371326	17.48	65751	20.58	4.59	-4.00
9	荷　兰	304090	24.74	70733	21.40	3.46	1.78
10	越　南	120064	35.93	34516	52.75	1.84	-17.30
11	西班牙	342143	14.92	78194	0.64	3.70	13.13
12	巴拿马	217823	98.72	90252	43.63	2.20	35.65
13	哈萨克斯坦	286492	28.57	28388	15.67	9.20	12.35
14	澳大利亚	284392	25.43	77034	16.63	3.17	6.69
15	阿联酋	261084	11.28	111616	-4.28	2.00	16.29
16	韩　国	283388	26.05	63783	23.96	3.86	0.21
17	加拿大	285812	12.81	49535	3.39	4.56	8.25
18	智　利	151786	54.24	45975	40.04	2.80	9.35
19	比利时	162303	14.72	33742	6.06	3.87	7.07
20	吉尔吉斯斯坦	150883	-30.63	21183	-12.97	5.78	-14.14
21	南　非	161638	51.02	51487	24.91	2.77	21.89
22	沙特阿拉伯	158850	12.07	57369	3.69	2.52	9.82
23	丹　麦	114075	19.92	17641	19.44	5.68	0.30
24	马来西亚	108214	0.48	43297	-14.89	1.99	9.96
25	巴　西	75092	78.89	21040	95.82	2.92	-6.85
26	瑞　典	87976	29.22	13967	16.44	5.00	10.76
27	中国台湾	59949	68.24	15570	44.85	3.48	22.41
28	新加坡	63496	-17.48	20432	-29.12	2.78	13.44
29	波　兰	72617	21.72	15648	6.74	3.60	11.33
30	乌克兰	76350	29.53	28878	25.32	1.93	6.81
31	菲律宾	57709	67.41	35678	37.28	1.46	27.43
32	以色列	79250	39.98	23431	23.08	2.97	15.72
33	尼泊尔	24663	131.20	7765	112.09	2.77	8.41
34	伊　朗	34574	89.53	7003	34.31	3.25	62.04
35	挪　威	49023	24.23	7913	6.48	5.29	16.55

续表

名次	国家/地区	出口金额（万美元）	金额同比（%）	出口数量（万件）	数量同比（%）	平均单价（美元/件）	单价同比（%）
36	瑞　士	50067	-21.20	14557	-31.02	3.06	9.74
37	塔吉克斯坦	44043	43.04	5858	69.00	5.64	-22.07
38	蒙　古	22103	-14.56	1671	71.23	12.78	-46.65
39	芬　兰	42420	29.00	6432	62.30	4.85	-16.18
40	新西兰	41904	24.24	10361	20.19	3.46	2.92
41	土耳其	44639	87.08	5871	98.33	5.33	-7.52
42	爱尔兰	34391	19.46	9812	3.57	2.65	11.28
43	阿塞拜疆	47967	151.24	3250	99.53	14.67	27.72
44	埃　及	62690	20.53	15942	-0.90	3.52	21.58
45	印度尼西亚	34829	57.47	18074	37.04	1.61	33.37
46	阿根廷	22415	82.57	4544	108.27	3.66	-3.77
47	尼日利亚	12905	33.23	4685	94.58	1.82	-20.22
48	印　度	19678	189.95	4766	189.00	2.58	13.81
49	马耳他	19363	87.18	4038	43.07	4.73	30.42
50	墨西哥	27963	93.19	5353	62.98	3.26	36.91

2011年服装行业各大洲及地区出口情况

产品类别	地区名称	出口数量（件）	出口金额（美元）	平均单价（美元/件）	数量同比（%）	金额同比（%）	单价同比（%）
服装	亚洲	/	45998758887	/	/	9.91	/
	非洲	/	4088413497	/	/	32.07	/
	欧洲	/	42086700325	/	/	25.41	/
	拉丁美洲	/	5949447790	/	/	73.05	/
	北美洲	/	28070298929	/	/	24.85	/
	大洋洲	/	3284699030	/	/	25.16	/
	东盟	/	4257746696	/	/	20.92	/
	欧盟	/	34882157068	/	/	22.79	/
	北美自由贸易区	/	28349701160	/	/	25.29	/
	设限国家	/	60094110488	/	/	24.27	/
	非设限国家	/	69384207970	/	/	18.21	/
	亚太经合组织	/	71042614074	/	/	18.55	/
	阿盟	/	6829952844	/	/	13.77	0
（1）针织服装	亚洲	864516259/	24064620103	2.78	5.08	11.32	5.70
	非洲	1178114759	2323307269	1.97	12.96	39.93	23.90
	欧洲	5500753797	16306933640	2.96	17.43	31.92	12.12
	拉丁美洲	1556538297	2833730599	1.82	51.54	97.45	30
	北美洲	3355223778	10288997731	3.07	31.73	32.09	0.33
	大洋洲	614465720	1550603155	2.52	15.85	24.91	7.69
	东盟	1510554991	2652199383	1.76	8.82	13.37	4.14
	欧盟	4662200542	13537780557	2.90	18.6	30.98	10.27
	北美自由贸易区	3394451924	10397650637	3.06	32.14	32.63	0.33
	设限国家	7708568963	22775832363	2.95	24.38	32.18	6.12
	非设限国家	13141689978	34592360134	2.63	10.80	19.80	8.23
	亚太经合组织	10714604773	30266160397	2.82	14.28	19.02	4.06
	阿盟	2042006757	4173811061	2.04	1.20	16.54	14.61
（2）机织服装	亚洲	2353889689	14883702637	6.32	0.58	6.44	5.86
	非洲	305810295	1158930143	3.79	3.87	19.30	14.85
	欧洲	2792665432	17313691463	6.20	13.77	16.89	2.82
	拉丁美洲	514057292	2128017568	4.14	36.49	50.38	10.11
	北美洲	2463017075	11631499075	4.72	10.33	19.21	8.01
	大洋洲	267744051	1268389534	4.74	18.71	23.37	3.95
	东盟	143166638	542490653	3.79	24.81	33.69	7.06
	欧盟	2480472626	14814210263	5.97	14.70	15.30	0.51
	北美自由贸易区	2477273510	11697117002	4.72	10.43	19.54	8.26
	设限国家	4756944314	25236792747	5.31	13.36	17.48	3.71
	非设限国家	3940239520	23147437673	5.87	5.70	12.99	6.73
	亚太经合组织	4778620830	27179889373	5.69	6.90	14.10	6.75
	阿盟	476206128	1706490888	3.58	2.03	8.31	5.92

编　后

《2011—2012 中国服装行业发展报告》的编撰旨在总结 2011 年的行业发展状况，解析 2011 年的行业热点问题，展望 2012 年的行业发展趋势。

报告共分为四个部分。

第一部分为运行篇，由中国服装协会、中华全国商业信息中心、中国纺织品进出口商会共同研究完成。中国服装协会依托行业内专家，对我国服装产业状况进行了深入的分析，编写了《2011 年中国服装行业经济运行分析》；中华全国商业信息中心通过对我国服装市场的监测、调查和研究，完成了《2011 年服装市场运行分析及 2012 年发展趋势预测》；中国纺织品进出口商会通过对国际服装市场发展态势的深入研究，对服装出口形势进行了全面分析，完成了《2010～2011 年全球服装市场分析及 2012 年发展趋势》。由于各单位统计口径和计算方法略有不同，本报告涉及的部分数据略有差异。

第二部分为报告篇，汇集了产业链、科技、品牌和上市公司等行业热点问题的分析和报告。国家纺织产品开发中心、中国服装协会科技部、中国服装协会品牌发展部、中国缝制机械协会和上海艾瑞市场咨询有限公司在此提供了专业的年度分析报告。

第三部分为启示录篇，内容来自中国服装协会首次服装大会八个平行会议的收录，意在通过八个平行会议数十位专家对资本、电子商务、产品、整合、文化、模式、跨国、科技等全行业产业链集成创新体系构成要素的见解，引发行业对这些问题的关注和探讨。

第四部分为附录，列明 2011 年与 2012 年重要奖项、产业经济数据等，以备不同人士进行不同用途的查询。

本报告的编写得到众多业内外人士、机构、企业的大力支持，中国服装协会及本书编委会在此向参与研究的相关单位及个人表示衷心的感谢！

编写过程难免存在失误错漏之处，请读者谅解并给予指正和建议。